Gerhard Wisnewski

2010

Das andere Jahrbuch

verheimlicht
vertuscht
vergessen

Was 2009 nicht in der Zeitung stand

KNAUR TASCHENBUCH VERLAG

www.wisnewski.de

Besuchen Sie uns im Internet:
www.knaur.de

Originalausgabe Januar 2010

Ein Unternehmen der Droemerschen Verlagsanstalt
Th. Knaur Nachf. GmbH & Co. KG, München

Redaktion: Thomas Bertram
Bildredaktion: Markus Röleke
Umschlaggestaltung: ZERO Werbeagentur, München
Satz: Adobe InDesign im Verlag
Druck und Bindung: CPI – Clausen & Bosse, Leck
Printed in Germany
ISBN 978-3-426-78310-8

2 4 5 3 1

Inhalt

Vorwort

»Auch wenn ich nicht bei allen Artikeln mit dem Autor konform gehe, so hilft es doch ungemein, zu einer eigenen Meinung zu kommen.« – »Denken muss natürlich immer noch jeder selbst – das Buch gibt reichlich Futter dazu.« Zwei Zitate aus Leser-Rezensionen zu meinem Kritischen Jahresrückblick 2009, die mich besonders gefreut haben. Genau das war meine Absicht – das Denken zu öffnen und die Pforten des medialen Informationsgefängnisses zu sprengen.
Dass mir dies mitunter geglückt ist, macht mich natürlich sehr stolz. Tatsächlich geht es nicht darum, dass der Leser immer meiner Meinung ist – schließlich will ich keinen neuen Informationsknast errichten. Ich bin auch kein Guru und schon gar nicht unfehlbar. Ich will den Leser

1. nicht nur mit einer bestimmten Meinung oder Sichtweise versorgen, sondern
2. auch mit einer bestimmten Denk- und Interpretationstechnik, die versucht, aus dem täglichen Wust von Lügen und Desinformation die Wahrheit herauszufiltern.

Letzteres ist eigentlich noch viel wichtiger als der erste Punkt. Der Leser soll sich nicht in eine neue Unmündigkeit begeben, sondern in eine neue Mündigkeit. Ich will den Leser nicht festhalten, sondern mit diesem neuen Rüstzeug freilassen.
Ich habe bereits in früheren Büchern darüber geschrieben, dass unsere Nachrichten immer weniger aus neutraler Information und immer mehr aus »Auslösern« bestehen, mit denen ganz bestimmte Dinge erreicht werden sollen. Beispielsweise schüren gezielte Berichte über islamische »Ehrenmorde« die Wut und Angst gegenüber dem Islam, übertriebene Berichterstattung über die

»Klimakatastrophe« erhöht die Akzeptanz immer neuer Regelungen und immer höherer Steuern.
Das heißt, wir sollen nicht denken, sondern reagieren. Statt an das Denken appelliert ein solcher »Journalismus« an Reflexe. Und das heißt, dass der Journalismus immer weniger einen Informations- und immer mehr einen Steuerungsauftrag erfüllt – von wem auch immer. Es hilft, wenn man sich und andere beim Konsum von Nachrichten sehr genau beobachtet. Die Fragen bei der Konfrontation mit einem solchen Journalismus müssen lauten:

- Wie wirkt diese oder jene Nachricht auf mich?
- Was löst sie in mir aus?
- Was will dieser Journalismus von mir?
- Was soll ich jetzt tun? Immer neuen Steuern zustimmen? Die EU oder Angela Merkel gut finden? Oder zum Beispiel den Islam hassen?
- Handelt es sich also wirklich um Information oder um politische Steuerung?

Solche Selbstbeobachtungen sind weit mehr als intellektuelle Spielchen: Ohne sie kann unsere Demokratie schlicht nicht mehr funktionieren.

München, im November 2009

Gerhard Wisnewski

Einleitung: Die Matrix ist Realität

»Du hast ’nen Blick hineingeworfen in das verbotene Buch und hast dann stundenlang, nächtelang im Internet gesucht ...« – wer kennt sie nicht, diese Nächte mit »verbotenen Büchern« und im Internet, wenn nachts um halb drei plötzlich der Boden schwankt und das Weltbild kippt? Spätestens seit dem 11. September 2001 haben Millionen von Menschen diese Erfahrung gemacht – aber wer hat sie wirklich artikuliert?

Du hast geflucht, das kann nicht sein,
das haut nicht hin, das ist nicht wahr,
Wenn das stimmt, was hier steht,
dann sind wir alle am Arsch.

Im Jahr 2008 ließ sich die junge deutsche Band »die bandbreite« von meinen Büchern inspirieren. Mein *Kritischer Jahresrückblick 2007* sei »maßgeblicher Ideengeber für etliche Songs« auf ihrem Album »Hexenjagd« gewesen, schreibt »die bandbreite« im Beiheft zu »Hexenjagd«. So etwas freut mich natürlich und schmeichelt der Eitelkeit. Aber dann merkte ich doch, dass bei der »bandbreite«, die im Ruhrpott-Jargon singt, weit mehr dahintersteckt. So bringt das Stück »Die Matrix« etliches auf den Punkt, was eine kleine Minderheit von Autoren und Rechercheuren, zu der auch ich gehöre, seit Jahren sagen will. Im Grunde genommen hatten wir alle, ohne es auszusprechen, genau über jene Matrix geschrieben, von der »die bandbreite« singt:

Wir hängen an den gleichen Schläuchen,
und der Fernseher spricht,
Zeigt uns schwarz und zeigt uns weiß,

doch was wahr ist, zeigt er uns nicht.
Du hast begriffen, wer die Welt lenkt
und datt et wenige sind.
Und datt sie jeden, der dat merkt,
so darstellen, als ob er spinnt,
so beginnt die Tyrannei dann schleichend über Nacht.
Ohne dass sich irgendwer hier Gedanken darüber macht.

Nun ist »Matrix« spätestens seit dem gleichnamigen Film ein Modewort, das jeder im Munde führt, aber kaum einer versteht. Wenn man es benutzt, kann man sich zwar eines wissenden Nickens sicher sein, doch die eigentliche Bedeutung kennt nicht jeder. Matrix kommt aus dem Lateinischen und heißt zunächst mal schlicht und einfach Gebärmutter, bezeichnet also etwas, in dem alles seinen Ursprung hat – genau wie in einem »Muster«. Denn ein Muster oder ein Plan ist ja auch etwas, wonach die Realität geformt wird, und genau das ist auch die gebräuchlichste Bedeutung von »Matrix«.
Tatsächlich ging es auch in diesen Jahrbüchern schon immer um das Muster von Propaganda und Verdummung, von Manipulation und Vertuschung. Die Manipulation der Öffentlichkeit funktioniert immer nach demselben Muster, und auch dieses Buch wird dafür wieder viele Beispiele liefern. Ohne ausdrücklich erwähnt zu werden, wurde dieses Muster in vielen Veröffentlichungen kritischer Geister beschrieben, sei es in Sachen 9/11, Irak, Terrorismus, Geopolitik, sei es in meinen beiden vorangegangenen kritischen Jahresrückblicken. Wenn man so will, waren diese Werke quasi Spurensicherungen auf der Suche nach der Matrix, und auch in diesem Buch wird die Spurensicherung fortgesetzt, ohne die Matrix wirklich zu beschreiben oder auszuformulieren. Denn diese Spurensicherung ist noch nicht abgeschlossen und wird noch eine Weile in Anspruch nehmen. Dieses Buch möchte den Leser aber an der Spurensicherung teilnehmen lassen und

ihm Bausteine der Matrix zur Verfügung stellen, mit denen er sich selber ein Bild machen, sprich, sich fragen kann, was hinter alldem für ein Muster »steckt«. Denn, wie gesagt, so viel ist nach den vielen Recherchen der letzten Jahre sicher:

Die Matrix ist Realität,
sie ist Realität,
auch wenn ihr sie nicht seht ...

Thema des Monats *20. 1.: Obamas Amtseinführung*

1. 1. Skiunfall des thüringischen Ministerpräsidenten Dieter Althaus **3./4. 1.** Israelische Bodentruppen rücken in den Gazastreifen vor und starten einen blutigen Krieg gegen die Palästinenser **5.1.** Selbstmord des Unternehmers Adolf Merckle ***13. 1. Anzeichen für Umsturzversuch in Iran***/Bundesregierung präsentiert Konjunkturpaket ***14. 1. Verschwiegene Gefahren des Airbags 20. 1. Amtseinführung von US-Präsident Barack Obama*** **24. 1.** Papst nimmt exkommunizierten Pius-Bruder wieder in die Kirche auf **23. 1.** Amoklauf in belgischem Kindergarten **30. 1.** Japanische Wirtschaft rutscht in Rezession

13. Januar Umsturzversuch in Iran?

Wieso Umsturzversuch in Iran? Kam es nicht erst im Juni 2009 zu Unruhen in Iran? Immer schön der Reihe nach: Der Januar 2009 war mal wieder eine echte Klimakatastrophe – jedenfalls aus meiner Sicht: »Die Mitteltemperatur lag deutschlandweit im Januar bei –2,3 °C«, schrieb der Deutsche Wetterdienst (DWD) in einer Pressemitteilung: »In mehreren Orten in Ostdeutschland sank das Quecksilber bis unter –25 °C.« Südlich von Dresden wurden gar –27,7 °C gemessen. »An einigen Messstellen wurden neue Rekordwerte für den Januar aufgestellt.« Und zwar Minusrekorde: »Besonders herausragend war die eisige Kälte vom 6. bis zum 16., vor allem in den Gebieten im Osten und in der Mitte Deutschlands sowie in Teilen von Nordrhein-Westfalen.«
Von wegen »Klimakatastrophe«: Mitte Januar 2009 war Deutschland vollständig mit sich selbst beschäftigt – und zwar damit, die Kälte wegzubibbern. Am Ende wird der erste Monat des Jahres nicht etwa »zu warm«, sondern »zu kalt« gewesen sein. Und dabei dachte natürlich auch kein Mensch an einen heißen Sommer – am allerwenigsten in Iran, wo im Juni plötzlich Unruhen und Revolten ausbrechen sollten.
Dabei hätte man sich Mitte Januar schon mal auf das vorbereiten können, was dann schließlich sechs Monate später über den derzeitigen Lieblingsfeind der USA und Israels hereinbrechen würde. Denn am 13. Januar, als noch niemand im Traum an irgendwelche Unruhen in Iran dachte, meldete die russische Nachrichtenagentur RIA Novosti (und gleichlautende Meldungen fanden sich ganz klein auch in wenigen deutschen Blättern), »in Iran sind vier Menschen unter dem Vorwurf verhaftet worden, einen Staatsstreich vorbereitet zu haben«:

> »Alle vier hätten in Verbindung mit dem US-Außenministerium und der CIA gestanden und würden bereits in der nächsten

Zeit vor Gericht kommen, teilte Irans Justizsprecher Alireza Dschamschidi am Dienstag in Teheran mit. Die iranischen Ermittler würden in den nächsten Tagen Schuldbeweise gegen die Verhafteten publik machen, versprach er.«

Siehe da. Aber das war noch nicht alles. Und zwar seien 2007 in Iran schon einmal vier US-Amerikaner iranischer Herkunft verhaftet worden. Im Auftrag »politischer Institutionen in den USA« hätten diese Personen »eine samtene Revolution in dem Mullah-Staat« vorbereiten wollen.

»Samtene Revolution«, »Sanfte Revolution« oder auch »Bunte Revolution« hat sich als Synonym für von den USA geförderte Umsturzversuche eingebürgert, mit denen beispielsweise zahlreiche ehemalige Ostblockstaaten aufgerollt wurden, um sie aus dem Einflussbereich Russlands herauszubrechen. Wie man heute weiß, wurden diese Revolutionen mit Westgeldern finanziert und von westlichen Kommunikationsexperten angeleitet und inszeniert – mit dem Geld amerikanischer Stiftungen, wie beispielsweise der Soros Foundation (siehe Webster Griffin Tarpley: *Barack Obama. Wie ein US-Präsident gemacht wird*, Rottenburg 2008).

Die USA nutzten die Ressourcen »ihrer Geheimdienste in den Vereinigten Arabischen Emiraten, in der Türkei sowie in Aserbaidschan und Kuwait«, zitierte RIA Novosti den Chef der Abteilung für Spionageabwehr des iranischen Sicherheitsministeriums am 19. Januar 2009. »Um einen Staatsstreich vorzubereiten, habe die US-Regierung, so der Sprecher weiter, für rund 32 Millionen Dollar einen ›Ring‹ in Iran aufgebaut, dem mehrere Dutzend Menschen angehört haben.«

Im Juni 2009, als wirklich Unruhen in Iran ausbrachen, hätte man solche Ausführungen leicht als »Verschwörungstheorien« und Propaganda abhaken können. Allerdings schrieb man jetzt erst den Januar 2009. Wie konnte Iran schon jetzt von einem Staatsstreich sprechen? Und wie konnten die Verantwortlichen schon

2007 einen Plan für eine »samtene Revolution« in Iran enthüllen, wenn die »bunten Unruhen« mit den grünen Tüchern doch erst zwei Jahre später ausbrechen sollten?

Im Juni 2009 waren diese Hintergründe natürlich längst vergessen. Da kämpften ehrliche und mutige Oppositionelle gegen den schrecklichen Bösewicht Ahmadinedschad und gaben sogar ihr Leben hin – jedenfalls angeblich. Wir sprechen uns in sechs Monaten in der Sache wieder …

14. Januar Die Bombe im Lenkrad

Die 35-jährige angeschnallte Fahrerin streift mit der Stoßstange ihres Wagens auf einer Länge von acht Metern eine Fahrbahnbegrenzung: »Als das Auto zum Stillstand kam, befreite sich ihr Mann, der eingeschlafen war, von seinem Gurt, stieg aus und begab sich zur Fahrerseite des Wagens. Er fand seine Frau mit angelegtem Gurt bewusstlos vor; aus ihrer Nase und ihrem linken Ohr lief Blut. Beim Transport ins Krankenhaus durch einen anderen Fahrer erlitt die Frau einen Atemstillstand. Eine Computertomographie im Krankenhaus zeigte Blutungen und eine ernsthafte Schwellung des Gehirns im Schädel. Sie wurde für gehirntot erklärt.« (Quelle siehe unten)

Am 14. Januar 2009 befand ich mich auf Recherchereise in Kärnten. Obwohl inzwischen drei Monate vergangen waren, stand das kleine österreichische Bundesland noch immer unter dem Schock des mysteriösen Todes von Landeshauptmann Jörg Haider am 11. Oktober 2008, ein Vorfall, mit dem ich mich bereits im *Anderen Jahrbuch 2009* beschäftigt hatte. Im Dezember 2008 und Januar 2009 arbeitete ich an einem Buch und einer DVD über diese Geschehnisse (*Jörg Haider. Unfall, Mord oder Attentat?,* Rottenburg 2009). Kurz vor Weihnachten hatte ich das Wrack von Haiders VW Phaeton exklusiv in seinem Versteck in Kärnten besichtigen und fotografieren können. Jetzt, im Januar, besuchte ich erneut die Unfallstelle, um eine Erklärung dafür zu bekommen, wie und warum der Oberkörper des Landeshauptmanns total zerschmettert worden war. Unglaublich war nicht nur die Zerstörung der großen Luxuslimousine, sondern auch die ihres Insassen: Laut übereinstimmender Medienberichterstattung soll Haider schwere Kopf- und Brustverletzungen sowie Verletzungen der Wirbelsäule erlitten haben, von denen jede für sich tödlich gewesen sei. Außerdem sei der linke Arm fast abgerissen gewesen. Ein Magazin druckte gar Passagen aus dem Obduktionsbericht ab:

> »Die Obduktion ergab, dass Dr. Jörg HAIDER beim Verkehrsunfall eine Abtrennung der Schlagader links, einen Herzriss, einen Abriss des Rückenmarks, Serienrippenbrüche links, einen Bruch und Verschiebung der Schädelbasis u. v. a., ebenfalls zum sofortigen Tod führende Verletzungen erlitten hatte.« (*News* 42/08, 16. 10. 2008)

Die eher »weiche« Unfallstelle mit ihren Büschen und Zäunen gab aber weder eine Erklärung für die totale Zertrümmerung des als sehr sicher geltenden Autos noch für die Zerschmetterung von Haiders Oberkörper bis hin zum Genickbruch her. Daher betrachtete ich abends im Hotel auch immer wieder die Fotos von dem Autowrack: Welcher Mechanismus oder welches Teil konnte Haider im Innenraum derartig verletzt haben? Schaltknüppel bzw. Wählhebel? Oder das Lenkrad? Dabei blieb mein Blick immer wieder an einem Detail hängen: der weit nach hinten gebogenen Lehne des Fahrersitzes und der ebenfalls nach hinten gebogenen und teilweise herausgerissenen Kopfstütze. Es war, als wäre Haider mit massiver Gewalt in den Sitz geschleudert worden – also nicht nach vorne, wie normalerweise bei einem Aufprall anzunehmen, sondern nach hinten. Bizarr – wie kann so etwas sein?
Das Problem: Obwohl man das verantwortliche Bauteil auf meinen Fotos vom Wrack klar vor Augen hatte, tat man sich schwer, es als Todesursache zu erkennen. Und zwar deshalb, weil es sich

um ein veränderbares Bauteil handelte, das sich in einem komplett anderen Zustand befand als zum Zeitpunkt des Unfalls, als es Haider tötete und nach hinten in den Sitz warf. Die Rede ist vom Airbag. Und dabei geht es nicht unbedingt um Konstruktionsfehler. Dass der allseits gelobte Prallsack zur tödlichen Gefahr und vielleicht sogar zur tödlichen Waffe werden kann, geht nicht nur Politiker etwas an, sondern auch Millionen anderer Autofahrer, die dem Prallkissen jeden Tag ihr Leben und ihre Gesundheit anvertrauen. Diese Gefahr wird von Industrie und Medien jedoch fein verschwiegen: »Von den Fahrzeugherstellern wird ausschließlich das Schutzpotenzial von Airbags beworben. Ein nach dem Stand der Technik nicht zu verhinderndes Gefahrenpotenzial wird – zumindest in Europa – nicht publiziert«, schrieb Diplom-Ingenieur Michael Rohm schon 2005 in dem Unfallfachblatt *Ureko Spiegel* (Ureko steht für »Unfallrekonstruktion«).

Sieh an, sieh an – der Airbag! Unser aller Heilsbringer und Lebensretter! Von den Risiken und Nebenwirkungen des Prallsacks nicht nur bei Kindern redet kein Mensch. »Airbags sind keine Schmusekissen« – solche Warnungen (in diesem Fall am 8.3.2002 auf der Website des 3sat-Wissenschaftsmagazins »nano«) sind längst vergessen. »Und die Elektronik kann auch mal verrückt spielen.« Genau – zum Beispiel, wenn der Airbag von selber losgeht. Vier Jahre später hatten Autofahrer noch immer Erlebnisse wie dieses:

> »Am 19. April 2006 stieg ich in mein Mercedes-Cabrio 300 CE-24 ein, drehte den Zündschlüssel um. In dem Moment löste sich der Fahrer-Airbag aus. Dies hatte schwere gesundheitliche Folgen für mich. Ein Bekannter brachte mich nach Hause. Dort konnte ich noch die Firma Mercedes anrufen und den Sachverhalt schildern. Heftige Brustschmerzen haben mich dann gezwungen, schnellstens eine Klinik aufzusuchen. Der zuständige Arzt spritzte mir Morphium gegen die Brustschmerzen.

> Ich bin zu 100 Prozent schwerbehindert und leide unter einer schweren Herzinsuffizienz. Diese plötzliche Airbag-Attacke verursachte bei mir eine schwere Atemnot. Ich musste stundenlang unter einer Sauerstoffmaske auf Verbesserung meiner Situation hoffen. Ich verbrachte drei Tage in der Klinik zur Stabilisierung. Man erwog sogar, mir einen Herzschrittmacher einzusetzen.« (Jürgen Schindlers Homepage: »David gegen Goliath«, 16. 8. 2008)

Millionen Autos wurden schon zurückgerufen, weil sich ihre Airbags zu reinsten Zeitbomben zu entwickeln drohten. Laut *Los Angeles Times* rief General Motors im Sommer 1998 eine Million Fahrzeuge wegen der Gefahr zurück, dass die Airbags plötzlich auslösen könnten. Ein Jahr später, 1999, mussten laut dem ADAC-Rückrufexperten Anton Demmel eine Million Chrysler-Fahrzeuge wegen drohender Airbag-Fehlauslösungen in die Werkstatt zurück. Im Jahr 2002 rief der schwedische Hersteller Saab laut *Los Angeles Times* weltweit 55 000 Saab 900 zurück, um eine Störung der Airbag-Steuerung zu beseitigen, die eine Fehlauslösung hätte verursachen können. Nach 107 Berichten über plötzlich auslösende Airbags drohte 2004 auch dem Phaeton-Hersteller Volkswagen laut derselben Zeitung ein Rückruf von fast einer halben Million Fahrzeugen. »Die Elektronik ist eben nicht immer 100-prozentig zuverlässig«, hieß es bei »nano«.
Na schön – aber dass Airbags viele Leben retten, ist doch unbestritten, oder? Das kann man so oder so sehen. Die Medien haben mit dem Beweis der segensreichen Wirkung von Airbags jedenfalls so ihre Schwierigkeiten: »Unfallforscher haben ermittelt, dass auf 1000 Airbag-Rettungen statistisch auch 57 Airbag-Opfer durch Fehlauslösungen kommen«, heißt es beispielsweise bei »nano«. Das würde heißen: Auf tausend durch den Airbag gerettete Autofahrer kommen jeweils 57, die abseits eines Unfallgeschehens durch Fehlauslösungen getötet wurden. Wienweb.at

(25.4.2001) dagegen kommt mit denselben Zahlen zu ganz anderen Aussagen: »Auf 1000 Insassen, denen der Airbag das Leben rettet, kommen 57, die er erschlägt.« Das hört sich so an, als würden auf tausend bei Unfällen gerettete Insassen 57 durch den Airbag bei Unfällen erschlagene kommen. Wie auch immer: 57 Tote auf tausend Gerettete – diese Zahl sieht, wenn überhaupt, nur auf den ersten Blick gut aus. Auf den zweiten Blick stellt man fest: 57 von tausend, das sind ja 5,7 Prozent (und 57 *auf* tausend immer noch 5,4 Prozent)! Aber das ist noch nicht alles. Denn damit sind wir mitten drin in den Beweisschwierigkeiten über Nutzen und Nachteile des Airbags. So stellt sich die Frage, wie die Aussage, dass die anderen durch den Airbag »gerettet« worden seien, überhaupt zustande kam? Denn woher soll man so genau wissen, was den Betreffenden ohne Airbag passiert wäre? Rein logisch gesehen ist das unmöglich. Schließlich kann man denselben Unfall ja nicht ohne Airbag wiederholen. Diese einfache Überlegung führt bereits zu dem Schluss, dass die oben genannte Zahl äußerst fragwürdig ist.

Und tatsächlich: »Studien beweisen, dass die Regierung die Zahl der angeblich durch Airbags geretteten Leben enorm übertrieben hat«, kritisiert die amerikanische Bürgerrechtsorganisation »The Future of Freedom Foundation« (James Bovard: »Killing and Lying for Safety: Airbags and the Salvation State«, Dezember 1997, www.fff.org). Ja, ein Experte von General Motors habe sogar bestritten, dass man überhaupt beweisen könne, dass Airbags auch nur ein einziges Leben gerettet hätten. Streng logisch gesehen hat der Mann recht – siehe oben.

Oder haben die Statistiker etwa gar nicht mit »Rettungen« gerechnet, sondern nur mit Auslösungen? Dann wäre die Zahl 57 ein Desaster. Denn wenn tausend Airbags auslösen, handelt es sich nur bei einem Bruchteil der Fälle um lebensgefährliche Situationen. Schließlich lösen Airbags bereits bei 20–30 km/h aus. Wenn von den tausend Auslösungen zum Beispiel zehn Prozent wirklich lebensgefährliche Situationen betrafen, würde das bedeuten, dass einhundert Airbag-Rettungen in lebensgefährlichen Situationen 57 Todesfälle gegenüberstünden!

Dabei ist von den Airbag-Verletzten hier noch nicht einmal die Rede. Die unerwünschten Nebenwirkungen des Airbags sind schwer. Für eine Begegnung mit dem Airbag zahlen Autofahrer einen hohen Preis. Die »Future for Freedom Foundation« zählt jährlich 300 000 Airbag-Verletzte in den USA. 300 000! Und deren Verletzungen sind kein Spaß: Amputationen, komplizierte Knochenbrüche, Knalltrauma und Tinnitus, um nur einige zu nennen.

Wahrscheinlich retten Airbags Leben. Aber nicht immer. Airbags können auch töten. Airbags sind nur dann sicher, wenn definierte Personen auf definierte Art und Weise vor ihnen sitzen. Wenn man falsch, beispielsweise zu nah, vor einem Airbag sitzt (kleine Menschen), kann man getötet werden. Von »Killer-Airbags« spricht beispielsweise die Eastern Forensic Science Group aus Gainesville, Florida, die sich auf die Rekonstruktion von Unfällen, insbesondere von Airbag-Unfällen, spezialisiert hat: »In ihrem Lenkrad tickt eine Zeitbombe, und die Hersteller erzählen nur Lügen darüber. Die US-Regierung schweigt, und die Versicherungsindustrie vertuscht es« (http://www.easternforensic.com/killer_airbags.htm, abgerufen am 17. 2. 2009).

Airbags können auch versagen, heißt es auf injury.com, einer amerikanischen Website, die Verletzungsopfer mit Anwälten zusammenbringt.

> »Wenn das passiert, gehen sie entweder ohne Grund los oder zünden nicht, wenn sie gebraucht werden. Bei der Freisetzung entwickeln Airbags eine Geschwindigkeit von mehr als 200 Meilen pro Stunde und eine Wucht von einer halben Tonne. Selbst wenn die Fahrer sich nicht aufstützen und ihre Finger nicht von dem explodierenden Airbag erfasst werden, gehen sie

das Risiko von Gehirnerschütterungen, Hirnschäden und sogar Erstickung ein, wenn sie sich von dem Airbag nicht befreien können [nur der Front-Airbag erschlafft sofort, andere Airbags halten die »Luft« unter Umständen minutenlang; G. W.].
Airbag-Verletzungen sind ernst und können tödlich sein, und viele Verletzungen können vermieden werden, wenn Fahrer und Passagiere ihre Hände und Arme beim Aufprall nicht nach vorne strecken würden. Daumen und Finger können abgerissen werden, Arme können zahlreiche Knochenbrüche erleiden. Man kann auch schwere Augen-, Gesichts-, Kopf- und Hirnverletzungen erleiden, wenn Airbags auslösen.
Viele Verletzungen und Todesfälle können auch verhindert werden, wenn Menschen kleiner Statur, darunter auch Kinder, Alte, und Schwache, es vermeiden würden, auf Sitzen mit Airbags zu sitzen. Airbags sind für Menschen gedacht, die 170 cm groß sind und 80 Kilo wiegen. Kleinere Fahrer, etwa Frauen, müssen sich leider oft näher an den Airbag setzen, um das Lenkrad zu erreichen, und es gab zahlreiche Fälle, bei denen der Airbag die primäre Ursache von schweren Verletzungen war, nicht die Kollision« (injury.com: »Airbag Injurys«, Copyright 2008).

Bis zum Januar 2003 hat die nationale Autobahnbehörde der USA (National Highway Traffic Safety Administration, NHTSA) eine Gesamtzahl von 94 bestätigten Todesfällen durch Airbags bei leichten bis mittelschweren Unfällen untersucht:

»In fünfzig Prozent der bestätigten [Todes-]Fälle erlitten die Fahrer Brustverletzungen, während 43 Prozent eine Kombination von Kopf-, Genick- und Wirbelsäulenverletzungen erlitten. Die restlichen sieben Prozent erlitten eine Kombination von Kopf-, Genick-, Wirbelsäulen- und Brustverletzungen« (Kindelberger/Chidester/Ferguson: »Air Bag Crash Investigations«, NHTSA-Papier Nr. 299, Washington D. C. 2003).

Aber auch Amputationen stehen bei Airbag-Unfällen auf dem Programm, etwa wenn Finger auf der Airbag-Abdeckung liegen oder man diagonal über das Lenkrad greift.
In einem Report amerikanischer Unfallärzte heißt es:

> »Über zehn Jahre klinischer Studien und Erfahrungen haben nicht nur unwiderlegbar gezeigt, dass ein Insasse in unmittelbarer Nähe zu einem sich entfaltenden Airbag ernste Verletzungen oder den Tod erleiden kann. Sondern auch, dass die Nähe der oberen Extremität eines Insassen zu einem sich entfaltenden Airbag oder einer Airbag-Abdeckung zu einer Amputation von Fingern, Händen und Unterarmen sowie komplizierten Splitterbrüchen führen kann, wobei die Geschwindigkeit des Fahrzeugs keine Rolle spielt« (William Smock: »Protecting yourself from Air Bag Injuries«, in: *Journal of Trauma, Injury, Infection and Critical Car*e, Bd. 38, Nr. 4, 1995).

Natürlich, denn maßgeblich ist die Geschwindigkeit des Airbags, und die beträgt rund 320 km/h. Der Insasse kann also auch bei einer geringen Geschwindigkeit des Autos total zerschmettert, Gliedmaßen können amputiert werden.
Der Report präsentiert drei Fallstudien. Eine habe ich bereits zu Beginn dieses Kapitels angeführt. Die beiden anderen:

1. Eine 25-jährige angeschnallte Frau kam mit ihrem Fahrzeug von der Straße ab und prallte frontal gegen eine Betonbarriere. Sie umfasste das Lenkrad in einer Art Abstützungsbewegung, wobei ein Daumen über das rechte Ende der Airbag-Abdeckung reichte. Neben Abschürfungen und Prellungen der Brust und Arme erlitt sie eine 75-prozentige Abtrennung ihres Daumens am MCP-Gelenk. Der Daumen blieb nur noch durch ein kleines Stück Gewebe mit ihrer Hand verbunden. Der Wagen erlitt einen leichten Frontschaden.

2. Eine 52-jährige angeschnallte Fahrerin prallte bei fünf Meilen pro Stunde auf ein entgegenkommendes Fahrzeug. Beim Drehen des Lenkrades befand sich ihr rechter Unterarm über dem Airbag-Modul, als der Airbag auslöste. Sie erlitt multiple Brüche des Oberarms einschließlich schwerer Splitterbrüche [»pulverized fractures«] beider Oberarmknochen. Der Schaden an der Frontstoßstange war gering.

Alle drei Frauen hatten, weil sie besonders klein waren, das Pech, in die sogenannte Entfaltungszone des Airbags zu geraten. Dasselbe kann jedoch passieren, wenn ein Fahrer nicht angeschnallt ist oder aus anderen Gründen in die Entfaltungszone des Airbags gerät, zum Beispiel, wenn er sich nach vorne beugt, bewusstlos am Lenkrad lehnt oder Ähnliches. Dann trifft ihn die gewaltige Faust des Airbags wie eine Fliegenklatsche mit der Wucht einer halben Tonne und zermalmt in Sekundenbruchteilen seinen Körper unter Umständen vom Kopf bis zur Gürtellinie. Im berühmten Fall Haider waren die Abtrennung der Schlagader, der Herzriss, der Abriss des Rückenmarks, die Serienrippenbrüche, der Bruch und die Verschiebung der Schädelbasis so etwas wie der »Fingerabdruck« des Airbags.
Dabei dürfte die Dunkelziffer schwerer Airbag-Verletzungen sehr hoch sein. Wie gesagt: Der Airbag hängt nach einem Unfall schlaff aus dem Lenkrad oder aus dem Armaturenbrett. Kaum jemand zieht ihn als Verletzungsfaktor in Betracht. Selbst das Unfallopfer nicht. Es sitzt mit, sagen wir, einem abgerissenen Daumen oder zertrümmertem Arm, Rippenbrüchen, Atembeschwerden und Herzrhythmusstörungen auf dem Fahrersitz. Niemand wird sich über seine Verletzungen wundern: Was soll schon sein – schließlich hatte es einen Unfall. Wahrscheinlich wäre es ohne Airbag viel schlimmer gekommen, oder? Wer weiß: Was in der Hundertstel- oder Tausendstelsekunde des Zusammenpralls mit dem Airbag passierte, kann schließlich niemand wissen – auch

das Opfer selbst hat das nicht mitbekommen. Der Daumen ist abgeknickt oder hängt nur noch an einem Hautfetzen? Ich bitte Sie: Wahrscheinlich hat das Opfer sich im Moment des Unfalls auf dem Lenkrad abgestützt. Viele Verletzungen werden dem Airbag gar nicht zugeschrieben. Vor allem solche nicht, die man dem Unfallopfer nicht ansieht. Denn da wären neben der mechanischen Wirkung des Airbags ja noch der etwa 170 Dezibel laute Knall und die durch Explosion und Entfaltung verursachte Druckwelle. Für die Autofahrer-Ohren ist das kein Vergnügen. So erleiden »17 Prozent aller Menschen, die in einen Autounfall mit Airbag-Auslösung verwickelt waren, einen bleibenden Gehörschaden«, heißt es auf der Schwerhörigen-Website hear-it.org. »Dies ergab eine Studie, die von Richard Price, einem Gehörspezialisten, durchgeführt wurde. In die Untersuchungen gingen nur Daten von Airbag-Auslösungen bei amerikanischen Fahrzeugen ein, die im Vergleich zu europäischen oder japanischen Modellen allgemein mit kräftigeren und größeren Airbags ausgestattet sind« (hear-it.org., 4.7.2008).

Gut – aber wenn man in Betracht zieht, wie schwer Menschen unter einem Gehörschaden, beispielsweise einem bleibenden Geräusch im Ohr, leiden, wären auch fünf oder zehn Prozent zu viel. Das Hauptproblem besteht jedoch darin, dass viele ihren Tinnitus oder ihren Gehörschaden gar nicht dem Airbag zuschreiben. Entweder weil sie die Beschwerden für eine allgemeine Folge des Unfalls halten und/oder weil diese erst Tage später auftreten. Wie gesagt: Der Airbag schlägt so schnell zu und erschlafft, dass er gar nicht da gewesen zu sein scheint.

Was nun den Fall Haider betrifft, muss es sich nicht um eine Fehlfunktion der Airbags gehandelt haben. Wodurch er ausgelöst und warum Haider dabei getötet wurde, steht auf einem anderen Blatt, besser gesagt auf 272 anderen Blättern – nämlich des erwähnten Buches, das ich zu dem Thema geschrieben habe.

20. Januar Obama-Amtseinführung: *Don't think – buy!*

»Obamas Amtseinführung macht Amerika verrückt!«, titelte *Welt Online*. »Obamas Amtseinführung: Kein freier Platz in Washington«, lautete auch die Schlagzeile von faz.net schon Wochen vor dem großen Ereignis vom 20. Januar 2009. »Obama startet mit viel Pomp in sein neues Leben«, versicherte wiederum *Welt Online* am 18. Januar 2009. Da uns dieses »neue Leben« aber alle etwas angeht, sei an dieser Stelle die Frage erlaubt, was es mit der Amtseinführung von US-Präsident Barack Obama und seiner neuen Regierung denn eigentlich auf sich hat.

Durch die Medien wurde diese Frage in den vergangenen Monaten nur scheinbar hinreichend beantwortet. Und die Antwort lautete »Change« – Wandel: Damit es besser wird, muss alles anders werden. Nichts kann so bleiben, wie es war. Wir müssen alle zusammenhalten. Für mich klingt das verdächtig nach einem Blankoscheck: »Was wir genau machen wollen, sagen wir nicht, aber damit wir es machen können, musst du schon mal zustimmen: Trust me.«

»Warum verzaubert dieser Mann die ganze Welt?«, fragte enthusiastisch die *Bild*-Zeitung am 8. April 2009. »Er ist glaubwürdig!« – »Er gibt Hoffnung!« – »Er steht für Wandel!« – »Er begeistert die Jungen!« – »Er gibt Vertrauen!« Ich weiß nicht, warum, aber das erinnert mich an einen Elektronikladen in New York, wo ich mich vor einigen Jahren für einen tragbaren Minicomputer interessierte und der Händler in erfrischender Direktheit auf mich einredete: »Give me your credit card! Trust me!« Und vor allem: »Don't think – buy!«

Was mein damaliges Erlebnis mit Obama zu tun hat? Nun, nachdem Amerika den freundlichen Aufforderungen, nicht groß nachzudenken, sondern zu kaufen, bei der Wahl seines Präsidenten nachgekommen ist, könnte man die Ware Obama ja wenigstens *nach* dem Kauf einmal in Augenschein nehmen. Denn von den Medien wurde diese Ware prompt schöngeredet. Zwar war durchaus eine leichte Ernüchterung in der Medienberichterstattung festzustellen, doch einen schonungslosen Blick warf niemand auf die Truppe, die zukünftig die Welt regieren wollte. Im Gegenteil: Das Obama-Kabinett sei einfach prima: »Obamas Kabinett ist das farbigste aller Zeiten«, tönte *Welt Online* schon im Dezember 2008, als müsste Politik einfach nur schön bunt sein, um gut zu sein. »Obama setzt bei seinem Team auf Pragmatismus, Erfahrung und starke Persönlichkeiten.« Toll. »Eines ist offensichtlich«, meinte die *Bild*-Zeitung. Und was? Na, »es ist eine Regierung der ›Promis‹ und Erfahrenen, Persönlichkeiten, die sich größtenteils auf den ihnen nun zugewiesenen Gebieten bereits sehr gut auskennen und kampferprobt in politischen Debatten sind – wenn sie darin auch zumeist nicht durch radikale Pro-Reform-Positionen oder ideologische Schärfen hervorgetreten sind.« So kann man alten Wein in neuen Schläuchen natürlich auch verkaufen. Wir können uns also entspannt zurücklehnen und Obama und die Seinen in aller Ruhe ihr neues Leben als Lenker der Welt beginnen lassen. Wenn Sie mich fragen, sollten wir dennoch anhand von drei Beispielen einen genaueren Blick auf die Ware werfen. Besser spät als nie:

»Bushie« Robert Gates

Von wegen »Wandel«! George W. Bush lebt bzw. er lebt fort, wo man ihn am wenigsten vermutet hätte: in der Obama-Wandel-Administration! Und zwar nicht in Gestalt des Pförtners oder Chauffeurs, sondern des Verteidigungsministers. Der mächtigste Minister von Barack Obama stammt aus dem Kabinett Bush. Was das wirklich bedeutet, wurde von den Medien natürlich verschwiegen, oder sagen wir lieber: taktvoll ausgespart. Statt des angekündigten »Wandels« übernahm Obama mit Verteidigungsminister

Robert Gates glatt den militaristischen Kern der Bush-Regierung. Gates ist der Familie Bush eng verbunden. Unter Präsident George H. W. Bush (senior) wurde Robert Gates am 6. November 1991 Direktor der CIA. Genau wie Bush senior (CIA-Chef 1976–77) arbeitete auch Gates jahrzehntelang für die Behörde. Er war der einzige CIA-Chef, der sich innerhalb von sechsundzwanzig Jahren von ganz unten bis an die Spitze hochdiente. Während der Amtszeit von Bush junior als Gouverneur von Texas wurde Gates 1999 Dekan der George Bush School of Government and Public Service an der Texas A&M University. Am 18. Dezember 2006 wurde Gates in der Regierung von Bush junior Nachfolger des schwer erträglichen Donald Rumsfeld als Verteidigungsminister. Am 26. Oktober 2007 erhielt Gates bei einer Jubelveranstaltung in der Texas A&M University den George-Bush-Preis für Verdienste um die Öffentlichkeit (frühere Bush-Preisträger waren Arnold Schwarzenegger, Helmut Kohl und Michail Gorbatschow). In diesem Zusammenhang sollte nicht unerwähnt bleiben, dass ein CIA-Chef stets durch Berge von Leichen watet. Ob die CIA nun indirekt oder direkt Massaker organisiert, beispielsweise die berüchtigte Operation Phoenix Mitte der 1960er Jahre in Vietnam, ob sie direkt oder indirekt über ihre Vasallenregime in aller Welt foltert oder ob sie Putsche, Staatsstreiche und Massenaufstände organisiert – durch die »Bemühungen« der CIA dürften weltweit schon viele Millionen Menschen gefangen genommen, gefoltert und getötet worden sein. Und in der Person des neuen US-Verteidigungsministers Robert Gates vereinen sich Krieg und verdeckter Krieg zu einer explosiven Mischung – für den Rest der Welt mit Sicherheit kein beruhigendes Signal.

»Ein ungewöhnlich talentierter junger Mann« – Timothy Geithner

Das zweite Schwergewicht ist der neue Finanzminister Timothy Franz Geithner. So neu ist der allerdings auch nicht, und für einen Wandel steht er schon gar nicht. Vielmehr steht er für noch mehr vom Alten bzw. für einen Teil jenes Systems, das stets das Böse will und auch das Böse schafft. Pardon, das Gute. Das Gute, natürlich. Nämlich für die Federal Reserve Bank of New York, also die Bundesbank des Staates New York, die bis jetzt, genau wie die meisten anderen Bundes- und Staatsbanken, nicht Teil der Lösung, sondern Teil des Problems gewesen ist. Für einen der obersten Hüter des Währungssystems und nunmehrigen Finanzminister Obamas ist Geithner ziemlich zerstreut. So vergaß er doch glatt, für die Jahre zwischen 2001 und 2004 34 000 Dollar Steuern zu zahlen. »Schlampig«, »vermeidbar« und »unabsichtlich« nannte er selbst diesen Fauxpas zerknirscht während der Diskussion um seine Ernennung zum Finanzminister. Nun wäre das ja nicht weiter schlimm, wenn Geithner als Chef der Federal Reserve Bank of New York nicht auf einem riesigen Schatz von etwa fünftausend Tonnen in Goldbarren gesessen hätte, der allerdings nicht ihm gehörte, auch nicht der Federal Reserve Bank of New York, ja nicht einmal den Vereinigten Staaten. Vielmehr passten hier der Steuer-Schussel Geithner bzw. die USA auf das Gold von zahlreichen fremden Staaten, Zentralbanken und Organisationen auf. Auch auf das Gold der Bundesrepublik Deutschland. Und zwar vollkommen unentgeltlich! »Die Bundesbank ist nicht Eigentümerin des Goldes, sondern fungiert gebührenfrei und als Geste des guten Willens gegenüber anderen Nationen als Wächter des kostbaren Metalls«, heißt es in der englischsprachigen Ausgabe der Online-»Enzyklopädie« *Wikipedia* euphemistisch (*Wikipedia, the free encyclopedia*, aufgerufen am 8.4.2009). Da kann man nur hoffen, dass es noch da ist.

Genau wie sein Vorgänger unter der Bush-Regierung, Henry Merritt Paulson, glaubt auch Geithner fest an die Notwendigkeit neuer Vollmachten und Spielräume für das Finanzministerium, um mit neuen »Lösungsmöglichkeiten« für die Finanzkrise zu experimentieren, das heißt noch mehr Milliarden aus dem Staatshaushalt den eigenen Kumpels in den Banken zuzuschustern. Ende September 2008 zum Beispiel versuchte der ehemalige Goldman-Sachs-Mann und Geithner-Vorgänger Paulson in der allgemeinen Aufregung um die Finanzkrise so eine Art finanzielles Ermächtigungsgesetz durchzubringen, das ihm bei der Verteilung des ersten »Rettungspaketes« in Höhe von 700 Milliarden Dollar weitgehend freie Hand geben sollte. »Entscheidungen des Finanzministeriums in Verfolgung dieses Gesetzes« sollten der Geheimhaltung unterliegen und von keinem Gericht und keiner Regierungsbehörde überprüft werden können. Mit anderen Worten, die U-Boote der Banken im Finanzministerium planten nichts Geringeres als die totale Anarchie. Schlimmer noch: Sie planten die endgültige Installierung der Plutokratie, der Herrschaft der Reichen: »Enrichez vouz!« Und in diesem System ist Obamas Finanzminister Geithner quasi der Zauberlehrling. Genau wie Bush-Minister Paulson war auch Geithner Gast bei den supergeheimen Bilderberger-Konferenzen, auf denen die Mächtigen dieser Welt ganz im Stillen strategische Pläne für die Zukunft des Globus schmieden (siehe Mai 2009). Ja, vor seiner Berufung als Finanzminister Obamas war Geithner von 2004 bis 2008 gleich fünfmal in Folge bei den Bilderbergern eingeladen, und Finanz-Putschist Paulson lobte ihn denn auch schon mal als »einen ungewöhnlich talentierten jungen Mann …, der die Regierung genauso versteht wie die Märkte«. War da sonst noch was? Zum Beispiel Wähler, Bürger und Steuerzahler? Nicht doch: Die spielen im ganz großen Monopoly der Reichen und Mächtigen ohnehin keine Rolle mehr – außer natürlich als Melkkühe.

Obamas (Stabs-)Chef: »Rahmbo« Emanuel

Dass Barack Obama neuer US-Präsident ist, wissen Sie ja schon. Aber dass er auch einen »Co-Präsidenten« hat, wussten Sie wahrscheinlich noch nicht, wenngleich Sie den Namen sicher schon einmal gehört haben dürften: Rahm Israel Emanuel. Dass er Obamas Stabschef und damit Washingtons zweitwichtigster Mann ist, dürfte hierzulande weithin unbekannt sein. Schließlich zieht Obama alle Aufmerksamkeit auf sich. Wobei man sich unter dem »Stabschef des Weißen Hauses« nichts Rechtes vorstellen kann. Dabei ist er die rechte Hand des Präsidenten. Oder ist der Präsident die linke Hand des Stabschefs? Im Weißen Haus regt sich nichts ohne seinen Befehl. Er wählt nicht nur wichtiges Personal der Regierungszentrale aus und beaufsichtigt es, er lenkt und koordiniert auch den Informationsfluss und den Besucherstrom in das Büro des Präsidenten. Kurz, der Stabschef ist die Spinne im Netz des Weißen Hauses, und wenn man sich ansieht, was er alles in der Regierungszentrale kontrolliert, fragt man sich, wer hier eigentlich wessen rechte Hand ist und wer tatsächlich regiert, Rahm Emanuel oder Barack Obama. Denn ohne den Stabschef ist der Präsident nur ein hilfloses Baby, und durch dessen Kontrollmöglichkeiten wird der Präsident weitgehend zu seinem Produkt.

Tatsächlich hat sich Barack Obama als US-Präsident ja auch nicht selbst erfunden, sondern ist das Kind vieler Väter, und einer davon ist Rahm Emanuel. Oder besser: das Kindermädchen. Die Väter sind andere, zum Beispiel der berüchtigte Falke und Russland-Hasser Zbigniew Brzezinski (siehe *Anderes Jahrbuch 2009*) und Rahm Emanuels enger Freund und Obamas Top-Wahlkampfstratege David Axelrod. Axelrod ist ein bekannter amerikanischer »spin doctor«, also ein Mann, der politischen Sachverhalten und Informationen den richtigen »Dreh« verpasst, um sie in der Öffentlichkeit und Politik zu verkaufen. Wahlkämpfe für farbige Kandidaten waren schon immer Axelrods Spezialität. Für den

Obama-Wahlkampf wärmte er sich bei den Wahlkampagnen für die farbigen Bürgermeister Harold Washington (Chicago), Dennis Archer (Detroit), Michael R. White (Cleveland), Anthony A. Williams (Washington D. C.), Lee P. Brown (Houston) und John F. Street (Philadelphia) auf. Im Jahr 2004 brachte »spin doctor« Axelrod dann Barack Obama zuerst in den US-Senat und später, 2008, in das Amt des US-Präsidenten.

Aber Obama hatte nicht nur Väter, sondern auch eine politische Mutter. Axelrod und Obama lernten sich 1992 über eine gemeinsame Bekannte kennen, die demokratische Wohltäterin Bettylu Saltzman, die Obama »sofort unter ihre Fittiche nahm, ihn wohlhabenden Spendern vorstellte und mit Freunden wie Mr. Axelrod ins Gespräch brachte«, so die *New York Times* vom 11. Mai 2008. Im Jahr 1992 hatte Obama also zwei Schlüsselfiguren getroffen – »beide jüdisch«, schreibt die Zeitschrift *The Chicago Jewish News* vom 24. Oktober 2008. Die eine sei David Axelrod gewesen, die andere ein »weitgehend hinter den Kulissen arbeitender Meister, der Obamas politische Karriere von Beginn an begleitete und eine ziemlich zentrale Rolle – vielleicht die zentralste – spielte. Es ist Bettylu Saltzman, eine langjährige liberale Aktivistin, deren Vater Philip Klutznik war – ein legendärer Baulöwe, jüdischer Funktionär und Staatsmann, der in der Carter-Regierung als Handelsminister diente und eine zentrale Rolle bei der Entwicklung des Staates Israel spielte.« Laut *Wikipedia* war »Obamas politischer Großvater« Klutznick von 1977 bis 1979 Präsident des Jüdischen Weltkongresses.

Die »Regel Nummer eins« des neuen Obama-Stabschefs und Aufpassers Rahm Emanuel passt bestens in die Zeit und lautet: »Lass nie eine Krise ungenutzt verstreichen, denn sie bietet Gelegenheit, große Dinge zu tun« (*The Weekly Standard*, 20.5.2009). Zum Beispiel die Krise des 11. September 2001, als der spätere Obama-(Stabs-)Chef Emanuel kurz darauf, im Jahr 2002, Präsident Bushs Krieg im Irak unterstützte und der Meinung war, Bush junior müsse dem amerikanischen Volk seine Position nur besser erklären (*Jewish Telegraphic Agency*, 7.1.2008). Während der Kongressvorwahlen 2006 inszenierte Emanuel die vollkommen künstliche Kandidatur der schwer verwundeten (und politisch unerfahrenen) Irak-Veteranin Tammy Duckworth gegen eine Irak-Kriegsgegnerin, die einen beschleunigten Rückzug aus dem Irak forderte. Die beinamputierte, an den Rollstuhl gefesselte und dennoch uniformierte Duckworth setzte jede Menge Emotionen frei und gewann gegen ihre Konkurrentin. Im Jahr 2009 wurde sie für ihre Verdienste im Kampf gegen die Pazifistin belohnt. Von wem? Von Barack Obama, der sie für eine Führungsposition im Ministerium für Veteranen-Angelegenheiten nominierte.

Wir dürfen also gespannt sein, was auf uns zukommt, denn eine Krise haben wir ja auch zurzeit. Bleibt nur zu hoffen, dass Co-Präsident Emanuel nicht allzu sehr in die Fußstapfen seines Papas tritt: Wie man in *Wikipedia* erfahren kann, kämpfte der im vorisraelischen Palästina für die »zionistische Untergrundorganisation« Irgun, die »terroristische Anschläge vordergründig gegen die britische Mandatsmacht, aber auch gegen die arabische Seite« durchführte (*Wikipedia*, aufgerufen am 31.7.2009). Der Vater kämpfte also militärisch für Israel – und der Sohn? Sein Spitzname »Rahmbo« lässt nichts Gutes ahnen.

Kontinuität statt Wandel – das Kabinett

Die übrigen Kabinettsmitglieder sind nichts weiter als angepasste Strategen des US-Imperiums und stehen ebenfalls nicht für Wandel, sondern für Kontinuität. Natürlich kann man sich streiten, wen man nun zuerst provoziert und destabilisiert: Iran, Pakistan oder vielleicht Russland? Aber es wäre falsch, in US-Ministern etwas anderes als US-Minister zu sehen. Dass man das Imperium aggressiv entwickeln und die Zügel global anziehen will, ist allemal ausgemacht. Vizepräsident Joe Biden zum Beispiel trieb maßgeblich eine gewaltsame Politik auf dem Balkan voran und »inspirierte«

damit auch Bill Clinton. Nach dem 11. September 2001 unterstützte er den Kriegskurs von Präsident Bush und vertrat die Meinung, dass Saddam Hussein eliminiert werden müsse.
Auch die neue Außenministerin Hillary Clinton ist nicht die sanfte Lichtgestalt, als die sie merkwürdigerweise von vielen gesehen wird. So unterstützte sie nicht nur die Resolution zum Irak-Krieg vom 11. Oktober 2002, die auf dem Schwindel mit den Massenvernichtungswaffen beruhte, sondern weigerte sich sogar noch im Jahr 2007, dies als Fehler einzugestehen oder sich dafür zu entschuldigen. Für den US-Patriot Act stimmte sie ebenso wie für weitere Sicherheits- und Anti-Terror-Gesetze, die nur den einen Sinn haben, unter dem Vorwand der »Terrorismusbekämpfung« die Bevölkerung zu kontrollieren. Auf die Frage, ob nationale Sicherheit wichtiger sei als Menschenrechte, antwortete sie 2007: »Die erste Pflicht des Präsidenten der Vereinigten Staaten besteht darin, die Vereinigten Staaten zu schützen und zu verteidigen« (CNN, 15. 11. 2007). Mit anderen Worten, Hillary Clinton trägt die militärische und totalitäre Agenda der USA (mit einigen kosmetischen Korrekturen) voll mit.
Die Ernennung von Landwirtschaftsminister Tom Vilsack rief massive Proteste hervor. Vilsack ist ein eingefleischter Gentechnik-Lobbyist. Als Gouverneur von Iowa gründete er im Jahr 2001 die »Governors Biotechnology Partnership«, eine Vereinigung US-amerikanischer Gouverneure zur Förderung der Gentechnik, der auch der Bruder von Präsident George W. Bush, Jeb Bush, angehört. Im selben Jahr wurde Vilsack von der Gentechnik-Industrie zum »Gouverneur des Jahres« gewählt.

Die Institution der Behauptung

Da fragt man sich: Wo soll da der »Wandel« sein? Oder war vielleicht gar kein Wandel zum Besseren, sondern zum Schlechteren gemeint? Die Wahrheit ist: Der Wandel besteht darin, dass er einfach behauptet wird. Tatsächlich kann man seit dem 11. September

2001 einen unheimlichen Trend beobachten – weg von der Inszenierung, hin zur bloßen Behauptung. Seit diesem Stichtag kann man die unheimliche Karriere der bloßen Behauptung in der Politik mitverfolgen. Was da nicht alles behauptet wurde: zunächst mal natürlich die Schuld der Islamisten an den Anschlägen in New York und Washington D. C., anschließend die Existenz von Massenvernichtungswaffen im Irak. Denkwürdig war in diesem Zusammenhang der peinliche Auftritt von US-Außenminister Colin Powell vor der UNO, der er anhand einer bunten Comic-Zeichnung irgendetwas von chemischen oder biologischen Waffen im Irak erzählen wollte. Die Autorität insbesondere der US-Regierung ist inzwischen so groß, dass bloße Behauptungen zur Steuerung des Globus genügen. Während die Behauptung selbstverständlich keine oder so gut wie keine Fakten benötigt, wird ihre mit Fakten untermauerte Widerlegung gern als »Verschwörungstheorie« bezeichnet. Ja, die als »Verschwörungstheorie« bezeichnete Faktenrecherche ist im Grunde genommen der natürliche Feind jeder bloßen Behauptung. Und auch dieser Trend ist keineswegs zum Stillstand gekommen, vielmehr wird irgendwann jedes Denken abseits der offiziellen Behauptungen als Verschwörungstheorie bezeichnet werden. Zweifellos wird es auch nicht mehr lange dauern, bis das Verbreiten solcher »Verschwörungstheorien« unter Strafe gestellt wird. Und wahrscheinlich wird irgendwann jedes Denken verpönt sein – einfach, weil es an sich gefährlich ist und sich verselbständigen kann. Schließlich kann das Denken von heute die »Verschwörungstheorie« von morgen sein. Deswegen wird auch ein ebenfalls bereits eingeleiteter Prozess weitergehen, nämlich die Ablösung der rationalen durch die »emotionale Intelligenz«, das heißt die unreflektierte Reaktion auf emotionale Reize. Wer hungernde Kinder sieht, spendet, wer Islamistem sieht, hasst, wer schmelzende Gletscher sieht, akzeptiert immer neue »Ökogesetze«. Und wer den lächelnden Großen Bruder Obama sieht und ihn von »Wandel« reden hört, der ist einfach begeistert: *Don't think – buy!*

Thema des Monats *27. 2.: Ein Urteil für die Meinungsfreiheit*

5. 2. Angeblicher Attentäter von Djerba wird ohne Beweise zu 18 Jahren Haft verurteilt **10. 2.** Karl-Theodor zu Guttenberg wird neuer Bundeswirtschaftsminister **11. 2.** USA verabschieden Konjunkturprogramm **18. 2.** General-Motors-Sanierungsplan löst Sorgen um Opel und monatelange Zitterpartie um den deutschen Autokonzern aus ***19. 2. Scheinheilige Kinderschutzprogramme zensieren das Internet***/Tschechischer Präsident Vaclav Klaus lehnt Lissabon-Vertrag vor Europaparlament ab **20. 2.** DAX erreicht mit 4014 Punkten den niedrigsten Stand seit 2004 **23. 2.** Dow Jones Industrial fällt auf den niedrigsten Stand seit 1997 ***27. 2. Kammergericht Berlin verurteilt TU Berlin zu Schmerzensgeldzahlung wegen Antisemitismusvorwurf***

5. Februar Djerba-Prozess: 18 Jahre für einen Abschied

Am 5. Februar 2009 ist es mal wieder so weit: Der Rechtsstaat und die Menschlichkeit erringen einen eindrucksvollen Sieg. Endlich ereilt einen der grausamen Attentäter von Djerba die Gerechtigkeit. Sie erinnern sich: Am 11. April 2002 wurde auf die Al-Ghriba-Synagoge auf der Ferieninsel Djerba an der Ostküste Tunesiens ein Terroranschlag verübt. Ein Flüssiggastransporter raste in das Gotteshaus und explodierte. 21 Touristen wurden dabei getötet, darunter 14 Deutsche; die meisten davon verbrannten bei lebendigem Leibe: »Wir waren drin in der Synagoge, und mein Blick richtete sich noch auf die Tür, und auf einmal fing es an zu knallen, die Tür fiel zu, und das Feuer brach aus, und man hörte nur noch Schreie; es hat sehr gebrannt, die Synagoge war voller Rauch, und aus den Fenstern, die offen waren, konnte man nicht raus, weil da sehr dicke Eisenstäbe waren; es ist eindeutig ein Bombenanschlag.« So beschrieb eine deutsche Touristin den schrecklichen Terroranschlag. Allein das Unfallkrankenhaus in Berlin-Marzahn hatte damals drei Patienten in Therapie, deren Körperoberfläche zu mehr als siebzig Prozent verbrannt war.
Angesichts dieser unvorstellbaren Qualen und der Trauer der Hinterbliebenen war es nur recht und billig, dass am 5. Februar 2009 endlich einen der Täter die gerechte Strafe ereilte. Dass die Strafe gerecht war, ist sehr wichtig, denn schrecklich wäre es etwa gewesen, wenn im Namen der unschuldigen Opfer nun ein neues Verbrechen an einem anderen Unschuldigen begangen worden wäre. Doch so konnten sich alle zufrieden zurücklehnen. Der 42-jährige deutsche Islam-Konvertit Christian Ganczarski wurde in Paris wegen Beihilfe zum Mord in Djerba und wegen Mitgliedschaft in einer terroristischen Vereinigung names al-Qaida zu 18 Jahren Haft verurteilt. Ganczarski war mit seiner Familie seit einigen Jahren zwischen Saudi-Arabien, Afghanistan und

Deutschland hin- und hergereist. Im Juni 2003 war er auf dem Pariser Flughafen Charles de Gaulle festgenommen worden und saß zum Zeitpunkt der Verhandlung bereits seit fast sechs Jahren in Untersuchungshaft. Das Pariser Gericht war zuständig, weil bei dem Anschlag auch zwei Franzosen ums Leben gekommen waren.

»Die deutschen Nebenkläger in dem Prozess zeigten sich zufrieden über das Urteil«, berichtete das Nachrichtenportal von *t-online* am 5./6. Februar 2009. »Wichtig sei, dass G. in beiden Anklagepunkten schuldig gesprochen worden sei, auch wenn die Strafe nicht so hoch sei wie gefordert, sagte ihre Anwältin Judith Adam-Caumeil vor Journalisten.« Eben. Denn schließlich handelte es sich bei Ganczarski um niemand Geringeren als den »Paten des Terrors« (*Bild*-Zeitung) bzw. um des Teufels General. Und der Teufel, das war in diesem Fall natürlich Osama bin Laden. »Osamas deutschen General«, so der *Stern*, ereilte also sein gerechtes Schicksal.

So habe der Deutsche in einem Speisesaal mit zweihundert Leuten gleich neben Osama bin Laden sitzen dürfen und sich lange mit ihm unterhalten, berichtete ein per Videokonferenz in den Pariser Gerichtssaal zugeschalteter Zeuge und ehemaliger »Qaida-Aktivist« laut *Spiegel* vom 2. Februar 2009. Ein Video zeigte Ganczarski am 8. Januar 2001 in der ersten Reihe bei einer sogenannten »al-Qaida«-Veranstaltung – mit bin Laden als Redner. Ein paar Reihen weiter hinten saß Mohammed Atta, der angebliche Todespilot vom 11. September 2001. Allerdings ist weder Osama bin Ladens noch Mohammed Attas Beteiligung an den Anschlägen vom 11. September 2001 bis heute erwiesen. Es sei »keine terroristische Versammlung, sondern ein Gebet« gewesen, behauptete außerdem Ganczarski über die Veranstaltung in Afghanistan. »Sehen Sie nicht die ausgezogenen Schuhe neben den Gebetsteppichen?«, fragte er. Und: »Wenn Sie ins Theater gehen, kennen Sie dann immer jeden im Publikum?«

Zwar sei er insgesamt sechsmal in afghanischen Trainingscamps gewesen, aber deshalb sei er noch lange kein Terrorist. Die Denkweise des Gerichts beginne erst ab dem 11. September, »aber nicht zuvor«. Vorher sei es eben nicht verboten gewesen, »in Afghanistan mit der Waffe rumzurennen oder mit Osama bin Laden zu sprechen«, sagte Ganczarski laut *Spiegel Online* vom 5. Februar 2009. Aus heutiger Sicht sei das nicht klug gewesen, »aber das ist die Vergangenheit, und ich kann darin nichts ändern«.

Was lag nun konkret gegen den Mann vor? Was Ganczarskis angebliche Beteiligung an dem Attentat von Djerba betrifft, so gibt es sogar laut *Spiegel* vom 2. Februar 2009 »nur einen einzigen Vorgang, der darauf hinweist«: Wie das Generäle so zu tun pflegen, habe Ganczarski am Morgen des Anschlags von Djerba den »Terrorbefehl« (*Focus*) gegeben. Da ist man natürlich gespannt, wie so ein Terrorbefehl lautet.

Wahrscheinlich in etwa so: »Heute brennst du die Al-Ghriba-Synagoge nieder!« Das wäre zum Beispiel etwas Konkretes, aufgrund dessen man jemanden guten Gewissens verurteilen könnte. Nur: Ganz so konkret war es in diesem Fall leider nicht. Nicht? Dann vielleicht: »Heute verübst du einen schlimmen Terroranschlag«? Zwar wäre in diesem Fall der Ort des Geschehens nicht genannt worden, aber dass der Angeklagte einen anderen zu etwas Bösem anstiften wollte, dürfte wohl außer Zweifel stehen. Aber auch so sah der »Terrorbefehl« von »Osamas deutschem General« leider nicht aus. Überhaupt gab der Mann für einen General doch recht merkwürdige Befehle.

Zunächst mal ging die Initiative für den »Befehl« gar nicht von Ganczarski aus. Vielmehr wurde er am 11. April 2002 in Duisburg morgens gegen 6.18 Uhr von der Insel Djerba aus angerufen – und zwar von dem angeblichen Attentäter namens Nizar Nawar. »Vergiss nicht, mich in deinen Gebeten zu bedenken«, soll dieser Ganczarski aufgefordert haben. Ganczarski: »So Gott will, brauchst du irgendetwas?« Nawar: »Nein danke, ich brauche nur

deinen Segen.« Ganczarski: »So Gott will.« Später am Tag soll dann der erwähnte Nizar Nawar den Flüssiggastransporter vor der Synagoge gesprengt haben. Das sollte doch für 18 Jahre Haft bei Ganczarski locker reichen, oder nicht?
Allerdings scheint diese Terrororganisation al-Qaida, für die Ganczarski den Anschlag in Auftrag gegeben haben soll, eine recht merkwürdige Befehlssprache zu haben. Denn die Sache, um die es angeblich geht, taucht in dem Befehl überhaupt nicht auf, und Befehle für spezifische Operationen werden in gewöhnliche Grußformeln gekleidet. Etwa so, als hätte ein Wehrmachtsgeneral 1939 zu seinen Soldaten »Guten Morgen« gesagt, und die hätten daraufhin Polen überfallen.
Eigentlich ist es nicht ganz das, was man von »Osamas deutschem General« erwarten würde. Einen Beweis für irgendeinen Anschlagsbefehl kann man da beim besten Willen nicht entdecken – es sei denn, wir alle würden jeden Tag Anschlagsbefehle erteilen, indem wir jemanden grüßen und ihm alles Gute wünschen. Dann wären wir alle potenzielle Terroristen! Es käme nur darauf an, wer uns gerade abhört und uns die Worte im Munde umdreht – eine gruselige Vorstellung. Lag denn sonst nichts gegen den Mann vor? Ja und nein.

- Ja, weil noch einige andere »Indizien« gegen Ganzcarski sprachen, die jedoch dieselbe Qualität hatten wie seine Anwesenheit bei einem Vortrag von Osama. So soll der angebliche 9/11-Drahtzieher Khalid Scheich Mohammed ausgesagt haben, »Ganczarski habe nicht nur engste Verbindungen zur Qaida-Spitze um Osama bin Laden gepflegt, sondern auch technische Hilfestellung für das Terrornetzwerk geleistet« (*Der Spiegel* 20/2003). Das Problem: Scheich Mohammed war laufend gefoltert worden und hatte dabei alle möglichen Leute als al-Qaida-Drahtzieher beschuldigt (siehe auch *20. April* Der Joker der Ermittlungsbehörden).

- Nein, weil diese »Beweise« nichts wert waren und weil, wie der *Spiegel* schrieb, Ganczarskis angeblicher »Terrorbefehl« nun mal der »einzige Vorgang« war, »der darauf hinweist«, dass er an dem Attentat von Djerba beteiligt gewesen sein könnte.

Ganczarskis eigentlicher Fehler bestand vermutlich gar nicht in seinem Telefongespräch, vielleicht nicht einmal in seinem Abendessen mit bin Laden. Sein eigentlicher Fehler bestand wahrscheinlich darin, dass er zum Islam konvertiert war. Diese Konvertiten ziehen schon seit einiger Zeit den Hass von politisch beeinflussten Ermittlungsbehörden auf sich, und zwar, weil es immer mehr werden. Der angebliche »Krieg gegen den Terror« beginnt inzwischen gewaltig nach hinten loszugehen, weil er die größte Werbekampagne für den Islam darstellt, die jemals veranstaltet wurde. Hatte sich im Westen früher jahrzehntelang niemand für diese Religion interessiert, so begannen die Menschen nun plötzlich selbst einen Blick in den Koran zu werfen und sich mit dessen Inhalten zu befassen. Außerdem führten die Angriffe gegen den Islam unweigerlich zu Solidarisierungseffekten – zum Beispiel in Mischehen zwischen Muslimen und Nicht-Muslimen. Oft hatte der nichtmuslimische Partner das Gefühl, Flagge zeigen und selbst konvertieren zu müssen. »Die wachsende Zahl von Menschen, die bei uns – oder in Belgien und anderen europäischen Ländern – zum Islam konvertieren«, habe »durchaus etwas Bedrohliches«, unkte Bundesinnenminister Wolfgang Schäuble in einem Interview mit Welt.de am 4. Februar 2007: »Ich sage natürlich nicht, dass jeder Konvertit ein potenzieller Terrorist ist. Aber man muss sehen, es wächst bei uns das Phänomen des *home-grown terrorism*, des Terrorismus, der gewissermaßen auf unserem eigenen Mist gewachsen ist.« Zumindest war das Vorgehen der Sicherheitsbehörden gegen den Islam ein Faktor, der letztlich zu Solidarisierungs- und Werbeeffekten führte.

Und genau deshalb, zur Abschreckung, begann 2008 in Deutschland auch eine Diskussion um ein »Konvertitenregister«.
Im Februar 2009 war natürlich längst vergessen, dass Ganczarski bereits Jahre vor dem Urteil vom 5. Februar 2009 schon einmal wegen seines angeblichen »Terrorbefehls« festgenommen worden war. Seinerzeit war er in null Komma nichts wieder auf freiem Fuß. »Wir haben nichts, was Ganczarski näher an das Attentat in Djerba bringt«, sagte ein Fahnder laut *Welt* vom 16. Juni 2003 in voller Kenntnis des Telefonats zwischen Ganczarski und dem mutmaßlichen Attentäter. Nur auf Druck der USA habe die Bundesregierung die Bundesanwaltschafte im Frühjahr 2003 bedrängt, einen Haftbefehl zu beantragen, so die *Welt* weiter: »Doch der Bundesgerichtshof (BGH) lehnt den Haftbefehl im Mai ab.« Auch eine dagegen eingelegte Beschwerde sei vom BGH zurückgewiesen worden: »Es gebe nach wie vor nicht genügend Anhaltspunkte, dass Ganczarski Genaues vom Anschlag in Tunesien wusste.« Logisch, denn in Wirklichkeit hatte er sich nur von jemandem verabschiedet …

19. Februar Wer schützt uns vor K9?

Haben Sie sich schon einmal gewundert, warum die Besucherzahlen auf Ihrer Internetseite zurückgehen, oder warum Sie bestimmte Seiten nicht mehr erreichen können? Dann lesen Sie weiter.
Glaubt man den öffentlichen Verlautbarungen, dann ist das World Wide Web eine finstere Sache. Ganz wie im richtigen Leben lauern an jeder Ecke dunkle Gestalten, die ihren Mantel aufklappen, um ihr dubioses Sortiment zu präsentieren – oder noch weit Schlimmeres. Gerade Kinder sind diesem Dschungel hilflos ausgeliefert: Auf jeder zweiten Website schauen zweifelhafte Onkels hinter elektronischen Büschen hervor, um die lieben Kleinen zu belästigen, ihnen etwas anzudrehen oder sie mit eindeutigen Darstellungen zu verderben. Wie gut, dass es die saubere Welt von »K9 Web Protection« gibt. Wer die Website dieses Produkts der Firma Blue Coat

besucht, fühlt sich sogleich geborgen: Während die deutsche Website noch recht nüchtern daherkommt und eher auf Geschäftsleute zugeschnitten zu sein scheint, rückt die eigentliche Zielgruppe der Filtersoftware auf der US-Website sehr viel deutlicher in den Blick. Im Logo der Filtersoftware wacht ein freundlicher Wachhund mit einem Sheriff-Stern um den Hals. Darunter, auf einem Foto, sitzt eine hübsche junge Mutter strahlend vor einem PC-Bildschirm, daneben ein süßes kleines Mädchen. Schöne neue Familienwelt! Die Botschaft: Ist es nicht schön, dass die beiden vor all dem Elektronik-Schmuddel sicher sind?

Je mehr man sich hier durchklickt, desto mehr süße Kinder sieht man strahlend vor Bildschirmen sitzen und ihre reinste Freude am Netz der Netze haben. Denn dank »K9 Web Protection« kann ihnen nichts passieren. Die Software filtert alles heraus, was für Kinderaugen nicht geeignet sein könnte.

»K 9 Web Protection« ist eine sogenannte »parental control«-Software, mit der Eltern den Zugriff ihrer Kinder auf das Internet kontrollieren können. Auf der deutschen Blue-Coat-Website erfährt man unter dem Menüpunkt »Produkte« Folgendes über »K9 Web Protection«:

> »Blue Coat K9 Web Protection ist ein Programm zur Filterung von Webinhalten für Ihren Heimcomputer. Es bietet eine vollkommen familiengerechte Interneterfahrung, mit der SIE den Inhalt des Internets, der zu Ihnen nach Hause kommt, kontrollieren.«

Und das völlig gratis: »K9 noch heute kostenlos herunterladen«, heißt es auf der Startseite des Produkts. Wer da nicht zugreift, ist wirklich selber schuld. Ein kleines Fragezeichen bleibt allerdings. Denn warum verzichtet ein Unternehmen auf den gesamten Umsatz aus dem wichtigsten Markt, der für sein Produkt in Frage kommt, nämlich aus dem Markt besorgter Eltern, die ihre

Kinder vor Gefahren im Netz schützen wollen? Und dann wäre da noch die Frage, warum ich Ihnen das alles erzähle. Ganz einfach: Weil ich am 19. Februar 2009 die ganz andere Seite von K9 Web Protection kennenlernte, die für jeden, der im Internet eine Seite betreibt oder im Internet Seiten lesen will, von Bedeutung ist: »Während ich heute in einem Internetcafé arbeitete, machte ich eine schockierende Entdeckung«, schrieb mir ein Bekannter: »Ihre Website www.gerhard-wisnewski.de steht bei bestimmten Sperrfilterprogrammen auf der Indexliste. So war es in diesem Internetcafé nicht möglich, Ihre Website aufzurufen.«
Dass die Seite nicht angezeigt wurde, war indessen noch nicht einmal das Schlimmste. Rief man in dem Internetcafé meine Seite auf, erhielt man obendrein den Warnhinweis: »htpp://www.gerhard-wisnewski.de wurde blockiert, weil es zurzeit als illegal/fragwürdig eingestuft wird.« Gezeichnet: »K9 Web Protection« – unsere saubere Kontrollsoftware! Ganz unten folgte der Hinweis: »Copyright Blue Coat Systems«. Klickte man auf dieser Seite weiter, gelangte man auf eine zweite Seite von »K9 Web Protection«. Dort wurde die Verleumdung erst so richtig abgerundet: »Illegal/questionable« seien »Seiten, die illegale Handlungen befürworten oder Tipps dafür geben, wie etwa Dienstleistungserschleichung, Umgehung von Strafverfolgung, Betrug, Einbruchtechniken und Plagiarismus. Eingeschlossen sind Seiten, die fragwürdige Bildungsmaterialien vertreiben oder verkaufen, wie beispielsweise Hausarbeiten.«
Weil ich die Sache eine Weile beobachten wollte, habe ich nichts dagegen unternommen, sondern das »Rating« meiner Website zwei Monate später, am 19. April 2009 um 14.48 Uhr, nochmals »gecheckt«. Ergebnis: Auch zwei Monate später befand sich die Seite immer noch in der Kategorie »illegal/questionable«, was m. E. eine Reihe von Tatbeständen erfüllt, angefangen bei Beleidigung und übler Nachrede. Erst drei Monate später, bei einem dritten Versuch, fand ich die Seite in die Kategorie »News/Me-

dia« eingestuft. Da erhebt sich doch die Frage: Wer schützt uns vor »K9 Web Protection«? Nach eigenen Angaben war das Programm im Februar 2009 bereits in über einer Million Haushalte installiert.

Dabei geht es um viel: Die Existenz von immer mehr Menschen hängt von ihrem »Aushängeschild« im Internet ab – egal, ob es nun um das direkte Geschäft geht, wie bei einem Internetshop, oder »nur« um die elektronische Visitenkarte eines Autors, Handwerkers, Künstlers, Wissenschaftlers oder Politikers. Plötzlich werden Besucher beim Zugriffsversuch auf dieses Aushängeschild auf eine Seite mit dem Warnhinweis »illegal/questionable« umgeleitet – mit freundlichen Grüßen von »K9 Web Protection« oder ähnlichen Programmen.

Dabei ist es ganz leicht, mit seinem eigenen Web-Angebot in einer dieser Zensurdatenbanken zu landen. Bei »K 9 Web Protection« zum Beispiel muss man nur die Seite »Check Site Rating« (»Prüfen Sie Seiteneinstufung«) aufsuchen. Dort kann man eine Internetadresse eingeben und sich darüber informieren, wie sie von der Software im Moment eingestuft wird. Falls einem diese Einstufung nicht gefällt, kann man eine andere Kategorie wählen, die man für angemessener hält. So kann man eine Website allerlei dubiosen Kategorien zuweisen, beispielsweise:

- Adult/Mature Content (nur für Erwachsene)
- Alternative Spirituality/Occult (alternative Spiritualität/Okkultes)
- Alcohol/Tobacco (Alkohol/Tabak)
- Gambling (Spiele)
- Illegal Drugs (Illegale Drogen)
- Nudity (Nacktheit)
- Hacking (Hacking)
- Pornography (Pornografie)

Angeblich hat diese Zuweisung lediglich Vorschlagscharakter; inwieweit ein solcher Vorschlag aber tatsächlich geprüft wird, entzieht sich meiner Kenntnis. Gäbe es eine wirksame Prüfung, hätte allerdings meine eigene Website nicht monatelang in der Kategorie »illegal/questionable« stehen dürfen.

Halten wir fest: Irgendeine dubiose Firma mit Hauptsitz in Sunnyvale, Kalifornien, schwingt sich zur Überwacherin des Internets auf und zensiert unter dem Deckmantel des Kinderschutzes die Inhalte des World Wide Web. Sie bekennt zudem auch offen, sich nicht nur gegen illegale Aktivitäten zu wenden, sondern auch gegen »fragwürdige Bildungsangebote« – ein Begriff, mit dem eindeutig der Bereich der freien Meinungsäußerung betreten wird und der aus meiner Sicht ein Bekenntnis zur Zensur bedeutet.

Papperlapapp: »K9 fungiert als ›Führ- oder Wachhund‹, um ›gute‹, ›fragwürdige‹ und ›absolut schlechte Nachbarn‹ in dieser gigantischen virtuellen Gemeinschaft zu erkennen. Sie entscheiden, welche Nachbarn besucht werden können und welche nicht.«

Nochmals papperlapapp: Die Software funktioniert nur zu einem kleinen Teil mit (von den Eltern) definierten Positiv- oder Negativlisten. An anderer Stelle enthüllt das Unternehmen, wie es wirklich zugeht. Nicht Eltern und auch nicht Internetcafé-Betreiber, sondern die Computer der Firma durchkämmen das Netz und kontrollieren jede Website darauf, ob sie für Kinderaugen taugt.

Selbst Browser, beispielsweise der Internet Explorer von Microsoft in seiner Version 7.0, bieten unter »Internetoptionen« eine Möglichkeit an, »Inhalte« nach bestimmten Kategorien auszuschließen. Diese Kategorien werden beim Internet Explorer von einem dubiosen »Family Online Safety Institute« verwaltet und zur Verfügung gestellt. Natürlich kostenlos. Denn alles, was das »Institut« will, ist »die Online-Welt für Kinder und ihre Familien sicherer machen«. Ist das nicht schön? Nein, das ist nicht schön. Denn wer den Zugriff auf einzelne Web-Angebote solchen undurchsichtigen Organisationen anvertraut, der legt sein Denken bereits in fremde Hände. Dass derartige »Institute« letztlich das Internet für alle zensieren könnten, liegt auf der Hand. Denn für den Schutz von Kindern benötigt man sie überhaupt nicht. Genau wie man einem Kind ein Bilderbuch oder einen Comic erlaubt oder nicht, erlaubt man ihm eine bestimmte Seite im Internet – das war's. Alle nicht ausdrücklich genehmigten Websites sind dann gesperrt. Freigeschaltet werden können sie nur von dem erwachsenen Passwortinhaber. Bei guten Programmen und Browsern kann man auf diese Weise mit der Zeit eine Positivliste erlaubter Seiten erstellen. Und wenn ein Kind eine andere Seite sehen möchte, dann redet man eben drüber. Alles andere bedeutet, die Entscheidung, was die eigenen Kinder sehen dürfen, an dubiose internationale Konzerne abzutreten, die ihre Programme merkwürdigerweise kostenlos anbieten. Was aus Sicht der Eltern Fürsorge ist, nämlich die Installation sogenannter »parental control«-Programme, ist in Wirklichkeit nur eine gut getarnte Form von Gleichgültigkeit gegenüber den eigenen Kindern.

Den dahinterstehenden Organisationen geht es natürlich nicht nur darum, Inhalte für Kinder zu filtern. Vielmehr soll die Software in allen Einrichtungen zum Einsatz kommen, die Internet-Verbindungen unterhalten: Internetcafés, Firmen, Organisationen, Schulen, Universitäten. Längst haben die Programme ihren ursprünglichen Wirkungsbereich verlassen und maßen sich allgemeine Erziehungsfunktionen an. Denn sind wir nicht alle irgendwie Kinder und auf die moralischen Standards von K9 Web Protection angewiesen? Oh doch: Die Brigham Young University in Idaho beispielsweise sei bekannt dafür, ihre Studenten zu »höheren moralischen Standards« anzuhalten, heißt es in dem Bericht eines gewissen Aman Chabra vom 6. Dezember 2008 auf der Nachrichtenseite localnews8.com: »Die Schule wird ihrem Ruf auch in Zukunft gerecht. Die Verwaltung ermutigte kürzlich die Studenten, sich eine Internetfiltersoftware auf ihre persönlichen Computer herunterzuladen.« Und zwar »K9 Web Protection«.

Auch andere Masseneinrichtungen, wie Kirchen, setzten sich bereitwillig die K9-Brille auf. So sei die K9-Firma Blue Coat dieselbe Firma, die auch die »Kirche Jesu Christi der letzten Tage« mit Internetfiltern versorge, heißt es in demselben Bericht. Auch ein gewisser David Shamah von der *Jerusalem Post* lobte in der Ausgabe vom 26. April 2007 das Zensur-Programm über den grünen Klee: Nicht nur die Kinder schütze K9 wie ein zuverlässiger Wachhund, nein, »alle, die auf dem Internetbrowser ihres PCs surfen«.

Dabei steht Blue Coat mit »K9 Web Protection« keineswegs allein da. Vielmehr schießen Firmen und Organisationen, die uns und unsere Kinder vor »unangemessenen Inhalten« schützen wollen, wie Pilze aus dem Boden. Filterprogramme sollen eines Tages so weit verbreitet sein wie Virenscanner, wenn sie nicht sogar gleich mit dem Virenscanner heruntergeladen werden. Sie würden dann einfach im Hintergrund des Rechners mitlaufen. Was die Programme dann allerdings genau herausfiltern, bekäme man genauso wenig mit wie das, was eigentlich der Virenscanner im Hintergrund treibt.

Für die Internetzensoren ist das natürlich eine schöne Sache, aber noch immer nicht das Gelbe vom Ei. Denn besser als diese dezentrale Lösung, bei der die Programme nur in einzelnen Haushalten, Internetcafés oder Universitäten laufen, wäre natürlich eine zentrale Lösung, die »verdächtige« Seiten gleich in einem ganzen Land blockt. Aber keine Sorge: Wo Gefahr ist, wächst das Rettende auch. Und zwar in Gestalt von »Familienministerin« Ursula von der Leyen (Internetjargon: »ZensUrsula«). Ihr Vorbild scheinen genau solche scheinheiligen »Schutzprogramme« wie »K 9 Web Protection« zu sein. Und an diesem Beispiel kann man direkt miterleben, wie Internetzensur funktioniert (siehe unten *17. April* Grüße von »ZensUrsula«).

27. Februar Ein Urteil für die Meinungsfreiheit

Am 18. April 2009 schrieb mir ein gewisser Henryk M. Broder eine Mail: Ob ich ihm wohl ein bestimmtes Urteil des Kammergerichts Berlin vom 27. Februar 2009 schicken könne, er würde gerne »über diesen Vorgang schreiben«. »Das wäre sehr freundlich«, meinte Herr Broder artig und verabschiedete sich »mit Dank und Gruß«. Als ich nicht reagierte, trudelte bei meinem Anwalt Markus Menzendorff die nächste artige E-Mail in der Sache ein. Und zwar von einem gewissen Norman Nathan Gelbart. Der fragte »höflichst« an, »ob die Übersendung einer geschwärzten Kopie des Urteils … sehr gerne per E-Mail – möglich wäre. Für den Fall der Übersendung darf ich mich auf diesem Wege vorab bedanken.«

Da wunderte ich mich sehr. Denn der mir so unvermittelt gewogene Herr Broder arbeitet eigentlich als politisch korrekter Wachhund beim Nachrichtenmagazin *Der Spiegel*. Noch vor wenigen Jahren hatte er mich wegen meiner Recherchen über die Attentate des 11. September 2001 übel beschimpft. Irgendetwas musste ihm also neuerdings gewaltig auf den Nägeln brennen, wenn er ausgerechnet mich nach einem Urteil des Berliner Kammergerichts fragte. Mit Hilfe von Google wurde ich denn auch fündig. Erstens: Die beiden Herren verlangten nicht etwa zufällig zur selben Zeit dasselbe, sondern Herr Gelbart ist der Rechtsanwalt von Herrn Broder. Zweitens: Die beiden sind die zentralen Figuren im sogenannten neuen »Antisemitismusstreit«. Noch nie gehört? Bleiben Sie dran, denn dieses Thema geht uns alle an. Warum? Ganz einfach. Weil davon das Schicksal der Meinungsfreiheit in Deutschland und auch anderswo abhängt. Wieso? Ebenfalls einfach: Weil der Begriff »Antisemitismus« (umgangssprachlich: »Judenfeindlichkeit«) endgültig auch auf die Kritik an Israel und am Zionismus (jüdische Nationalbewegung zur Staatsgründung in Palästina) ausgeweitet werden soll.

Na und? Diese Themen interessieren Sie sowieso nicht? Bleiben Sie trotzdem dran, denn das ist noch nicht alles. Der Begriff des »Antisemitismus« soll nämlich auf jedwedes Thema ausgeweitet werden, das nicht in die »politisch korrekte« Meinungs- und Medienlandschaft passt. In erster Linie natürlich auf Kritik am israelischen Vorgehen gegen die Palästinenser. In zweiter Linie aber auch auf jegliche Kritik an der Politik Israels. In dritter Linie auf Kritik an jedem israelischen Staatsbürger oder Beauftragten, ganz gleich, was er irgendwo auf der Welt treibt. In vierter Linie schließlich auf Kritik an dem Wirken eines jeden Menschen, sofern er nur Jude ist. Das heißt, mit dem Begriff »Antisemitismus« soll ein psychologischer Schutzschirm über Israel aufgespannt und Israel komplett aus dem freien Meinungsstreit ausgeblendet werden.

Na, wennschon – für Israel und Palästina haben Sie sich ohnehin noch nie interessiert? Nun gut, das ist aber nur der Kern der psychologischen Quarantäne. Des Weiteren sind davon jegliche israelischen Interessen in der Welt betroffen. Bei welchem Thema man auch immer mitreden will, ob Wirtschaft, Politik, Kultur, Medien oder Militär, sobald man dabei (auch unwissentlich) israelische Interessen berührt, bekommt man Ärger. So hat sich schon mancher über seinen eigenen Antisemitismus gewundert, von dem er vorher selbst noch gar nichts wusste. Und Ärger ist noch milde ausgedrückt. Weil in der Bezeichnung »Antisemit« immer auch der Faschismus und der millionenfache Mord an Unschuldigen mitschwingen, wird der Betreffende gesellschaftlich ausgegrenzt. Daher gibt es in der deutschen Debattenlandschaft kaum eine größere Angst als die vor dem scharfen Schwert des »Antisemitismus«-Vorwurfs. Jemand, der als »Antisemit« gebrandmarkt wird, kann im Prinzip »einpacken«. Er verliert erst die Reputation, dann den Job, dann die Existenz. Mit »so einem« will niemand etwas zu tun haben. Denn wer »mit so einem« etwas zu tun hat, der ist natürlich – richtig: ebenfalls ein Antisemit! So

entsteht ein Klima der Angst, in dem keine freie Meinungsäußerung mehr möglich ist.
Und falls Sie es noch nicht wussten: Auch Juden können Antisemiten sein! Ja, es hat sich schon mancher Jude ganz schön über den eigenen »Antisemitismus«, also praktisch über die reinste »Selbstfeindschaft«, gewundert. Beispielsweise Evelyn Hecht-Galinski, als Tochter des früheren Vorsitzenden des Zentralrats der Juden in Deutschland, Heinz Galinski, nicht gerade als Antisemitin prädestiniert. Von der Nahost-Politik Israels ist sie dennoch nicht gerade begeistert, weshalb sie sich in der Organisation »Jüdische Stimme für gerechten Frieden in Nahost« für die Beilegung des Nahostkonflikts und die friedliche Koexistenz von Israel und Palästina engagiert. Den Zentralrat der Juden in Deutschland forderte sie auf, sich nicht als »Sprachrohr der israelischen Regierung« und »Propagandamaschinerie« zu verstehen. Als Evelyn Hecht-Galinski eines Tages vom WDR interviewt wurde, schrieb der oben genannte Herr Broder an die Intendantin Monika Piel einen seiner Briefe. Allerdings keinen artigen:

> »Jeder Kölsche Jeck mit zwei Promille im Blut würde sogar an Weiberfastnacht erkennen, das Frau EHG eine hysterische, geltungsbedürftige Hausfrau ist, die für niemand spricht außer für sich selbst und dabei auch nur Unsinn von sich gibt. Ihre Spezialität sind antisemitisch-antizionistische Statements, die zurzeit mal wieder eine kurze Konjunktur haben.«

Denn merke: Der gefährlichste Antisemit ist immer noch der Semit, weil er in Sachen Antisemitismus als besonders glaubwürdig erscheint. Hecht-Galinski fand ihre Charakterisierung als »antisemitisch« jedenfalls gar nicht lustig, klagte und bekam ein Urteil (auf das anfangs erwähnte Urteil komme ich noch): Das Landgericht Köln stellte fest, dass der Vorwurf der »antisemitischen Statements« »in diesem konkreten Äußerungszusammenhang …

keine durch Art. 5 Abs. 1 GG gedeckte Meinungsäußerung« darstellt.

Wie schon angedeutet, kämpfen der bekannte und einflussreiche Journalist Broder und sein Rechtsanwalt Gelbart aus meiner Sicht allerdings für eine Rechtsprechung, die es ermöglichen soll, jedermann jederzeit nach Gutdünken einen Antisemiten zu schimpfen und damit seine Existenz zu vernichten. Warum jemand als »Antisemit« beschimpft wird, das würde sich dann von Fall zu Fall entscheiden. Der Begriff »Antisemit« soll seine maximale vernichtende Wirkung entfalten, bei gleichzeitiger Auflösung des Rechtsschutzes für die Betroffenen. Das ist meiner Meinung nach das Ziel, das eine schwere Bedrohung der Meinungsfreiheit in Deutschland bedeutet. Eine Bedrohung, die kaum jemand wahrnimmt, weil sie im Gewand eines allgemein akzeptierten Ziels daherkommt, nämlich der Bekämpfung des Antisemitismus, und die außerdem in Schriftsätzen und juristischen Auseinandersetzungen manifest wird, die ohnehin kaum jemand liest.

Tatsächlich wurde das Urteil des Kölner Landgerichts schon in der nächsten Instanz wieder aufgehoben. Zwar könne aus der angegriffenen Äußerung abgeleitet werden, dass Henryk M. Broder Evelyn Hecht-Galinski in seinem offenen Brief an die WDR-Intendantin Monika Piel eine antisemitische Geisteshaltung unterstelle, so das Oberlandesgericht Köln, aber das sei erlaubt.

»Jedoch bestätigt das Oberlandesgericht, dass selbst darin keine unzulässige Schmähkritik zu sehen ist, sondern eine solche Aussage vom Grundrecht auf freie Meinungsäußerung gedeckt und ein Beitrag zu einer die Öffentlichkeit wesentlich berührenden Frage sei«, triumphierte Broder-Anwalt Gelbart daraufhin in einer Presseerklärung. Das Urteil, das es erlaubt, Israel-Kritiker als Antisemiten abzustempeln, feierte er als Beitrag zum Schutz der freien Meinungsäußerung – eine für derartige Propaganda typische Verdrehung:

»Das Oberlandesgericht hat mit seinem Urteil gerade zu dieser Thematik erfreulicherweise deutlich gemacht, wie wichtig das Recht auf freie Meinungsäußerung ist und dass selbst das allgemeine Persönlichkeitsrecht unter den hier gegebenen Umständen hinter diesem Grundrecht zurückstehen muss (…)
Herr Broder wird daher auch weiterhin und unverändert seiner journalistischen und publizistischen Tätigkeit in der Art und Weise nachgehen, wie er es für geboten und angemessen erachtet und auch als vermeintliche Israel-Kritik getarnten Antisemitismus ungehindert als solchen bezeichnen.«

Denn, sekundiert Anwalt Gelbart: »Wo ›Antizionismus‹ draufsteht, ist auch Antisemitismus drin.« Wenn, ja wenn da nicht das anfangs erwähnte Urteil des Berliner Kammergerichts vom 27. Februar 2009 (Aktenzeichen 9 U 142/08) wäre, das Broder und sein Anwalt plötzlich so heiß begehrten. Und zwar, weil sie dringend erfahren müssen, inwieweit ihre mutmaßliche Strategie dadurch durchkreuzt wird. Da steht nämlich das genaue Gegenteil drin. Das Urteil droht sogar den gesamten publizistischen Schutzschirm für Israel und seine Interessen zu durchlöchern, indem es einem als Antisemiten verleumdeten Journalisten fünftausend Euro Schmerzensgeld zuspricht. Die Kritik an Israel und seinem Geheimdienst rechtfertige noch lange nicht, einen Journalisten in einen Zusammenhang mit Antisemitismus und den berüchtigten »Protokollen der Weisen von Zion« zu stellen, urteilte das Kammergericht Berlin. »Einen – zumal deutschen – Journalisten zu Unrecht derartiger antisemitischer Verschwörungstheorien zu bezichtigen stellt grundsätzlich eine schwerwiegende Rufbeeinträchtigung dar«, schrieben die Richter den Beklagten hinter die Ohren.
Und zwar hatte das Berliner Zentrum für Antisemitismusforschung in einer Ausstellung drei Journalisten unterstellt, sie würden in Bezug auf die Attentate des 11. September 2001 antisemiti-

sche Verschwörungstheorien vertreten. Auch in Äußerungen eines der drei Publizisten zu möglichen Verstrickungen des israelischen Geheimdienstes Mossad in den Terror der palästinensischen Hamas konnte das Gericht keinen Antisemitismus erkennen:

»Wenn der Kläger in Bezug auf den Nahostkonflikt die jedenfalls israelkritische Auffassung zitiert, dass der israelische Geheimdienst den palästinensischen Terrorismus im eigenen Land schüre, so könnte man darin eine Verunglimpfung des israelischen Geheimdienstes oder der Regierung des Staates Israel sehen. Dies reicht aber nicht aus, um den Kläger als Antisemiten einzuordnen …«

Vor dem Hintergrund seiner sonstigen Arbeit, in welcher der Kläger alle möglichen Geheimdienste, nicht nur den Israels, kritisiert habe,

»kann die These, der israelische Geheimdienst Mossad unterstütze durch eine wie auch immer geartete Verstrickung mit der Hamas den palästinensischen Terror gegen die israelische Zivilbevölkerung … nicht als spezifisch antisemitisch gewertet werden«.

Sprach's und erklärte eine Revision für nicht zulässig, sodass das Urteil am 23. Juli 2009 rechtskräftig wurde.
Nun werden Sie es schon erraten haben: Der Kläger in diesem Verfahren war natürlich ich.

Thema des Monats *11. 3.: »Amoklauf« von Winnenden*

3.3. Der Einsatz von Wahlcomputern bei der Bundestagswahl 2005 war laut Verfassungsgericht verfassungswidrig/Einsturz des Kölner Stadtarchivs **5.3.** Staatsanwaltschaftliche Ermittlungen wegen Besitzes von Kinderpornos stellen den schärfsten Kritiker der geplanten Internetsperren, den SPD-Bundestagsabgeordneten Jörg Tauss, kalt ***6. 3. Die Medien plagt die Angst vor dem Ende des Journalismus 11. 3. Fünf Jahre Attentate von Madrid/»Amoklauf« von Winnenden*** **17.3.** Luxemburg erlaubt aktive Sterbehilfe ***26. 3. Bundesfamilienministerin Ursula von der Leyen begründet Internetsperren gegen Kinderpornographie im Bundestag***

6. März Journalismus: Jedes Ende ist auch ein Anfang

Ein Rauschen geht durch den Medien- und Blätterwald – oder ist es etwa ein Zittern? In der ganzen Branche herrschen Heulen und Zähneklappern. Der Angstfeind: das Internet. Tatsache ist, dass wir nicht nur eine Finanz-, sondern auch eine Medienkrise erleben. Im Jahr 2009 ging das Schlottern weiter, und zwar nicht nur in Deutschland, sondern zum Beispiel auch in Österreich: »Journalismus: Das Ende der Geschichte?«, titelte da am 6. März 2009 bang *Die Presse*: »Das Geschäftsmodell der Printzeitung ist in den vergangenen Jahren zunehmend unter Druck geraten. Ein Druck, der sich durch die allgemeine Wirtschaftskrise so verschärft, dass vor allem in den USA Zeitungen ihr Erscheinen einstellen müssen, in deutschen Verlagshäusern massive Sparpakete geschnürt werden, und auch Österreich wohl kaum davon verschont bleiben wird.«

Und das »Titelsterben spitzt sich 2009 weiter zu«, schrieb wenig später, am 19. März, die österreichische Internetzeitung *Das Journal*. In den USA hätten sich im Jahr 2008 mehr Leser online als in Druck-Ausgaben informiert: »2009 werde … für die Verlage ›zum schlimmsten Jahr überhaupt‹«, zitierte *Das Journal* eine Studie. »Die Krise beschleunigt den Medienwandel hin zu webbasierten Angeboten, und das Zeitungssterben dürfte sich aufgrund einbrechender Werbeeinnahmen weiter fortsetzen.« Noch einmal einige Tage später, am 31. März 2009, lief der nächste Zeitungsriese auf Grund: Die Sun-Times Media Group mit der *Chicago Sun-Times* und rund sechzig weiteren Zeitungen meldete an diesem Tag Insolvenz an.

Die Gründe sind keineswegs nur sinkende Werbeeinnahmen aufgrund der Wirtschaftskrise, sondern auch sinkende Leserzahlen und damit Auflagen. Am 14. August 2008 vermeldete Josef Joffe in der *Zeit*: »Im zweiten Quartal verloren die deutschen Tageszeitungen 2,2 Prozent der Auflage gegenüber 2007.« In den USA gehe »die Auflage seit Jahren stur um 2,5 Prozent zurück«. Gemeint ist wahrscheinlich: 2,5 Prozent pro Jahr. Die Werbeeinnahmen seien 2007 um fast zehn Prozent gefallen.

Ein besonderes Schreckgespenst für Joffe ist das Internet, speziell die in den USA erscheinende *Huffington Post*: eine reine Internetzeitung, die mit einer cleveren Mischung aus namhaften Autoren und Verlinkungen mit anderen Medien riesige Reichweiten erzielt.

Das Heil sucht Joffe im »richtigen Journalisten«, ohne zu definieren, wer oder was das überhaupt sein soll. Dieser »richtige Journalist«, so viel steht aber fest, »sortiert und wählt aus. Er macht uns neugierig, aber nicht (oder nicht nur) mit der neuen Verlobten von Boris Becker«. Nun ja, eine Beschreibung, die auch auf jeden Blogger passen könnte. Ausgewählt wird schließlich auch da, und auch nicht nur die Verlobte von Boris Becker. Ganz im Gegenteil: Solche Klatschgeschichten kommen in Blogs – ganz im Gegensatz zu den etablierten Medien – eher selten vor.

Was für Joffe der »richtige Journalist« ist, das ist für den ZDF-Intendanten Markus Schächter der »Qualitätsjournalismus«: Bei der Eröffnung des »JugendMedienEvents« des Vereins junger Medienmacher 2008 in Mainz rief Schächter zur Zusammenarbeit aller Medien auf, »die für Qualitätsjournalismus stehen«. »Nie waren handwerklich und ethisch gut ausgebildete Journalisten notwendiger als heute, um das Überleben des Qualitätsjournalismus in der digitalen Welt zu sichern.«

Qualitätsjournalismus? Und auch noch »ethisch«? Was soll das sein? Etwa der Journalismus, der den »Aufschwung« von Frau Merkel ebenso verkaufte wie die verfassungswidrigen Auslandseinsätze der Bundeswehr? Der Schröders Sozialkahlschlag als Reformen hinstellte? Der die Globalisierung als Chance anpreist und nicht als neue Kolonisierung entlarvt? Der die Tibet-Proteste als spontane Unruhen darstellte statt als gesteuerte Destabilisierung? Der den Kaukasus-Konflikt wider die Tatsachen als russische Aggression hinstellte? Der Journalismus, der beeinflusst, beschönigt und verschweigt?

Zum Beispiel auch eine Studie, welche die Universität Dresden 2009 veröffentlichte, über welche die Medien bis auf ganz wenige Ausnahmen aber kein Sterbenswörtchen verloren. Bei Google News findet man nicht einmal eine Handvoll Artikel, die über die Untersuchung berichteten, für die eintausend Deutsche nach ihrer Einstellung gegenüber Journalisten befragt wurden. Ergebnis: Der Journalistenberuf hat ein ähnlich mieses Image wie die Mafia: »Die Mehrheit der Befragten, darunter auch die Jungen, hält Journalisten für unmoralisch, rücksichtslos, manipulativ, bestechlich und – überraschend im Hinblick auf ihre Kontrollfunktion als vierte Gewalt – für zu mächtig. Zudem fühlen sie sich nicht sachlich genug informiert.« Warum also, fragte Dr. Elvira Steppacher von der Uni Dresden, sollten diese Rezipienten den Beruf besonders achten oder seinen Akteuren »vorbehaltlos Glauben schenken«? Tatsächlich bringt die Wissenschaftlerin als einzige die Existenzkrise der Medien mit ihren Inhalten in Verbindung und sieht die Befunde der Studie »in einem Zusammenhang mit der seit Jahren zurückgehenden Anzahl an regelmäßigen Zeitungslesern«. Zwar gebe es für einen qualitativ hochwertigen Journalismus mit Achtung vor der Wahrheit und Recherchetiefe noch Beispiele, »doch immer häufiger zeigen sich leider auch Erosionen, die mittelfristig ein existenzgefährdendes Ausmaß annehmen können«.

Der Umgang der Medien mit der Studie ist der beste Beweis für Steppachers Aussagen. Denn die auch in einem Buch veröffentlichte Untersuchung (Titel: *Entzauberung eines Berufs. Was die Deutschen vom Journalismus erwarten und wie sie enttäuscht werden,* hg. vom Institut zur Förderung Publizistischen Nachwuchses, Konstanz 2009) bekam so gut wie keine Rezensionen. Das Buch wurde einfach totgeschwiegen. Und das lag nicht dar-

an, dass die Journalisten nichts davon wussten. Vielmehr wurde über die Studie in ihren eigenen Fachzeitschriften sehr wohl berichtet – nur weitergegeben haben sie das nicht.
Kann man auf diese Sorte »Qualitätsjournalismus« nicht getrost verzichten? Zumal in einer Krise, in der die Menschen immer mehr auf valide Informationen und Einschätzungen angewiesen sind? Nicht doch: Das Problem seien ja auch die »Bürger-Reporter« aus dem Internet. Deren »Content« enthalte »wenig, was neu oder überprüfbar wäre«, zitiert Joffe ein Projekt für angebliche »Excellence in Journalism«.
Neu und überprüfbar? Auch darüber könnte man im Hinblick auf die etablierten Medien heftig diskutieren. Bis jetzt heißt es immer noch »lügen wie gedruckt« und nicht »wie gebloggt«.

03

»Wer sich verteidigt, klagt sich an« – auf kaum einen Artikel trifft das so zu wie auf Joffes Verteidigung des »richtigen Journalisten«. »Derweil das traditionelle Zeitungsgewerbe wegschmilzt«, zitiert er einen »Medienexperten«, »drohen die Medien zum surrealen Kettenbrief digitaler Illusionen und Täuschungen zu werden, wo die Fakten durch Meinungen und die professionellen Nachrichtensammler von durchgeknallten Kommentatoren ersetzt werden.«
Meinungen statt Fakten? Durchgeknallte Kommentatoren? Surrealer Kettenbrief? Etwa so surreal wie George W. Bushs Massenvernichtungswaffen in Irak oder die Atombombe in Iran, die angeblich islamischen Angriffe auf das World Trade Center oder die frisierten Inflations- und Arbeitslosenzahlen?
Die wirklich surrealen Kettenbriefe sind doch die Zeitungen, die jeden Morgen in unserem Briefkasten landen, oder die Nachrichten, die abends über den Bildschirm flimmern. Und weil der Medienkonsument nicht so dumm ist, wie die Medien glauben, kauft er ihnen ihre Märchen immer weniger ab – und natürlich auch ihre Zeitungen. Gerade in einer Krise hat er für fragwürdige Informationen kein Geld mehr.

Nicht das Internet hat eine ganze Scheinwelt errichtet, sondern die etablierten Medien. Nicht das Internet hat ein geschlossenes Wahnsystem, pardon: Weltbild geschaffen, sondern der »Qualitätsjournalismus«. Und der ist jetzt sauer, weil seine fadenscheinige Welt immer mehr durchlöchert wird.

Deshalb sollte man es mit bekannten Redensarten halten, beispielsweise dem Motto »Und jedem Anfang wohnt ein Zauber inne« aus Hermann Hesses Gedicht »Stufen«. Denn in Wirklichkeit steht der Journalismus keineswegs an seinem Ende, sondern am Beginn einer neuen Ära. Einer Ära, in welcher der Journalismus (wörtlich: Tagesberichterstattung) von den Fesseln großer Redaktionen und technischer Apparate befreit und demokratisiert wird. Das Joseph Beuys zugeschriebene Diktum »Jeder ist ein Künstler« könnte heute durchaus ergänzt werden durch: »Jeder ist ein Journalist.« Am Ende ist höchstens der kontrollierte und gleichgerichtete Mainstream-Journalismus. Der ist in der erfrischend authentischen Kakophonie des Internets einfach nicht mehr konkurrenzfähig.

Was an der Diskussion um den Niedergang der Mainstream-Medien auffällt, das ist die strikte Weigerung, sich mit Inhalten auseinanderzusetzen. Schuld sind alle möglichen Ereignisse und Entwicklungen, von der Finanzkrise bis zur kostenlosen Konkurrenz im Internet, nur nicht die eigenen Inhalte. Dabei dürsten Menschen gerade in der Krise nach wirklichen und wahren Inhalten. Gerade in der Krise möchte der Mensch reinen Wein eingeschenkt statt weichgespülte Sprachregelungen und Phrasen serviert bekommen. Doch statt diese Diskussion und Auseinandersetzung aufzunehmen, beschäftigen sich die Medien ausschließlich mit formalen Problemen und Marketingfragen.

Der galoppierende Glaubwürdigkeitsverlust wird nicht thematisiert, obwohl er die Ursache der Krise der etablierten Medien ist. Selbst die Internetangebote dieser Medien ziehen nicht mehr – an der Technik oder »dem Internet« als solchem kann es also nicht liegen. Im Internet sind vielmehr alle gleich. Ein x-beliebiger Blog ist genau so schnell zu erreichen wie die *New York Times, Spiegel Online* oder *Die Zeit*. Da die technischen und finanziellen Hürden der Medienproduktion im Grunde abgeräumt und nicht mehr vorhanden sind, tritt mit aller Macht der Inhalt in den Vordergrund, an dem die Medien gnadenlos gemessen werden. Und das ist die eigentliche Niederlage der etablierten Medien. Dass sie darauf nicht nur mit Betrug, sondern auch mit Selbstbetrug reagieren, ist nur typisch: »Um die Verluste der traditionell hochprofitablen Medienbranche auszugleichen, versuchten die Medienhäuser … seit Jahren mit moderner Technik, Rationalisierungen, Entlassungen und Auslagerungen die Kosten zu senken«, so das Marketing-Blatt *Werben und Verkaufen* (13.3.2007). Mit anderen Worten: Der Schrott soll also nicht etwa kein Schrott mehr sein – er soll nur effizienter produziert werden. Auch in Zukunft, so Joffe, bräuchten wir den »richtigen Journalisten« (was immer das sein mag), denn «der richtige Journalist« »trennt das Interessante vom Blöden«.

Genau. Und häufig genug veröffentlicht er dann das Blöde.

11. März Fünf Jahre Attentate von Madrid: Offizielle Version bröckelt weiter

Madrid, Bahnhof Atocha, 11. März 2004, 8.00 Uhr. So sieht es wohl im Krieg aus: Der rot-weiße Pendlerzug wurde an mehreren Stellen von Bomben aufgerissen. Auf den Gleisen neben dem Zug liegen Körperteile von Menschen sowie Tote und Schwerverletzte, über die sich die ersten Helfer beugen. Notdürftig werden Kleidungsstücke über den Leichen ausgebreitet. Fast 200 Tote liegen in den Zügen, neben den Gleisen und in den Bahnhöfen Atocha, Pozo del Tío Raimundo und Santa Eugenia. Dazu kommen rund 1500 Verletzte. Ein Bild des Schreckens. Zwischen 7.39 und 7.41 Uhr waren in den Zügen und Bahnhöfen insgesamt zehn Bomben explodiert.

Fünf Jahre später, am 11. März 2009, »hat in Spanien das Gedenken an die blutigen Anschläge nur wenig Raum eingenommen«, notierte eine Schweizer Tageszeitung: »Weder Regierungschef José Luis Rodriguez Zapatero noch König Juan Carlos nahmen an Gedenkveranstaltungen teil. Die beiden Parlamentskammern legten eine Schweigeminute für die 191 Todesopfer der schwersten Bombenanschläge in der Geschichte des Landes ein. Der Bürgermeister von Madrid, Alberto Ruiz Gallardón, legte am Bahnhof von Atocha einen Kranz nieder. Die Vorsitzende der größten Organisation der Anschlagsopfer vom 11. März, Pilar Manjón, kritisierte das mangelnde Interesse an dem Jahrestag. ›Wir sind in den Hintergrund gerückt worden (…) wir interessieren jetzt nicht mehr‹, sagte sie der Zeitung ›El País‹.« (*Bieler Tagblatt*, 11.3.2009)
Tatsache ist: Weder Politiker noch Medien sprechen heute noch besonders gerne über die Zug-Attentate von Madrid. Und das liegt daran, dass es einfach zu viele Fragen gibt.
Genau wie nach den Anschlägen vom 11. September 2001, dem Attentat von Djerba am 11. April 2002 oder den Zug-Anschlägen von London am 7. Juli 2005 waren die Behörden nach dem Motto »Verhaften Sie die üblichen Verdächtigen« schnell mit Beschuldigungen bei der Hand. Und die »üblichen Verdächtigen«, das sind, wenn heute irgendwo eine Bombe platzt, auf jeden Fall »Islamisten«, »Muslime« und natürlich die allgegenwärtige Phantomorganisation al-Qaida.
Was man der Öffentlichkeit lieber verschweigt: Bis heute sind alle diese Attentate in Wirklichkeit unaufgeklärt. Auch die verheerenden Zug-Attentate von Madrid, bei denen 191 Menschen umgebracht wurden, sind weit von einer Aufklärung entfernt. Eine erste Gruppe von Verdächtigen kam am 3. April 2004 bei einem Festnahmeversuch durch eine mysteriöse Bombenexplosion ums Leben. Man nannte das »Selbstmord«: »Der Kern der Gruppe, die die Anschläge ausführte, ist entweder in Haft oder bei dem Selbstmord am Samstag ums Leben gekommen«, sagte der spanische In-

nenminister Acebes damals befriedigt. Auch die deutsche Presse machte ihren Lesern weis: »Die Anschläge des 11. März mit 191 Toten in Madrid sind weitgehend aufgeklärt« (so der *Wiesbadener Kurier* vom 5. April 2004 unter Berufung auf dpa): »Der als Drahtzieher geltende Tunesier Serhane Ben Abdelmadschid (35) und vier weitere islamische Terroristen sprengten sich am Samstag bei einer Polizeirazzia in die Luft. Die Terrorzelle sei somit im Kern zerschlagen worden, teilte Spaniens Innenminister Angel Acebes gestern mit. Die Haupttäter seien entweder ums Leben gekommen, festgenommen oder zumindest identifiziert worden.«

Eine solche Erfolgsmeldung prägt sich ins Gedächtnis der Massen ein, und das ist auch erwünscht. Erwiesenermaßen schuldig (oder gar rechtskräftig verurteilt) waren die Toten damit natürlich nicht. Einem Toten kann man schließlich vieles in die Schuhe schieben. Im Kopf des Normalbürgers wird ein solches Attentat dennoch als aufgeklärt abgehakt. Die näheren und wirklichen Umstände kennt er natürlich nicht. Und zwar, weil entweder gar nicht oder nur ganz am Rande darüber berichtet wird.

Die Prozesse gegen lebende Terrorverdächtige bieten immer das gleiche Bild: Mutmaßungen, Unterstellungen und Spekulationen. Beweise – Fehlanzeige. Allenfalls mal ein »Kronzeuge«, dessen Aussagen gegen andere mit Strafnachlässen erkauft werden. So war es bei den Verfahren gegen den angeblichen 20. Flugzeugentführer Zacarias Moussaoui in den USA, gegen Abdelghani Mzoudi und Mounir al-Motassadeq in Hamburg und gegen drei angebliche Terrorhelfer am 15. Juli 2008 in Stuttgart, die durch einen anonymen »V-Mann« des Verfassungsschutzes »überführt« wurden. Entweder gibt es letztinstanzliche Freisprüche wie bei Mzoudi am 9. Juni 2005, oder die Gerichte erzwingen aus Staatsräson Unrechtsurteile, wie am 8. Januar 2007 im Fall Motassadeq. Einfach weil weltweit wenigstens ein Urteil gegen einen angeblichen 9/11-Attentäter hermusste.

Tatsache ist, dass sich das schon vor Jahren als aufgeklärt verkaufte Madrider Attentat als zunehmend unaufgeklärt erweist. Und zwar nicht nur wegen der toten Verdächtigen, sondern auch, weil die Gruppe der wegen des Attentats Inhaftierten immer weiter zusammenschmilzt. Am 17. Juli 2008 musste eine zweite Gruppe von Verdächtigen entlassen werden. Vier Männer, die noch im Jahr 2007 wegen Mitgliedschaft in einer terroristischen Vereinigung und Sprengstoffschmuggels zu langen Haftstrafen verurteilt worden waren, wurden von Spaniens Oberstem Gerichtshof freigesprochen.

Mehr noch: Selbst ein gewisser, als »Drahtzieher« verdächtigter Rabei Osman Sayed Ahmed konnte auf freiem Fuß bleiben. Sein bereits zuvor erfolgter Freispruch wurde bestätigt. Nach dem toten »Drahtzieher« von 2004 kam den Behörden damit schon der zweite »Drahtzieher« abhanden. Wenn die Gerichte also selbst einen der angeblichen »Drahtzieher« freisprechen müssen, dann zeigt das, wie wenig Ahnung sie in Wirklichkeit von dem Attentat haben – oder haben wollen.

Von Freisprüchen, der Einstellung von Ermittlungen gegen zunächst Verdächtigte und von Erkenntnissen, die der anfangs geäußerten Version diametral widersprechen, ist oft erst viel später die Rede. Was sich dagegen einprägt, sind die Informationen, die der Öffentlichkeit unter dem unmittelbaren Schock des Ereignisses gegeben werden. Alles andere wird kaum wahrgenommen. Über die wirklichen Drahtzieher redet kaum jemand – und wenn, dann erst viel später.

Deshalb sei noch einmal daran erinnert, wer in Madrid wirklich die Drähte zog. Und zwar im wahrsten Sinne des Wortes:

Die Sprengungen in den Madrider Vorortzügen wurden mit Handys ausgelöst. Wurden die Handys angerufen, zündeten sie den Sprengsatz, statt zu klingeln. Wer die Handys mit den Sprengsätzen verkabelte, ist heute natürlich längst vergessen: die Polizei!

Bald nach den Attentaten deckte die spanische Zeitung *El Mundo* einen Ermittlungsbericht auf, wonach ausgerechnet ein Polizist die Handys mit den Sprengsätzen verbunden, also an den Bomben mitgebaut hatte. In dem Ermittlungsbericht habe es geheißen, die Attentäter hätten nicht die erforderlichen technischen Kenntnisse gehabt. Die Polizei, dein Freund und Helfer, kann man da nur sagen. Und was passierte damals mit dem Polizisten? Er wurde erstmal vom Dienst freigestellt. Wegen »Depressionen«.

11. März Winnenden: Lügen haben kurze Beine

Waiblingen bei Stuttgart, 12. März 2009. Der Herr Innenminister ist heute wichtig: In seinem Ländle hat es ein Massaker gegeben. Ein angeblicher Einzeltäter hatte am Tag zuvor, dem 11. März 2009, in einer Realschule in Winnenden und in einem Autohaus in Wendlingen gezielt auf Menschen geschossen, bevor er sich angeblich selbst erschoss. Zwar konnte die Polizei 16 Tote und elf Verletzte nicht verhindern, trotzdem wirft sie sich jetzt in Gestalt des baden-württembergischen Innenministers Heribert Rech in Waiblingen ganz groß in die Brust. Auf dem Rednerpult drängeln sich die Mikrofone, davor die Journalisten. Dahinter plustert sich Rech auf, der mit seinen zurückgeföhnten weißgrauen Haaren, der herausgedrückten Brust und den braungebrannten Gesichtszügen aussieht wie der Brautvater bei einer Mafiahochzeit. Der Innenminister hat eine ganz heiße Spur: Der Amoklauf von Winnenden, so verkündet er der versammelten Presse, sei angekündigt worden. Na endlich, ist man versucht zu sagen: Endlich bekommt diese bisher sinnlose Tat einen Sinn.

Am Abend des 11. März habe sich der Vater eines 17-Jährigen aus Bayern gemeldet und erzählt, sein Sohn habe in der Nacht beobachtet, wie im Chatroom eines Internetportals »gegen 2.45 Uhr kurz vor der Tathandlung« folgender Eintrag eingestellt worden sei (Rechtschreibung beibehalten):

> «Scheiße Bernd, es reicht mir, ich habe dieses Lotterleben satt, immer das selbe – alle lachen mich aus, niemand erkennt mein

Potenzial. Ich meine es ernst Bernd – ich habe Waffen hier, und ich werde morgen früh an meine frühere Schule gehen und mal so richtig gepflegt grillen. Vielleicht komme ich ja auch davon. Haltet die Ohren offen. Bernds, ihr werdet morgen von mir hören. Merkt Euch nur den Name des Orts Winnenden. Und jetzt keine Meldung an die Polizei, keine Angst, ich trolle nur.«

»Der Sohn«, so Rech, »hatte diese Ankündigung nicht ernst genommen und mit dem Internetkürzel (…) lol quittiert« – was so viel bedeutet wie: »Ich lache mich kaputt.«
Wie immer, wenn etwas von oben berichtet wird, haben die versammelten Journalisten keinerlei Schluckbeschwerden: »Tim K. hat seinen Amoklauf angekündigt«, lautete die Schlagzeile der *Badischen Zeitung* am 12. März 2009. »Täter kündigte Massaker im Internet an«, meldete das Nachrichtenportal von t-online. »Amoklauf von Winnenden wurde im Internet angekündigt«, behaupteten auch die *Kieler Nachrichten,* und Hunderte anderer Medien im Lande taten es ihnen gleich.
Damit ist die Geschichte vom Amoklauf eines 17-Jährigen in Winnenden rund. Und das ist sehr wichtig. Nichts ist schlimmer als die Frage nach dem »Warum«. Ein solches »Warum« klaffte bis dahin wie ein hässliches Loch in der offiziellen Geschichte vom einsamen Einzeltäter, der auszog, mal eben ein bis zwei Dutzend Menschen zu erschießen. Und das »Warum« ist schließlich nichts anderes als das Motiv, also der »Beweggrund«: Was bewog den jungen Mann, diese Bluttat zu begehen? Die angebliche Internetäußerung gab diese Antwort. Sie erfüllte aber noch einen zweiten Zweck, weil sie nicht nur ein Motiv zur Verfügung stellte, sondern auch ein scheinbares Geständnis. »Scheinbar« schon deshalb, weil man bereits bei genauerer Lektüre des von Innenminister Rech zitierten Textes hätte misstrauisch werden müssen. Denn tatsächlich klingt das angebliche Motiv irgendwie lustlos und wenig überzeugend:

- »Es reicht mir« – ein Allgemeinplatz. Wem reicht es hin und wieder nicht?
- »Ich habe dieses Lotterleben satt« – noch ein Allgemeinplatz. Wieso »Lotterleben«? Was genau versteht der angebliche Täter unter »Lotterleben«?
- »Niemand erkennt mein Potenzial« – welches Potenzial? Was genau wird nicht erkannt, warum ist das so schlimm und vor allem: Wer ist daran schuld?

Wären in Winnenden und Stuttgart ordentliche Kriminalisten am Werk gewesen, hätten sie erkennen müssen, dass dieses unscharfe Geschwafel weder als Geständnis noch als Motiv gelten kann. Nehmen wir an, eine Frau ermordet ihren Mann und erzählt hinterher den Ermittlern: »Na ja, mir hat es eben gereicht, ich hatte dieses Lotterleben satt, und nie hat er mein Potenzial erkannt. Noch Fragen?« Allerdings: Auch der blindeste Beamte müsste erkennen, dass hier kein tragfähiges Motiv vorliegt. Konkrete Informationen des Täters über sich selbst und seine Beweggründe fehlen. Die oben zitierten drei Beweggründe hätte in Wirklichkeit jeder nennen können. Sie sind weder nachvollziehbar noch enthalten sie konkrete Namen, Anklagen und Zusammenhänge, die nur der Täter hätte kennen können.

Normalerweise klingeln spätestens jetzt bei Kriminalisten sämtliche Alarmglocken. Nur leider wird in der Realität die amtliche Kriminalistik von Operetten-Kriminalisten wie dem baden-württembergischen Innenminister Rech und seinen Claqueuren beherrscht. Und von anderen, die im Hintergrund die Drähte ziehen. Die Frage, warum der Innenminister und die Ermittlungsbehörden von Baden-Württemberg dieses angebliche Geständnis und Motiv herausposaunten, ist von zentraler Bedeutung nicht nur für das Verständnis des Amoklaufs von Winnenden, sondern auch für unser aller Staatsverständnis.

Die angebliche Ankündigung des Täters sollte aus dem Forum

krautchan.net stammen. Krautchan steht für Kraut-Channel, also »deutscher Kanal«. Das sogenannte »Image-Board« stellt eine ziemlich verwahrloste Form der Kommunikation dar. Anders als in anderen Foren wird weniger mit Texten als mit Bildern kommuniziert, die lediglich von einem abgehackten Gestammel begleitet werden. Hier kann jeder ohne Anmeldung sofort Bilder hochladen und »Texte« eintippen. Gibt er keinen Benutzernamen an, wird automatisch das Pseudonym »Bernd« vergeben. Hier heißen also fast alle »Bernd«. Jeder Eintrag erhält Datum, Uhrzeit und eine laufende Nummer. Der von Innenminister Rech zitierte angebliche Krautchan-Beitrag mit der Amok-Drohung lag als sogenannter »Screenshot« vor, also als »abfotografierter« Bildschirm-Inhalt. Dafür wird der Bildschirm, so wie er ist, als Grafik-Datei gespeichert, in die man hinterher mit jedem Bildbearbeitungsprogramm etwas hineinschreiben kann. So kann man jeden x-beliebigen Internetinhalt manipulieren, egal ob Forumseintrag oder Zeitungsartikel. Mit derselben Methode hätte man auch »beweisen« können, dass Innenminister Rech persönlich den Amoklauf angekündigt habe. Laut Screenshot trug der Krautchan-Beitrag die Daten »2009-03-11 02:45:35.555168 Nr. 485465«, soll also am 11. März 2009 um 2:45 am Morgen vor dem Amoklauf erstellt worden sein. Das Problem ist nur, dass zwar ein Beitrag mit dieser Nummer in dem Krautchan-Forum existierte, dort von einer Amok-Drohung allerdings nichts zu lesen war. Stattdessen hatte da ein »Bernd« um 2:45 Uhr ein nichtssagendes Bild mit dem Kommentar »Genau das« eingestellt, und drei andere »Bernds« hatten darauf mit irgendeinem Gestammel geantwortet. Mit anderen Worten: Es handelte sich hier um das übliche Grundrauschen des Internets. Von einer Amok-Drohung keine Spur.
Die Polizei erhält also Kenntnis vom Screenshot eines Forums, in dem auf einen bevorstehenden Amoklauf angespielt wird. Der Screenshot schafft es ohne Abgleich mit dem Originalforum bis an die Ministeriumsspitze und in die Pressekonferenz des Innenmi-

nisters. Eine »Panne« also. Schlimm genug. Nur: Die »Panne« war gar keine Panne. Das Ganze war in Wirklichkeit noch viel schlimmer. Denn der Innenminister hatte ja behauptet, der Beitrag, den es nie gab, sei in der Nacht von einem Zeugen gesichtet worden:

> »Am Mittwochabend meldete sich der Vater eines 17-Jährigen aus Bayern und berichtete über einen Internetchat, den sein Sohn in der Nacht zuvor geführt habe«, erzählte Rech bei der Pressekonferenz: »Der Sohn hatte sich nach der Medienberichterstattung über diese Tat in Winnenden an seinen Vater gemeldet, und demnach war im Chatroom eines Internet-Portals in der Nacht von Dienstag auf Mittwoch gegen 2.45 Uhr kurz vor der Tathandlung folgender Eintrag eingestellt worden: …«

Der angebliche Zeuge wollte also beobachtet haben, wie der Eintrag in das Forum eingestellt wurde. Bei einem Eintrag, den es in Wahrheit gar nicht gegeben hat, dürfte das allerdings schwierig gewesen sein. Aber nicht nur das: Laut Innenminister Rech antwortete der Zeuge auch auf die nicht existente Amok-Nachricht: »Der Sohn«, so Rech, »hatte diese Ankündigung nicht ernst genommen und mit dem Internetkürzel (…) lol quittiert – was so viel bedeutet wie ›Ich lache mich kaputt‹.«

Das Problem: Auch diese Äußerung existierte nur in dem gefälschten Screenshot, nicht aber in dem Originalforum. Was logischerweise bedeutet, dass auch die Aussage des Zeugen, er habe diese Äußerung in das Forum eingestellt, entweder gelogen war, oder dass der Zeuge gar nicht existierte. Mit dem gefälschten Forumsbeitrag flog also auch noch ein angeblicher Polizeizeuge auf, dessen Namen und Wohnort wir ohnehin nie erfahren haben – von anderen Details ganz zu schweigen.

Als Nächstes flog dann die Staatsanwaltschaft Stuttgart auf, die glatt behauptet hatte, den nicht existenten Forumsbeitrag auf dem Computer des angeblichen Amokläufers gefunden zu haben:

»Die Staatsanwaltschaft Stuttgart wies zunächst Zweifel an der Echtheit der Täterbotschaft entschieden zurück. Nachdem der Vater des 17-jährigen Chatpartners die Polizei über den Austausch der Nachrichten informiert habe, habe man die entsprechenden Einträge auf dem Computer von Tim K. gefunden, teilte die Sprecherin der Staatsanwaltschaft, Claudia Krauth, mit. (…) Einige Stunden beharrte die Staatsanwaltschaft darauf, bei Tim K. auf dem Computer genau die Worte gefunden zu haben, die seinen Plan offenbarten. Doch dann stellte sich die Sachlage ganz anders dar«, berichtete die *netzeitung* vom 12. März 2009.

»Wir sind fest davon ausgegangen, dass der Eintrag stimmt, weil wir ihn auf dem Computer des Amokläufers gefunden haben«, sagte die Sprecherin der Staatsanwaltschaft Stuttgart, Claudia Krauth, auch laut *Tagesspiegel* vom 12. März 2009.
Stunden später habe Krauth auf Nachfrage des *Tagesspiegels* eingestehen müssen, »wie vor den Kopf gestoßen« zu sein, berichtete die *netzeitung*. Die Arme! Der von der Staatsanwaltschaft angeblich sichergestellten Forumseintrag existierte schlichtweg nicht! Jetzt, so Krauth, müsse man »noch einmal von vorn anfangen«. Womit? Mit dem Fälschen?

Fassen wir zusammen:

1. Jemand fälscht einen Forumsbeitrag.
2. Der Innenminister behauptet, jemand habe gesehen, wie der Forumsbeitrag in das Forum eingestellt worden sei.
3. Der Innenminister behauptet, der Zeuge habe sogar selbst auf den Beitrag geantwortet.
4. Die Staatsanwaltschaft behauptet, den nicht existenten Beitrag auf dem Computer des post mortem Beschuldigten gefunden zu haben.

Das war aber noch nicht alles, denn nun kommt es noch dicker:

5. Als die Betreiber des Forums die Polizei auf den »Irrtum« aufmerksam machen wollen, wird einfach aufgelegt!

»Weil die Polizei die Verantwortlichen von krautchan.net in Deutschland nicht kontaktiert habe, sei man selbst aktiv geworden«, sagte der Moderator des Forums laut dem Nachrichtenportal von t-online (15.3.2009). »Eine telefonische Nachfrage bei der Polizei endete aber nach seinen Angaben bei den ersten drei Versuchen mit einem Auflegen. Ein weiterer Versuch sei mit ›Wir sind nicht zuständig‹ und Auflegen beendet worden. ›Erst der fünfte Versuch war erfolgreich, die Nachricht wurde an den jeweiligen Mitarbeiter weitergeleitet.‹«
Die Polizei legt einfach auf, wenn man sie über die Fälschung der Amok-Ankündigung informieren will? Kaum zu glauben. Saßen die Fälscher etwa in den Büros von Staatsanwaltschaft und Polizei? Und wenn ja: warum?
In der Tat sieht es ganz so aus, als hätten Polizei und Staatsanwaltschaft den gefälschten Forumsbeitrag zumindest bewusst »beglaubigen« wollen – wie hätte man sonst behaupten können, den nicht existenten Beitrag auch auf Tim K.s Computer gefunden zu haben? Erst nachdem die Fälschung aufgeflogen war, bestätigte Innenminister Rech, »die Ermittler der Polizei hätten auf dem Computer von Tim K. festgestellt, dass der Forumseintrag (…) nicht von dort verfasst wurde«. »Das muss wohl im Nachhinein konstruiert worden sein«, soll Rech gesagt haben. Aber von wem? Etwa von denselben Leuten, die irgendetwas von einem 17-jährigen Zeugen und vom Vorhandensein des Forumseintrags auf Tims Computer erzählt haben?
Das sind natürlich Fragen, die von der gesamten Presse nicht gestellt wurden. Dabei müssten sie direkt in Ermittlungsverfahren gegen den Innenminister, die Staatsanwaltschaft und die Polizei

münden –, nur müssten diese Verfahren von Staatsanwaltschaft und Polizei selber geführt werden – ein weiterer Beleg dafür, dass Staatsanwaltschaft und Polizei ohne jede Kontrolle im rechts freien Raum operieren. Die hier aufgezeigten Verdachtsmomente hätten zumindest zu einem Untersuchungssausschuss im baden-württembergischen Landtag führen müssen. Weil es sonst, so meine Prognose, immer wieder »Amokläufe« von geheimnisvollen Einzeltätern geben dürfte, deren Tatbekenntnisse später irgendwo »im Internet« auftauchen.
Der Amoklauf von Winnenden muss also andere Hintergründe haben als jene, die uns präsentiert wurden – von Behörden, welche die Tat mit Hilfe von plumpen Fälschungen glaubwürdiger erscheinen lassen wollten.

26. März Kinderpornografie: Es wird ganz still im Bundestag …

»Es wird ganz still im Rund des Bundestages, als Familienministerin Ursula von der Leyen (CDU) mit ihrer Rede beginnt«, schreibt die *Süddeutsche Zeitung* (SZ) an diesem Tag auf ihrer Website: »Kinder werden vor den Augen ihrer Eltern gefoltert: Stromstöße, Verbrennungen mit heißen Eisen, Säure auf die Haut, Verstümmelungen mit Bohrmaschinen, herausgeschnittene Zungen und Vergewaltigung. Wenn dies nicht böse ist, dann hat das Wort ›böse‹ keine Bedeutung.«
Pardon: Das war ja ein Auszug aus Präsident Bushs Rede zum Einmarsch in den Irak im Jahr 2003! Jetzt aber: »Ein Mädchen im Grundschulalter, das mit einem Besenstil missbraucht wird. Ein Säugling hängt von der Decke und wird vergewaltigt«, sagte von der Leyen laut SZ im Bundestag wirklich. Das klingt ähnlich, denn schließlich will auch die Bundesregierung endlich einmarschieren. Zwar nicht in den Irak, aber in eine strategisch mindestens ebenso wichtige, wenn nicht noch wichtigere Region, eine Region, in der Imperien und Regierungen Schlacht um Schlacht

verlieren und immer wieder von Blog-Guerillas und Info-Taliban aufgerieben werden: das Internet. Dort werfen kritische Geister der offiziellen Propaganda immer wieder Knüppel zwischen die Beine, dort wird die offizielle Einheitsmeinung immer wieder Lügen gestraft.

Allerdings muss man, bevor man das feindliche Gebiet aufrollen kann, erst einmal einen Fuß in die Tür bekommen. Und was wäre ein besserer Türöffner als gequälte Kinder? Das Motiv der gequälten Kinder ist geradezu der Klassiker zur Rechtfertigung aller möglichen totalitären und kriegerischen Maßnahmen, da sich mit den Leiden von Kindern alles Mögliche begründen lässt, seien es die Kriegspläne von George W. Bush, die komplette Entwaffnung der Bevölkerung nach den Schul-»Amokläufen« oder eben andere totalitäre Pläne. Denn merke: Kindesmissbrauch findet nicht nur zur Befriedigung sexueller, sondern auch zur Befriedigung politischer Bedürfnisse statt.

Und zwar weil Kindesmissbrauch und Kindesmisshandlung jedermann sprach- und wehrlos machen. Das war nicht nur schon 2003 so, als George W. Bush seinen Krieg gegen den Irak herbeiredete, sondern auch schon 1990, als sein Vater den ersten US-Krieg gegen Saddam Hussein begründen wollte. Damals nahmen irakische Soldaten in Kuwait angeblich Säuglinge aus den Brutkästen und warfen sie auf den Boden, um sie dort sterben zu lassen. Unvergessen ist, wie eine kuwaitische Zeugin im Oktober 1990 vor dem Menschenrechtsausschuss des US-Repräsentantenhauses weinend von den irakischen Gräueln berichtete. Vergessen ist dagegen, dass es sich bei dem Mädchen um die Tochter des kuwaitischen Botschafters in den USA und bei den Tränen um Krokodilstränen handelte: Die Sache war von A bis Z erlogen. Die Werbeagentur Hill and Knowlton hatte die Geschichte ausgeknobelt und sogar die Zeugin geschult.

Aber das Gedächtnis der Menschheit ist zu schlecht und die Sache mit den gequälten Kindern einfach zu gut, um sie nicht immer

wieder zu instrumentalisieren. Und so beklagt nun also Familienministerin von der Leyen im Bundestag »von der Decke hängende Säuglinge«, die vergewaltigt werden. Und sogar die *Süddeutsche Zeitung* meint George W. Bush aus ihrem Munde sprechen zu hören: »Wer nicht für sie ist, ist gegen sie.«
Aber was will die Frau nun konkret? Ganz einfach: Sie will, dass die in diesem Buch bereits unter dem Datum des 19. Februar beschriebenen Sperrmechanismen und -listen nicht nur auf einzelnen Rechnern, also »lokal«, sondern im gesamten Netz installiert werden. Natürlich nur – wie bei den »parental control«-Programmen –, um »üble Seiten«, in diesem Fall solche mit kinderpornografischem Inhalt zu sperren. Welche Folgen dies haben kann und haben wird, ließ sich ja schon am Beispiel der Software »K 9 Web Protection« eindrucksvoll beobachten: Es werden nicht nur wirklich illegale Inhalte gesperrt, sondern darüber hinaus auch legale Inhalte samt deren Verfassern verleumdet, stigmatisiert und gesperrt. Nur dass von der Leyens Sperrliste noch viel schlimmer ist, da sie auf nationaler Ebene installiert und vom Bundeskriminalamt verwaltet werden soll – womit der Staat im freien Internetverkehr seine Finger im Spiel hätte. Es ist ja nicht so, dass wir andernfalls wehrlos gegen Kinderpornografie wären. Gerade in Deutschland existiert schon seit Jahrzehnten ein Verbot der Herstellung, Verbreitung und des Besitzes von Kinderpornografie. Dieses Verbot wurde in den Neunzigerjahren des vorigen Jahrhunderts noch einmal verschärft. Wo auch immer Kinderpornografie gezeigt wird, sie ist verboten und kann sofort unterbunden werden – auch wenn Internetseiten im Ausland gespeichert sind. Besonders die amerikanischen Behörden sollen sehr kooperativ sein, wenn es darum geht, eine kinderpornografische Seite vom Netz zu nehmen. Wird eine Seite mit Kinderpornografie entdeckt, wird der Verbreiter (also der Seitenverantwortliche und/oder der Provider, der die Seite speichert) veranlasst, die Seite sofort »offline zu stellen«. Aus die Maus. Dies ist der normale Weg.

Durch die von unserer angeblichen Kämpferin gegen Kinderpornografie geplante Sperrliste hingegen wird die Seite nicht vom Netz genommen, sondern bleibt in vielen Fällen weiter erreichbar! Und zwar wenn sie über eine eigene IP-Adresse, also eine individuelle Nummer, verfügt, die im World Wide Web lediglich in bequeme Adressen übersetzt wird. Nur diese Adresse (so etwas wie »kinderporno.de«) wird gesperrt. Das ist so, als würde ein Juwelier nachts nur den bequemen Kundeneingang seines Geschäftes abschließen, die Hintertür dagegen sperrangelweit auf lassen und später der Versicherung erzählen, er habe durchaus etwas gegen Diebstahl unternommen. Um die Bekämpfung von Kinderpornografie kann es von der Leyen also gar nicht gehen. Im Grunde geht es um die Bekämpfung der Meinungsfreiheit, die unsere Politiker inzwischen anscheinend als Pornografie ansehen. Denn in die Sperrliste kann eben auch die eine oder andere nichtpornografische Seite »zufällig hineingeraten« und gleich mit gesperrt werden.

Das Thema werde instrumentalisiert, um eine Sperrautomatik fürs Web einzuführen, meinte auch der Sprecher des Chaos Computer Clubs, Andy Müller-Maguhn, laut *heise online*: »Es werde deutlich, dass das Bundesinnenministerium kein Interesse an einer Strafverfolgung gegen die Täter habe, ›sondern eine geheime Infrastruktur für das Zensieren von Internetseiten plant‹. Die Vertreter der Bundesregierung hätten sich mit dem Thema offenbar einen Bereich ausgesucht, ›mit dem am ehesten gesellschaftliche Akzeptanz für Sperrmaßnahmen erreicht werden kann‹.«

Das heißt nun wiederum nicht, dass es im WWW keine Kinderpornografie gäbe. Und sicher hat die Bundesfamilienministerin irgendwelche Satelliten- bzw. Pornobilder gebunkert – vielleicht für den Kampf gegen Kinderpornografie, ganz bestimmt aber im Kampf gegen das WWW und die Meinungsfreiheit. Und anders als die groben Schemazeichnungen oder nichtssagenden Satellitenbilder der US-Regierung haben die Bilder (neben der

unentrinnbaren emotionalen Wirkung des Themas) den weiteren Vorteil, dass man sie in der Regel nicht einmal vorzeigen muss. Führten also George W. Bush und sein Vater Kriege mit erlogenen und gefälschten Beweisen, so führt die Bundesregierung ihren Krieg gegen das Internet ganz ohne öffentlich vorzeigbare Beweise. Das mag man ob der Widerwärtigkeit der Bilder verstehen oder auch nicht, eine Tatsache bleibt es trotzdem.
Dennoch meint die *Süddeutsche Zeitung* unverdrossen, das Ganze sei vielleicht wirkungslos, in jedem Fall aber »gut gemeint«. »Gut gemeint« ist aber bekanntlich das Gegenteil von gut. In Wirklichkeit ist die Aktion ein Trojanisches Pferd, um im Internet einen Zensurmechanismus zu schaffen. Und zwar ein Trojanisches Pferd, das jeder streicheln, aber keiner kritisieren darf – dachte sich jedenfalls die Bundesregierung. Wir sprechen uns am 17. April in der Sache wieder.

April 2009

1.4. Albanien und Kroatien treten in die NATO ein **5.4.** US-Präsident Obama kündigt atomare Abrüstung an ***6.4. Erdbeben von L'Aquila 10.4. SPD-Kanzlerkandidat Frank-Walter Steinmeier fordert Abzug von Atombomben 17.4. Internetprovider segnen Kinderporno-Sperrliste für das Internet ab 20.4. Brutale Folter an angeblichem 9/11-Drahtzieher wird bekannt*** *24.4.* Erste Berichte über »Schweinegrippe«-Epidemie in Mexiko **27.4.** Der Trainer des FC Bayern München, Jürgen Klinsmann, wird gefeuert ***29.4. WHO erhöht Pandemie-Warnstufe für Schweinegrippe*** *30.4.* Chrysler meldet Insolvenz an

Thema des Monats *6.4.: Erdbeben von L'Aquila*

04

6. April L'Aquila: Neutrinos und Erdbeben

»Der Wecker zeigt genau 3.33 Uhr, als das Bett anfängt zu schwanken. Es ist, als säße man in einer großen Schiffsschaukel, wie sie auf Volksfesten üblich sind, und einer brächte sie in Schwung, ganz langsam, ganz schwer, ganz lange. Das ganze Haus wackelt und ächzt; im Treppenhaus, auf der Straße rennen die Nachbarn zusammen. Ein weiterer Stoß, ein weiterer Schreck. Dann ist für Rom alles vorbei. Doch als es hell wird, kommen aus den Abruzzen, nur 120 Kilometer östlich von Rom, die ersten Fernsehbilder. Sie zeigen eine Katastrophe.« So schildert der Italien-Korrespondent Paul Kreiner im *Kölner Stadtanzeiger* den Beginn des Erdbebens von L'Aquila am 6. April 2009. In der schönen mittelalterlichen Stadt am Rande der Abruzzen blieb praktisch kein Stein auf dem anderen. Am Ende waren Tausende Häuser zerstört, 300 Menschen tot, 1500 verletzt und 50 000 obdachlos.

300 Tote – unglückliches L'Aquila. 300 Tote – glückliches L'Aquila! Denn 300 Tote waren zwar schlimm – sehr schlimm. Dass es aber auch eine erstaunlich niedrige Opferzahl war, wurde in den Medien mit keinem Wort erwähnt. Zwischen der Zerstörung der 73 000-Einwohner-Stadt und der Zahl der menschlichen Opfer herrschte ein erfreuliches Missverhältnis. Im Jahr 1703 hatte L'Aquila sehr viel weniger Einwohner, als ein Erdbeben 2400 Opfer forderte. Und am 13. Januar 1915 gab es 30 000 Tote, am 31. Juli 1986 immerhin über 6000. Verlässt man die Region von L'Aquila und blickt beispielsweise nach Sizilien, so stößt man dort bei einem Erdbeben im Jahr 1908 auf 100 000 Todesopfer.

Die hohe Zahl der Opfer hängt damit zusammen, dass Erdbeben normalerweise ohne Vorwarnung über die Menschen hereinbrechen. Irgendwo in der Erdkruste bauen sich Spannungen auf und entladen sich schlagartig. Genau deshalb sind Erdbeben auch nicht vorhersagbar. Manche Wissenschaftler schließen gerade

von einer unheimlichen seismischen Ruhe auf bevorstehende Erdbeben. Wieder andere hoffen, aus dem Verhalten von Tieren Hinweise auf Erdbeben erhalten zu können. Nur in L'Aquila war diesmal alles anders: »Allein in der vergangenen Woche hat es 19 Erdstöße gegeben«, berichtete Italien-Korrespondent Kreiner aus der Region. Tatsächlich funktionierten die ungewöhnlich vielen Vorbeben als Warnung: Am 5. April wackelte die Erde »kurz vor Mitternacht«, berichtet Kreiner, »wieder einmal, wie sie es seit Dezember tut, anfangs ganz leicht und nur für die Messgeräte wahrnehmbar, dann immer stärker und häufiger«. Deshalb seien die Bewohner »schon am Sonntagabend mit Angst ins Bett gegangen«. Wenn überhaupt: »Viele Aquilaner legten sich nur mehr angekleidet schlafen; die vom Daueralarm genervten Studenten der örtlichen Universität dehnten ihr Nachtleben so weit wie möglich aus und trafen sich – bei Temperaturen knapp über dem Gefrierpunkt – vorsichtshalber auf offenen Plätzen der Stadt.«
Die Beben von L'Aquila gälten als »atypisch in ihrem Verlauf«, erkannte auch *Spiegel Online*. »In der Vergangenheit begannen sie den örtlichen Experten zufolge stets völlig unerwartet mit einer heftigen Erschütterung und schwächten sich dann ab.« Das hängt mit der erwähnten Entstehungsweise vieler Erdbeben zusammen. Schwere Erdbeben entstehen gerade nicht, wenn sich Spannungen in der Erdkruste laufend – Ruck für Ruck – abbauen können, sondern wenn sie sich lange Zeit nicht abbauen können. Irgendwann kommt es dann zum großen Knall. Viele kleine »Rucke« sprechen dagegen eher dafür, dass es keinen großen Ruck mehr geben wird. »Dieses Mal jedoch«, so *Spiegel Online*, »kündigte sich die Katastrophe über Monate mit kleinen Erdstößen an und steigerte sich dann zu dem großen Beben in der Nacht zum Montag.« Was zum Beispiel heißen könnte, dass sich die Entstehungsweise dieses Erdbebens von der anderer Erdbeben unterschied.

Der mysteriöse Forscher

Merkwürdig. Und damit nicht genug. Diesmal hatte es auch noch jemand geschafft, das Erdbeben explizit vorherzusagen. Zwar nicht auf den Tag genau, aber immerhin: Etwa eine Woche vor dem verheerenden Beben schlug ein gewisser Gioacchino Giuliani Alarm.

»Seine Vorhersagen führten dazu, dass Wagen mit Lautsprechern in der Stadt die Bevölkerung zum Verlassen ihrer Häuser aufforderten.« (Kreiner) Zwar wurde Giuliani, als das Erdbeben nicht sofort kam, der Panikmache beschuldigt und musste seine Warnungen aus dem Internet entfernen, später jedoch wurden die Behörden kritisiert, weil sie seine Warnungen nicht ernst genommen hätten. Denn letztlich irrte Giuliani sich nur um eine Woche.

Das Erdbeben von L'Aquila war also kein Erdbeben wie alle anderen. Aber was war diesmal anders? Und wie schaffte Giuliani, was sonst niemand schafft, nämlich ein Erdbeben vorherzusagen?

Erdbeben und Sonnenfinsternisse

Das Ganze erinnerte mich plötzlich an einen türkischen Wissenschaftler, der im Jahr 2006 vor einem großen Erdbeben in der Türkei gewarnt hatte. Auch er wurde der Panikmache beschuldigt. Und auch er behielt schließlich doch recht. Dabei hatte die Türkei Ende März 2006 gar nicht auf ein Erdbeben gewartet – sondern auf eine totale Sonnenfinsternis. Und auch der deutsche Wissenschaftler Professor Dr. Karlheinz Meyl hatte vor einem Erdbeben nach der »SoFi« 2006 gewarnt:

»Ich erwarte, dass ein stärkeres Erdbeben möglich ist, aber nicht so sehr in der Situation, wo der Kernschatten über die Türkei läuft, sondern besonders mehrere Tage danach«, prophezeite Meyl damals.

Schon am Tag nach der totalen Sonnenfinsternis von 2006 bekam

Professor Meyl recht. Bei Zypern kam es zu einem mittleren Seebeben:

> »Das Epizentrum liegt nicht weit vom Kernschatten entfernt. Zwei Tage nach der Sonnenfinsternis folgt ein mittleres Seebeben bei Kreta, direkt am Rand der Kernschattenzone. Am selben Tag erschüttern drei schwere Erdstöße den Westiran. Mindestens siebzig Menschen sterben, über tausend werden verletzt. Fünf Tage nach der Sonnenfinsternis beginnt vor der griechischen Insel Zakyntos eine ganze Serie von Seebeben. Gut zwei Wochen kommen die Bewohner der Insel nicht mehr zur Ruhe. Selbst in dieser von Erdbeben geplagten Region eine ungewöhnliche Serie.« (»Und sie bewegt sich doch«, Phoenix, 3.5.2007, u.a.)

Erdbeben durch eine Sonnenfinsternis? Eine skurrile Vorstellung. Und was hat dies mit L'Aquila zu tun?
Erstens: Forscher wie Professor Meyl bezweifeln, dass es bei einer Sonnenfinsternis nur dunkel wird, dass sie also nur optische Effekte hat. Meyl ist der Ansicht, dass der sich vor die Sonne schiebende Mond zwar kein Licht mehr durchlässt – andere Partikel oder Strahlen aber schon. Und dass der Mond für diese Partikel oder Strahlen sogar wie eine Linse wirkt und sie wie von einer Kanone gebündelt auf die Erde schießt. Und in der Nähe der Stelle, wo dieser Strahl tangential durch die Erdkruste schießt, soll es zu Erdbeben kommen.
Zweitens: Bei den Strahlen oder Partikeln, um die es geht, handelt es sich um sogenannte »Neutrinos« – kleine Teilchen, die so winzig sind, dass sie normalerweise unbemerkt alles durchschlagen, was sich ihnen in den Weg stellt – also zum Beispiel auch den Mond. Was aber nicht heißt, dass es überhaupt keine Wechselwirkung mit Materie gäbe. Vielmehr soll die Materie des Mondes in der Lage sein, den Neutrino-Strom auf eine Weise zu bündeln, die

eben nicht mehr so harmlos ist wie der durchschnittliche Neutrino-Strom aus dem All. Vielmehr soll der konzentrierte Neutrino-Strahl mit der Erdkruste und dem Kern in Interaktion treten und zu Verwerfungen führen können.

CERN-Neutrinos to Gran Sasso

Warum ich das alles erzähle? Ganz einfach:

- Weil unser genialer Erdbebenprophet Gioacchino Giuliani ausgerechnet in einem Labor zur Erforschung von Neutrinos arbeitet,
- weil sich dieses Labor ausgerechnet direkt neben L'Aquila tief im Gran-Sasso-Massiv befindet,
- und weil dieses Labor ausgerechnet mit gebündelten Neutrino-Strahlen beschossen wird.

Allerdings nicht von der Sonne, sondern vom Kernforschungszentrum CERN in Genf. Dort steht ein sieben Kilometer langer Beschleunigertunnel (Super Proton Synchrotron, SPS), der in eine Neutrino-Kanone mündet, die ihre Ladung über eine Entfernung von 732 Kilometern tangential bis zu elf Kilometer tief durch die Erdkruste Richtung L'Aquila/Gran Sasso schießt. Ob die Menschen von L'Aquila das wussten, ist mir nicht bekannt. Aber Gioacchino Giuliani wusste es bestimmt – denn der Arbeitsplatz des Erdbebenpropheten befindet sich just an einem der großen Detektoren, die für den Empfang der Neutrinos zuständig sind: dem Large Volume Detector (LVD) in den Laboratori Nazionali del Gran Sasso. Zwar besteht die Aufgabe des Detektors laut LVD-Website hauptsächlich im Empfang von Neutrinos aus dem Weltall. Allerdings wurde auch seine Tauglichkeit für das »CNGS«-Experiment ausführlich getestet und bestätigt. »CNGS« steht für »CERN-Neutrinos to Gran Sasso«.
Und während die Medien nach dem 6. April lang und breit über

die Zerstörungen in L'Aquila berichteten, fragten sie merkwürdigerweise mit keiner Silbe nach dem Schicksal des milliardenschweren Neutrino-Labors im Gran-Sasso-Massiv: Wurde es von dem Erdbeben erwischt? Welche Schäden trug es davon? Wurden Menschen verletzt? Aber von dem spektakulären Labor, für das mitten im Berg in drei riesigen Kavernen gewaltige Detektoren installiert wurden, war in der Berichterstattung überhaupt nicht die Rede.

Hellhörig geworden, rief ich am 22. April 2009 Gioacchino Giuliani an. Bei dem anschließenden Telefongespräch kam eine phantastische Geschichte heraus. Und zwar sei er just im Jahr 2000 (ein Jahr vor der endgültigen Fertigstellung des Neutrino-Detektors LVD) auf die Idee gekommen, private Erdbebenforschung zu betreiben. Diese Arbeit nehme inzwischen seine gesamte Freizeit in Anspruch. Inzwischen arbeiteten auch Freunde und Familie an dem »privaten Erdbebeninstitut« mit. Eine seltsame Leidenschaft. Was denn der ganze Spaß bisher gekostet habe, fragte ich. Antwort: 600 000 Euro. Woher das Geld stamme, wollte ich wissen. »Von der Bank«, lautete die Antwort.

Zusammenfassend: Just ein Jahr vor der Fertigstellung des Neutrino-Detektors LVD entdeckt ein dafür zuständiger Elektronikingenieur ausgerechnet seine Leidenschaft für die Erdbebenforschung. Diese Leidenschaft ist so groß, daß er nicht nur seine Freizeit opfert, sondern auch Familienangehörige und Freunde dafür begeistern kann. Die Obsession reicht ferner aus, um Kredite aufzunehmen und 600 000 Euro in das »Hobby« zu investieren. Und obwohl schwere Erdbeben wie das von L'Aquila nur alle Jahrzehnte oder Jahrhunderte vorkommen, tritt nur neun Jahre später just im Wirkungsbereich des Neutrino-Strahls vom CERN in der Umgebung des Neutrino-Labors und »privaten« Erdbebeninstituts ein schweres Erdbeben auf. Um das seltsam zu finden, muss man gewiss kein Schelm sein. Die Versuchsanordnung ist vielmehr ziemlich eindeutig: Ein Neutrino-Labor und ein ange-

schlossenes Erdbebeninstitut sind die ideale Kombination, um den Zusammenhang zwischen Neutrino-Beschuss und Erdbeben zu erforschen. Weil das aber ziemlich brisant ist, lagert man die Erdbebenforschung lieber aus und erklärt sie zur »Privatsache«. Das ist zugegebenermaßen nur eine Vermutung, aber die Tatsache, dass der Erdbebenforscher dann auch wirklich ein Erdbeben voraussieht, als Zufall anzusehen fällt nun mal schwer.
Und so stellte ich einigen Leuten denn auch die Gretchenfrage: Hat das CERN im Jahr 2009 das Neutrino-Labor im Gran Sasso und die Gegend um L'Aquila mit Neutrinos beschossen oder nicht? Auf keinen Fall, versicherte mir Giuliani. Und auch der zuständige Versuchsleiter am CERN in Genf, Professor Antonio Ereditato, winkte ab. Es habe 2009 keine Neutrino-Experimente gegeben, schrieb er mir. Kein einziges Neutrino habe das CERN in Richtung Gran Sasso verlassen.
Zum Glück werden wir eine weitere Gelegenheit haben, den Zusammenhang zwischen Erdbeben und Neutrinos zu beobachten, und zwar am 22. Juli 2009, wenn es die längste Sonnenfinsternis des 21. Jahrhunderts geben wird. Der Kernschatten (also der Bereich der totalen Finsternis) wird von der Westküste Indiens diagonal über Indien verlaufen, dann knapp an der tibetischen Hauptstadt Lhasa vorbei in Richtung China, das er bei Shanghai wieder verlassen wird. Anschließend wird er über das Südchinesische Meer südlich an Japan vorbei hinaus auf den Pazifik wandern.

10. April Steinmeier: Der künstliche Kandidat

Außenminister Steinmeier eröffnet Kanzler-Duell!, verkünden die Medien landauf, landab. April, April!, denke ich bei mir. Doch ein Blick auf den Kalender belehrt mich eines Besseren: Es ist gar nicht der 1., sondern schon der 10. April – die Sache also kein Witz, sondern ernst gemeint. Tatsächlich ergibt eine kurze Recherche, dass Frank-Walter Steinmeier schon seit dem 18. Oktober 2008 offizieller Kanzlerkandidat der SPD ist – nur hat er das seitdem geschickt verborgen. Doch am 10. April ist Schluss damit. Steinmeier haut auf die Pauke; an diesem Tag fordert er den Abzug der amerikanischen Atombomben aus Deutschland. Das ist nun wirklich ein Knaller, der das gesamte politische Berlin erzittern und den Stuhl der amtierenden Bundeskanzlerin wackeln lässt. Gerade will ich begeistert in die Hände klatschen, da habe ich eine Art Déjà-vu-Erlebnis: Könnte es nicht sein, dass diese Forderung ein klein wenig veraltet ist, sagen wir: mindestens dreißig Jahre? Eine Forderung mit der typischen Patina der Siebziger- und Achtzigerjahre des 20. Jahrhunderts, als Friedensbewegung und Grüne gegen den NATO-Doppelbeschluss und andere Folterwerkzeuge aus Washington Sturm liefen und sich damalige SPD-Granden wie Oskar Lafontaine mit genau dieser Forderung an die Spitze der Bewegung stellten?

Und jetzt, fast dreißig Jahre nach Lafontaines Buch *Angst vor den Freunden* (1983), fordert Steinmeier den Abzug der US-Atombomben! Mutig, der Mann. Na ja – nicht ganz. Denn diese Forderung vertritt der Chef inzwischen selber. Und damit meine ich nicht etwa Angela Merkel, sondern den Eigentümer der Atombomben und das Zentralgestirn deutscher Regierungspolitik, US-Präsident Barack Obama. »Wir werden damit anfangen, unser Atomwaffenarsenal zu reduzieren«, hatte er nur fünf Tage vor Steinmeier den Menschen in Prag zugerufen, wo sich die Vertreter der Europäischen Union und der USA zu einem Gipfel trafen. »Die USA werden sich nach den Worten ihres Präsidenten Barack Obama für eine ›atomwaffenfreie Welt‹ einsetzen. Im Namen der USA gab er ›ein Versprechen ab, eine Welt ohne Atomwaffen schaffen zu wollen‹«, berichtete *Spiegel Online* am 5. April 2009.

Atomwaffenfreie Welt? Bis auf die USA natürlich. Denn wenn überhaupt, dann geht es darum, die Supermacht für immer unangreifbar zu machen. Deshalb reagieren die Vereinigten Staaten hysterisch auf jedes Atomprogramm, egal, wo auf der Welt es verfolgt wird. Und deshalb wollen sie Atomwaffenpotenziale abrüsten. Das Ganze ist ein langfristiges strategisches Projekt, an dessen Ende das US-Imperium als einziger Atomwaffenbesitzer stehen soll. Und da kann man durchaus auch mal den ersten Schritt tun und einige ohnehin unbrauchbare Atomwaffen verschrotten.

Eilten die Kanzlerkandidaten der SPD den USA also früher voraus, so spielen sie heute den Bahnverfolger – windschlüpfig und stromlinienförmig. Auf Wahlveranstaltungen lässt sich Steinmeier zwar als »deutscher Barack Obama« feiern, aber in Wirklichkeit ist er nur dessen deutsches Abziehbild. Überhaupt hat man bei Steinmeier das Gefühl, dass er alles Mögliche will – nur nicht sich auf Kosten der USA und Angela Merkels profilieren und nach der Bundestagswahl am 27. September 2009 gar Kanzler werden. Leidenschaft? Fehlanzeige. Warum Steinmeier regieren oder mitregieren will? Keine Ahnung. Warum Steinmeier etwas für andere Menschen tun will? Keinen Schimmer. Hat Steinmeier die Lösung für die Sorgen und Probleme der kleinen Leute? Wenn man das wüsste! Dabei hält er jede Menge laute und verschwitzte Reden. Schließlich wurde die Verschwitztheit spätestens von Franz Josef Strauß als Mittel der politischen Selbstdarstellung erfunden. Denn wer schwitzt, der macht es sich nicht leicht, der ringt und kämpft für die Menschen. Und wer schreit, der hat etwas zu sagen. Allein: Man kauft es Steinmeier nicht ab. Ihm fehlt es eindeutig am Willen zum politischen Genickbiss. Der Mann wirkt wie ein Pseudokandidat, der bloß den sozialdemokratischen Pappkameraden für andere Akteure spielen soll – zum Beispiel für Angela Merkel.

Unter der ehemaligen FDJ-Propagandasekretärin Merkel erscheint die SPD plötzlich wie eine der Kulissenparteien der früheren DDR. Und in dieser Rolle errichtet sie in der Sozialpolitik fleißig Potemkinsche Dörfer, nur um sie kurz darauf eilfertig wieder einzureißen. So vermuteten die NachDenkSeiten des Wirtschaftsexperten Albrecht Müller, »dass die von Steinmeier aus dem Hut gezauberten Vorschläge zur Bekämpfung der Rezession nicht wirklich ernst gemeint waren, sondern vor allem darauf abzielten, möglichen SPD-Wählern ein bisschen roten Sand in die Augen zu streuen«:

- Sei die SPD zuerst strikt gegen Steuersenkungen gewesen, so habe Steinmeier diese Position umgehend geräumt, nachdem die CSU in dieser Frage die CDU weich geklopft habe.
- Die Forderung nach Anhebung des Spitzensteuersatzes für zwei Jahre habe Steinmeier aufgegeben, als die Kanzlerin nur die Augenbrauen gehoben habe.

Auch andere Positionen habe Steinmeier bereits wieder aufgegeben, etwa die Forderung eines Kinderbonus in Höhe von 200 Euro je Kind für alle Kindergeldbezieher. Ja, der Mann kommt einem vor wie der Direktor eines sozialdemokratischen Wanderzirkus: kaum aufgebaut, reißt er ihn schon wieder ab. »Es ist die gewohnte Show der SPD. Man stellt ein paar sozialdemokratische Forderungen auf und ist dann heilfroh, wenn diese von der Union abgeblockt werden«, heißt es auf den »Nachdenkseiten«. Und inzwischen werden nicht einmal mehr Forderungen aufgestellt, sondern nur noch sozialdemokratische Duftmarken abgesondert. »Wie will man so um Vertrauen bei potenziellen Wählern werben?«, fragen verzweifelt die »Nachdenkseiten«. Die Antwort: gar nicht. Denn was Steinmeier genau will, weiß man nicht – nur was er nicht will, nämlich Kanzler werden.

17. April Grüße von »ZensUrsula«

Ja, ich gebe es zu: Ich habe Kinderpornografie im Internet gesucht! Glaubt man den öffentlichen Verlautbarungen, wird das Netz mit Kinderpornos geradezu überschwemmt. Jemand, der das Internet nicht kennt, könnte meinen, an jeder Ecke bzw. Website über nackte, gequälte und missbrauchte Kinder zu stolpern. Ehrlich gesagt: Ich bin noch nie darüber gestolpert. Aber vielleicht nur, weil ich noch nie danach gesucht habe. Jedenfalls unterzeichnen an diesem 17. April einige große Internetprovider eilfertig einen Vertrag mit dem Bundeskriminalamt über eine sogenannte Sperrliste für kinderpornografische Seiten. Laut *heise online* waren dies die Deutsche Telekom, Vodafone/Arcor, Hansenet/Alice, Telefonica/O2 und Kabel Deutschland. Namen, die man sich merken sollte. Gemäß der Vereinbarung und einem noch zu beschließenden Gesetz sollen Besucher des »freien« Internets ein Erlebnis der Dritten Art haben. Wählen sie nämlich eine gesperrte Seite an, landen sie auf einem vom Bundeskriminalamt aufgestellten »Stoppschild«. Ganz ähnlich der »parental control«-Software K9 – nur dass der Seitenbetreiber diesmal von vornherein (zu Recht oder zu Unrecht) als Kinderpornograf angeprangert wird. Denn der »Surfer« erfährt gemäß einem Stoppschildentwurf: »Ihr Internetbrowser versucht gerade, Kontakt zu einer Website herzustellen, die im Zusammenhang mit der Verbreitung von Kinderpornografie genutzt wird« (siehe unten). Also mache ich mich am 17. April 2009 selber auf die Schmuddelsuche.

Auf Porno-Safari im WWW

Ich gebe mir eine halbe Stunde und benutze die Suchinstrumente, die auch die große Mehrzahl der Bevölkerung benutzt, nämlich Suchmaschinen. Und was, so frage ich mich, würde ein finsterer Pädophiler wohl eintippen? Beginnen wir bei der Google-Bildsuche, und zwar ganz einfach mit dem Wort »nackte Kinder«. Ein mühsames Geschäft. Als Erstes stoße ich auf ein Gemälde mit dem Titel »Drei nackte Kinder«. Kaum will ich die Seite anklicken, geht in meinem Firefox-Browser ein Warnfenster auf: »Potienzielles Clickjacking/UI Redressing Versuch«. »Das sogenannte Clickjacking«, informiert mich ein Internetlexikon, »ist eine völlig neue Form der Internetkriminalität. Der Begriff ist abgeleitet von den beiden englischen Begriffen Mouseclick (Mausklick) und Hijacking (Entführung). Dabei leiten Internetkriminelle die Mausklicks der Nutzer auf manipulierte Seiten um.«

Bei meiner Suche nach nackten Kindern wollte also als Erstes jemand meinen Rechner kidnappen. Also lieber wieder zurück auf die Google-Ergebnis-Seite. Schon beim nächsten Bild befinde ich mich auf einer ganz heißen Spur. Meine Stirn kräuselt sich, meine Augen verengen sich zu Schlitzen, sehe ich doch tatsächlich ein verschwommenes Nacktbild eines braungebrannten Mannes mit einem Kleinkind. Aha! Leider verläuft die Spur im Sande – und zwar im Sande der *Blauen Lagune*. So heißt nämlich der Spielfilm, aus dem das Foto stammt.

Macht nichts – das kann einen echten Pornojäger nicht abschrecken. Als Nächstes lande ich auf einer Kunstseite mit verfremdeten und undeutlichen Kinderakten ohne jede Erotik. Danach wechseln sich Urlaubs- und Afrika-Bilder mit nichtpornografischen Grafiken, Zeichnungen und Gemälden und einem Bild der besorgten Ursula von der Leyen ab – glücklicherweise angezogen. Ein bisschen treffsicherer wird es bei der englischen Suche nach »naked childs«, aber alles in allem sind die Bilder – wenn überhaupt – nur sehr verschämt und verklausuliert erotisch, wie tief ich mich auch in die Suchergebnisse hineinklicke – Kinderporno, Fehlanzeige. »Kinderporno«! Auf diesen Begriff hätte ich auch gleich kommen können. Suchergebnis: in erster Linie Seiten *gegen* Kinderpornografie. Und immer wieder das Konterfei von Frau von der Leyen. In der englischen Variante (»child pornography«) dasselbe Ergebnis, nur ohne Frau von der Leyen.

Jede Menge Küken

Nun ist aber Phantasie gefragt: Dass der Kinderpornograf nicht Klartext redet, ist klar. Wie könnte der Pädophile die Opfer seiner obskuren Begierde sonst noch nennen? Verzweifelt durchforste ich meinen auf diesem Gebiet zugegebenermaßen beschränkten

Wortschatz. »Lolita« – das ist es! Das Synonym für alle »Frühreifen«. Na also, geht doch: »frühreif« ist ja auch nicht schlecht. Und tatsächlich: Die Ergebnisse sind wirklich furchtbar – furchtbar langweilig. Dasselbe gilt für das englische »precocious« (frühreif). Etwas mehr Erfolg habe ich mit dem englischen Wort »chicks« (Küken, im übertragenen Sinne Mädels, junge Dinger, Tussis), aber mehr als ein paar spärlich bekleidete Teenies finde ich auch damit nicht. Natürlich gemischt mit jeder Menge echtem Federvieh! Es ist zum Verzweifeln. Auch mit »naked chicks« wird es nicht wirklich »besser«.
Wie wär's also mit dem »f-Wort«? Zusammen mit »Kinder« ergibt das bei der Google-Bildsuche nichts, bei der normalen Websuche einige Videotreffer auf dem Download-Portal »Download Monster«. Zum Beispiel eine 1,1-MB-Datei mit dem Titel »kinder ficken« und dem Zusatz »most popular« (»am beliebtesten«). Nicht faul, klicke ich bei dem Link auf »download«. Sogar eine Liste mit Download-Sites bekomme ich noch zu sehen. Doch als ich dort erneut auf »download« klicke, merke ich, dass die Sache für einen Kinderporno-Fan doch einen gewaltigen Haken hat: Man muss sich nämlich registrieren lassen, was kostenlos und einfach sei und nur Sekunden dauere: »Creating an account is free, easy and only takes seconds«.

Erst klickt die Maus und dann die Handschelle

»... until the police arrives«, darf man wohl hinzufügen. Erst klickt die Maus, dann klicken die Handschellen: Sobald ich nach der Registrierung auf den Download-Link eines Kinderpornos klicke, begehe ich eine Straftat. Vielleicht käme ich mit dem anonymen Browser wie »JonDonym« sogar unerkannt davon, aber wissen kann man das letztlich nicht. Alles ist schließlich eine Frage des Ermittlungsaufwandes. Der Browser mag den Aufwand erhöhen, ob er eine Identifizierung wirklich ausschließt, würde ich nicht beschwören. Was in den Videos tatsächlich zu sehen ist, kann ich Ihnen also nicht sagen, weil das Herunterladen strafbar sein könnte. Es könnte sich auch um ein Lockvogel-Angebot der Polizei handeln, die auf diesem Wege Verdächtige generiert, deren Wohnung sie demnächst auf den Kopf stellen kann. Denn von einer Straftat ist man im Netz immer nur einen Mausklick entfernt. Natürlich könnte ich vorab die Polizei darüber informieren, dass es sich hier um eine journalistische Recherche und nicht um Kinderporno-Konsum handele. Allerdings warnt mich das Beispiel des Sat.1-Moderators Ulrich Meyer, der 1999 das Landeskriminalamt Berlin über seine Recherchen im Kinderporno-Milieu informierte, woraufhin die Polizei bei ihm prompt eine Hausdurchsuchung vornahm und seinen Rechner beschlagnahmte (*heise online*, 6.3.2009). »Meyer will das Landeskriminalamt Berlin damals nicht nur über seine Rechercheergebnisse informiert haben – die Fahnder seien sogar in seine Firma gekommen und unter der Meta-Productions-Kreditkartennummer selbst online gegangen, so der Sat.1-Mann: ›Da hat sich das LKA möglicherweise auf die Spur der eigenen Kollegen gesetzt.‹« (*Spiegel Online,* 21.9.2002)

Wer kriminell handelt, wird kriminell behandelt

Sicher ist: Wer kriminell handelt, wird leicht selbst Opfer von kriminellen Handlungen. Wer Kinderpornos herunterlädt, setzt sich der Gefahr aus, selber zum Ziel von Speicherung, Ausspähung, Denunziation, schädlicher Software und anderen Angriffen zu werden. So zeigt Google bei einer englischsprachigen Fundstelle mit dem Titel »Child fuck naked« den Warnhinweis »Diese Website kann Ihren Computer beschädigen« gleich mit an. Man möge beachten, »dass beim Aufrufen dieser Websites häufig schädliche Software ohne Ihr Wissen oder Ihre Genehmigung auf Ihrem Computer installiert wird. Dies können auch Programme sein, die Daten auf Ihrem Computer löschen, persönliche Informationen wie Passwörter und Kreditkartennummern stehlen oder Ihre Suchergebnisse ändern.«

Nein danke. Denn wer wollte den Angreifer in einem derartigen Fall schon anzeigen? Nach dem Motto: »Herr Kommissar, gerade als ich ›Sex im Sandkasten‹ herunterladen wollte, wurde mein PC gekidnappt …«

Von der Leyens Porno-Portal

Die Bundesrepublik Deutschland mit einem eigenen Portal für Kinderpornos, staatlich geprüft, gepflegt, ständig aktualisiert und quasi mit dem Bundesadler versehen als Legitimation? Ein böser Traum? Keineswegs. Denn mit der Sperrliste des Bundeskriminalamts schafft die Bundesfamilienministerin genau jenes »hochtoxische Material«, das sie angeblich bekämpfen will, nämlich ein aktuelles Verzeichnis aller von Deutschland aus erreichbaren Kinderporno-Seiten. Jedenfalls behauptet sie, dass sie dazu in der Lage ist.
Denn nach dem »Gesetz zur Bekämpfung der Kinderpornografie in Kommunikationsnetzen«

- führt »das Bundeskriminalamt eine Liste über voll qualifizierte Domainnamen, Internetprotokoll-Adressen und Zieladressen von Telemedienangeboten, die Kinderpornografie nach § 184b des Strafgesetzbuchs enthalten oder deren Zweck darin besteht, auf derartige Telemedienangebote zu verweisen (Sperrliste)«,
- behält das Bundeskriminalamt dieses hochbrisante Kinderpornoverzeichnis nicht etwa für sich, sondern gibt es an etwa ein halbes Dutzend großer Privatunternehmen weiter, nämlich an Internetprovider.

Vorausgesetzt, die Liste wäre wirklich trennscharf und valide, entstünde damit tatsächlich Deutschlands einziges staatliches Kinderporno-Internetportal. Stopp: Die Adressen sind doch gesperrt! Schon, aber nur die WWW-Adressen. Daneben enthalten derartige Listen aber auch die sogenannten IP-Adressen der jeweiligen Seiten, und diese werden nicht gesperrt. Nochmals stopp: Das Ganze ist doch geheim! Nicht doch: In unserer modernen Datenwelt ist nichts geheim. Überall sickern Daten durch oder werden ganz einfach verkauft. Ob das nun Telekom, Deutsche Bahn oder andere große Privatfirmen sind – überall wird nachlässig mit Daten umgegangen. Im Internet (also vor allem auch in Tauschbörsen, Newsgroups, Chatrooms, Usenet oder E-Mail-Verteilern) werden Kreditkartendaten genauso verkauft wie Kundendaten – warum nicht auch die staatliche Kinderporno-Liste? Zweifellos wäre diese Liste das Erste, was in Kinderporno-Kanäle eingespeist würde.

Sperrlisten kursieren bereits im Internet

Warum ich das so sicher sagen kann? Weil die »Kinderporno-Listen« anderer EU-Staaten bereits im Internet kursieren. Die im Internet am 20. April 2009 verfügbare schwedische Sperrliste beispielsweise enthält 1047 WWW- und IP-Adressen – ein potenzielles Fressen für jeden Pädophilen. Es geht also eigentlich gar nicht um die Bekämpfung von Kinderpornografie. Erstens, weil die Bundesfamilienministerin eine solche wie auch immer geartete Liste sonst scheuen würde wie der Teufel das Weihwasser. Zweitens, weil die bisher bekannten (!) Listen aus anderen Ländern nur zu einem ganz geringen Teil illegale Kinderpornografie enthalten. Die gesperrten Adressen verweisen größtenteils auf legale Sexseiten. Nehmen wir beispielsweise die Internetadresse http://ah-teens.com/ aus der schwedischen Sperrliste. Ruft man diese im Browser auf, kommt die Meldung: »Die gewünschte Adresse konnte nicht gefunden werden.« Gibt man aber die in der Sperrliste vermerkte IP-Adresse ein, landet man nach wie vor auf einer Pornoseite – allerdings mit Erwachsenenpornografie. Nun mag man diese gut finden oder nicht – die staatliche Beeinträchtigung von legaler Kommunikation ist auf jeden Fall selbst rechtswidrig.

Ein kleiner Prozentsatz der Seiten hatte sogar überhaupt nichts mit Sex zu tun. Das heißt, die schwedische Sperrliste ist in erster Linie eine Einschränkung der freien Kommunikation der Bürger. Und wie mir Andy Müller-Maguhn vom Chaos Computer Club erklärte, stellen solche Listen ohnehin nur Momentaufnahmen dar: »Das Internet ist nicht so statisch, wie sich die Abgeordneten das vorstellen, sondern ständig in Bewegung.« Tatsächlich kann eine solche Liste bereits innerhalb von Tagen durch Umkonfiguration von Servern und Adressen veraltet sein.

Ein Link auf einen Link auf einen Link genügt

Von der Sperrung sind keineswegs nur WWW-Adressen mit Kinderpornografie betroffen, sondern laut Gesetz auch andere Seiten, »deren Zweck darin besteht, auf derartige Telemedienangebote zu verweisen«. So weit, so gut. Das Problem ist nur: Anscheinend hat sich noch niemand das beim Aufruf einer Kinderporno-Seite ab 1. August 2009 einzublendende »Stoppschild« genauer angesehen. Nach einem Entwurf des Bundeskriminalamts (Stand: April 2009) sollte die Meldung nämlich lauten:

> »Ihr Internetbrowser versucht gerade, Kontakt zu einer Website herzustellen, die im Zusammenhang mit der Verbreitung von Kinderpornografie genutzt wird.«

Hatten das Bundeskriminalamt und das Bundesinnenministerium den Gesetzentwurf seinerzeit eigentlich gelesen? Denn dieser Stoppschild-Text ging weit über den Entwurf hinaus. Mit solchen Gummiformulierungen kann schlicht jede Seite gesperrt werden, die einen Link auf kinderpornografische Inhalte enthält – ob nun mit oder ohne Wissen des Seitenbetreibers. Es kommt aber noch besser. Denn »im Zusammenhang mit Kinderpornografie genutzt wird« heißt, dass die Beziehung so indirekt sein kann, wie sie will bzw. wie es das Bundeskriminalamt will. Das könnte auch heißen,

dass eine Seite einen Link auf eine Seite enthält, die einen Link enthält, der auf Kinderpornografie verweist. Und so weiter. Damit könnte in kürzester Zeit ein großer Teil der freien Meinungsäußerung im Internet abgewürgt werden, weil Seitenbetreiber Foren oder Gästebücher lieber gleich ganz abschalten, bevor sie riskieren, dass ihnen jemand ein »Kuckucksei« ins Nest legt, sprich: einen Link, der indirekt auf Kinderpornografie verweist.
Denn setzt Ihnen zum Beispiel irgendjemand einen Link auf eine Kinderporno-Seite ins Forum oder ins Gästebuch, wäre Ihre Seite demgemäß reif für die Sperrung – obwohl die Seite selbst gar keine Kinderpornografie enthält. Das wäre aber noch nicht das Schlimmste. Das Schlimmste wäre die damit verbundene Verleumdung und Stigmatisierung, weil Sie öffentlich als »Kinderpornograf« vorgeführt würden. Mit anderen Worten, eine solche Sperrung stellt einen schwerwiegenden Eingriff in die Persönlichkeitsrechte dar. Nach den Plänen von Familienministerin von der Leyen und der Bundesregierung kann diesen Eingriff eine Polizeibehörde ohne jede richterliche Kontrolle durchführen, nämlich das BKA. Übrigens habe ich bis zum 12. September 2009 hartnäckig versucht, vom Bundeskriminalamt einen aktuellen Entwurf des ominösen »Stoppschildes« zu bekommen – ohne Erfolg. Das heißt, der oben genannte Entwurf ist der aktuellste, den wir bis jetzt haben.

20. April Terrorismus: Der Joker der Ermittlungsbehörden

Vertrauen Sie unseren Medien? Glauben Sie das, was sie Abend für Abend in der »Tagesschau«, bei »heute« oder zum Beispiel auch auf dem Nachrichtensender N24 hören und sehen? Oder was Sie auf den Websites dieser »seriösen Nachrichtenmedien« lesen? Am 20. April 2009 schockten diese Sender ihr Publikum mit einer schlimmen Nachricht. Es ging um den angeblichen Top-Terroristen und Drahtzieher vieler Attentate, darunter jene vom

11. September 2001, Khalid Scheich Mohammed und das sogenannte »Waterboarding«.
»Waterboarding« klingt nur im ersten Moment nach einer neuen Sportart, sondern ist ein euphemistischer Ausdruck für eine besonders grausame Foltermethode, bei der das Opfer an den Rand des Ertrinkens gebracht wird. »Der US-Geheimdienst CIA hat das sogenannte Waterboarding – das simulierte Ertränken – bei Verhören von mutmaßlichen Terroristen viel häufiger angewandt als bisher bekannt«, hieß es am 22. April auf der Website des Nachrichtensenders N24. »So sei allein der mutmaßliche Chefplaner der Anschläge von 11. September 2001, Khalid Scheich Mohammed, 183 Mal auf diese Weise gequält worden, berichtete die *New York Times*. Die Zeitung beruft sich dabei auf Aufzeichnungen des US-Justizministeriums.«
Laut N24 wurde Scheich Mohammed subjektiv 183 Mal an den Rand des Ertrinkens gebracht. Dies war allerdings nur die Version der Website von N24. Der Bericht enthält in diesem Zusammenhang keine weiteren Zeitangaben, sodass man den Eindruck gewinnen muss, Scheich Mohammed sei insgesamt 183 Mal auf diese menschenverachtende Weise gefoltert worden.
Auf der Website der »Tagesschau« (Stand: 21.4.2009) hörte sich das aber schon ganz anders an: »Bekannt wurde auch, dass der für die Anschläge vom 11. September 2001 verantwortlich gemachte Khalid Scheich Mohammed im Jahr 2003 insgesamt 183 Mal mit dem sogenannten Waterboarding von CIA-Offizieren gefoltert wurde.«
Demnach war der Bericht auf der N24-Website also falsch! Demnach wurde Scheich Mohammed also nicht insgesamt, sondern allein im Jahr 2003 183 Mal der Ertrinkungsfolter ausgesetzt! Also rein rechnerisch alle zwei Tage ein Ertrinkungstrauma! Da Scheich Mohammed aber erst am 1. März 2003 verhaftet worden war, wurde die Folter sogar alle 1,6 Tage angewendet.
Auch die Website der *heute*-Sendung bestätigt dies: »Allein der

als Chefplaner der Anschläge von 11. September 2001 geltende Khalid Scheich Mohammed«, berichtete sie am 20. April 2009, »soll 183 Mal im Jahr 2003 dieser Verhörmethode ausgesetzt worden [sein]. Das berichtet die *New York Times.*«

Das Problem ist nur, dass die *New York Times* das eben gerade nicht berichtete. Weder die Nachrichtenredakteure von N24 noch die der »Tagesschau« oder der »heute«-Sendung machten sich offenbar die Mühe, einen Blick in das Blatt oder auf dessen Website zu werfen. Und wenn doch, dann hätten sie die eigentliche Größe und Bedeutung des Skandals unterschlagen. In Wirklichkeit stand in der *New York Times* nämlich: »Das Memo aus dem Jahr 2005 besagt auch, dass die CIA das Waterboarding im März 2003 183 Mal gegen den bekennenden Planer der Anschläge vom 11. September 2001, Khalid Scheich Mohammed, einsetzte.«

In sämtlichen genannten deutschen Medien fehlten die Worte »im März 2003«. Merkwürdig, denn in allen Ausgaben des Artikels der *New York Times* standen die Worte »im März 2003«. Das heißt, hier wurde offenbar verfälscht und geschönt. Die dürre Zeile aus der *New York Times* bedeutet nichts anderes, als dass Scheich Mohammed sofort nach seiner Festnahme im März 2003 praktisch ständig brutal gefoltert wurde, wahrscheinlich so lange, bis man endlich die gewünschten Aussagen beisammen hatte. Mal ehrlich: Auf diese Weise könnte man aus jedem x-Beliebigen »den Chefplaner der Attentate vom 11. September« machen. Nach so einem Monat würde jeder seinen »Vernehmer« anbetteln, ihm doch endlich zu glauben, dass er und kein anderer den 11. September geplant habe. Andersherum: Hat ein Mann, der so oft und so brutal gefoltert werden muss, bis er etwas den Ermittlungsbehörden Genehmes sagt, nicht vielmehr eindrucksvoll seine Unschuld bewiesen? Und bringt die Folter statt der Wahrheit nicht sowieso immer nur Lügen hervor? Ist das nicht gerade der Grund für die Existenz der Folter? Weil man mit ihr politisch genehme Versionen aus den Gefolterten herauspressen kann, um die eigenen Lügen zu bestätigen? Das ist das eine. Das andere ist, dass der Begriff der Folter in diesem Zusammenhang gar nicht mehr ausreicht, vielmehr handelt es sich bei dem, was wir hier »miterleben«, um eine brutale Form der Gehirnwäsche.

Nach vielen Hundert, wenn nicht (inzwischen) Tausend Folterungen ist Scheich Mohammed in Wirklichkeit so etwas wie der Joker für die Ermittlungsbehörden. Er gilt nicht nur als das »Hirn« der Attentate vom 11. September 2001, sondern er soll auch eine Rolle »in vielen der bedeutendsten Terroranschläge der letzten 20 Jahre gespielt haben, einschließlich des Bombenanschlags auf das World Trade Center 1993, des Bojinka-Attentats, eines abgebrochenen Anschlags auf einen Banken-Tower in Los Angeles, des Bali-Anschlags, des misslungenen Anschlags auf den Flug American Airlines 63, des Millennium-Anschlags sowie der Ermordung von Daniel Pearl« (*Wikipedia, the free encyclopedia*, Aufruf am 8.7.2009). Und natürlich belastete das Folteropfer Scheich Mohammed auch andere, zum Beispiel den bereits erwähnten angeblichen Djerba-Attentäter Christian Ganczarski, der in Paris zu 18 Jahren Haft verurteilt wurde. Denn schließlich wurde »der Deutsche inzwischen durch Aussagen des verhafteten Qaida-Kommandeurs Khalid Scheich Mohammed erneut schwer belastet«, berichtete der *Spiegel* vom 12. Mai 2003, also nach einem guten Monat Horror-Folter an Scheich Mohammed: »Ganczarski habe nicht nur engste Verbindungen zur Qaida-Spitze um Osama bin Laden gepflegt, sondern auch technische Hilfestellung für das Terrornetzwerk geleistet.«

Und so ist es auch zu erklären, dass Scheich Mohammed zuletzt im Dezember 2008 regelrecht um die Todesstrafe bettelte. Vor einem US-Militärtribunal in Guantanamo bekannte er sich erneut der Planung der Anschläge vom 11. September für schuldig: »Er tat, als könne das Ende nicht schnell genug kommen«, berichtete die *Zeit* am 8. Dezember 2008: »Khalid Scheich Mohammed, der mutmaßliche Drahtzieher der Anschläge vom 11. September 2001,

und seine vier Mitangeklagten wollen sich ihrer Taten schuldig bekennen und hingerichtet werden.« Wahrscheinlich ziehen sie das der weiteren Folter durch die CIA in Guantanamo vor.
Aber auch die Ankläger und ihre Hintermänner hatten allen Grund zur Eile, denn in Washington stand der Regierungswechsel vor der Tür. Bis zum Amtsantritt von Barack Obama am 20. Januar 2009, der immer wieder versprochen hatte, das Lager von Guantanamo aufzulösen, blieben nur noch sieben Wochen, um die angeblichen Drahtzieher des 11. September zu verurteilen und hinzurichten – und diesen Fall damit endgültig abzuschließen. Mit toten Verurteilten wäre die Tür für eine Wiederaufnahme des 9/11-Ermittlungsverfahrens für immer zugeschlagen worden.
Dass dies offenbar misslang, darf als ernstes Problem für die Hintermänner des Bush-Regimes und der Anschläge des 11. September 2001 gewertet werden. Und als Verdienst der Obama-Regierung. Ist Obama also doch ein Guter? Nicht wirklich. Denn die Guantanamo-Frage ist die »unique selling proposition« (USP) der Obama-Regierung – ihr wichtigstes Verkaufsargument. Für Obamas weitere Glaubwürdigkeit ist entscheidend, ob er sein Versprechen, das Lager von Guantanamo zu schließen, erfüllen wird. Was er hier tut oder unterlässt, kann sein Verhalten in zehn bis zwanzig anderen politischen Fragen locker aufwiegen. Dabei ist die Schließung dieses Lagers administrativ gesehen natürlich eine Kleinigkeit, wird es doch von der US-Regierung selbst betrieben, deren Chef Obama ist. Nur hinter den Kulissen dürfte es nach wie vor ein Gezerre um die angeblichen 9/11-Drahtzieher geben. Schließlich kann man die Leute nicht einfach freilassen, damit sie jedem erzählen, wie sie wirklich zu der Ehre kamen, als die »Masterminds« des 11. September und vieler anderer Attentate verkauft zu werden.

29. April Tamiflu: Der Topseller der WHO

Eine neue Sau wird durchs globale Mediendorf gejagt: Hilfe, die Schweinegrippe ist da! Tagelang marschieren mit Gesichtsmasken vermummte Mexikaner über die TV-Bildschirme. Im Vordergrund setzen sich todesmutige Reporter in Szene, die mit herabgelassenem Mundschutz offenbar ihr Leben riskieren, nur um den deutschen Fernsehzuschauern aus dem »verseuchten« Mexiko noch ein paar letzte Worte zuzuraunen und unmittelbar nach Aufnahmeschluss dahinzuscheiden. Wem da nicht die Chipstüte aus der Hand fiel!

Schon am 27. April erhöhte die WHO die sogenannte »Pandemie-Warnstufe« von drei auf vier und am 29. April von vier auf fünf: »WHO-Chefin Chan rief nun dazu auf, mit Entschlossenheit zu handeln. Die Produktion von Anti-Grippe-Mitteln soll nun auf Hochdruck fortgeführt werden», meldete der Nachrichtendienst shortnews.de am 30. April 2009. Allein in Mexiko seien 156 Menschen erkrankt, berichtete das *Handelsblatt* am 1. Mai 2009; neun seien gestorben; in den USA hätten schon 109 Menschen die Schweinegrippe, weltweit seien es 331! Anderen Medien zufolge gab es in »Zentralmexiko« sogar schon 86 »Grippetote«, wobei aber nur bei zwanzig von ihnen das Schweinegrippe-Virus nachgewiesen worden sei. Und dann wurden die ersten Krankheitsfälle aus Deutschland gemeldet, und glaubte man dem Tenor der Berichterstattung, bestand die Gefahr, dass Hunderte, nein Tausende erkranken, sterben und die Epidemie sich rasend schnell ausbreiteten würde.

Rette sich, wer kann! So klang jedenfalls die Berichterstattung. Angeheizt wurde die Panik insbesondere von der WHO, so dass sich die Frage stellt, wer oder was die WHO eigentlich ist und wer oder was sie ritt, angesichts einer Handvoll Todesfälle weltweit »von einem Gesundheitsnotfall internationalen Ausmaßes« zu sprechen, so der *Stern* am 26. April 2009.

Die WHO ist die UNO-Dachorganisation für Weltgesundheit. Jedenfalls offiziell. Inoffiziell ist sie die Dachorganisation für die Gesundheit der globalen Pharmaindustrie: »Die WHO bleibt in engem Kontakt zu den Grippeimpfstoffherstellern. Offenbar ist die Herstellung von Impfstoffen für die saisonale Grippe bald abgeschlossen, sodass die vollen Kapazitäten zur Verfügung stehen, um in den kommenden Monaten die größtmögliche Versorgung mit Impfstoffen gegen die Pandemie sicherzustellen«, heißt es in einem WHO-Papier vom 11. Juni 2009, als die Organisation die höchste Pandemie-Warnstufe sechs ausrief.

Das heißt im Klartext, WHO und Pharmaindustrie ziehen an einem Strang. Die WHO schürt die Panik, und die Impfstoffhersteller und Pillendreher kurbeln daraufhin Entwicklung und Produktion an. Während in den Labors der Pharmakonzerne neue Medikamente erfunden werden, erfinden die Marketing-Abteilungen neue globale Panikattacken: »Das Vogelgrippevirus (H5N1) könnte möglicherweise der Auslöser einer neuen Pandemie werden«, erklärte im Jahr 2005 die Pharma-Firma Roche, »mit bis zu 7 Millionen Todesopfern.« Die WHO setzt solche Szenarien dann in ihre Pandemiestufen und in »Empfehlungen« zur Seuchenbekämpfung um, die natürlich auch Empfehlungen für bestimmte Medikamente enthalten, und betreibt damit das Geschäft der Pillenindustrie.

Die WHO als globale Pharmavertreterin

Die jeweiligen globalen Panikattacken sind nichts anderes als besonders aggressive und wirksame Marketingstrategien. Denn Angst mag zwar ein schlechter Ratgeber sein – ein unheimlich guter Verkäufer ist sie allemal. Wo Angst herrscht, wird gekauft, ohne auf die Kosten zu schauen. Die WHO ist dabei nicht etwa neutral, sondern empfiehlt aggressiv ganz bestimmte Medikamente. Der Topseller der WHO ist seit einigen Jahren das angebliche Grippemittel Tamiflu. Nachdem die Vogelgrippe praktisch tot ist,

wird das Medikament nun mit dem Argument der Schweinegrippe beworben. Die Tamiflu- und Impf-Werbekampagne ist bei beiden Grippe-Arten identisch: »Berichte deuten darauf hin«, beschreibt die WHO beispielsweise zufrieden die Lage in Afrika 2009, »dass zum Stand vom 14. Mai alle Länder in der Region persönliche Schutzausrüstungen verteilt haben. Außerdem wurden eine Million Dosen Tamiflu an 42 von 46 Mitgliedsstaaten geliefert.«
Die WHO als oberste Pharmavertreterin – kann der Pillenindustrie etwas Besseres passieren? Eigentlich nicht. Produziert wird Tamiflu von der Pharmafirma Roche, also von jener Firma, die schon einmal ebenso düstere wie falsche Szenarien mit Millionen von Vogelgrippe-Toten heraufbeschwor. Entwickelt wurde das Mittel jedoch von der kalifornischen Firma Gilead Sciences. Zwanzig Prozent des Tamiflu-Verkaufserlöses soll Schätzungen zufolge Gilead kassieren. Und bei Gilead wiederum saß jahrelang niemand anderer im Vorstand als der ehemalige US-Verteidigungsminister Donald Rumsfeld, der zugleich Großaktionär des Pharmaunternehmens war: »Donald Rumsfeld … inszenierte danach in der Bush-Administration eine milliardenschwere Verkaufskampagne für das von Gilead Sciences mit dem Schweizer Unternehmen Roche produzierte ›Tamiflu‹«, schrieb der SPD-Bundestagsabgeordnete Dr. Wolfgang Wodarg am 3. August in einem Blog.
Rumsfelds eigenes Ministerium bestellte im Jahr 2005 Tamiflu im Wert von 58 Millionen Dollar – zum Wohle der Soldaten, versteht sich. Über sein Gilead-Aktienpaket profitierte er bis zuletzt von der weltweiten Grippepanik. »Ende 2004 hielt Rumsfeld Gilead-Aktien im Gesamtwert von 25 Millionen US-Dollar. Dieses Aktienpaket ist seither durch den steigenden Aktienkurs auf einen Gesamtwert von 50 Millionen US-Dollar angewachsen«, so der Autor und frühere Rechtsanwalt Rolf Ehlers.
Auch in Mitteleuropa flossen und fließen auf Empfehlung der WHO Abermillionen in den Ankauf von Tamiflu. Die UNO-

Organisation empfiehlt, ausreichend Grippemittel vorrätig zu halten, damit im Falle einer großen Pandemie 20 bis 25 Prozent der Bevölkerung behandelt werden können.
Im Jahr 2005 stieg der Tamiflu-Verkauf beispielsweise in Österreich um 2650 Prozent. »Nachdem bei einigen toten Vögeln auch in Deutschland festgestellt worden war, dass diese an Vogelgrippe gestorben waren, gelang es, eine ähnliche Panik auch bei uns zu inszenieren, die immerhin dazu führte, dass die Bundesländer insgesamt für etwa 200 Millionen Euro Grippepillen einbunkerten«, so der Bundestagsabgeordnete Wodarg. Bis Ende 2006 erhöhte der Berliner Senat seine Tamiflu-Vorräte für 7,7 Millionen Euro, Nordrhein-Westfalen blätterte gar 67 Millionen Euro hin – für 6,35 Millionen Therapieeinheiten. Eine Panik, die inzwischen von der Schweinegrippe-Panik abgelöst wurde.
Gelagert wird das Medikament zum Teil beim Hersteller.
Das heißt erstens, dass für die Abermillionen Euro große Teile des Materials nicht einmal den Besitzer gewechselt haben, und zweitens, dass die millionenschwere Ware zum Teil auch nicht fertig hergestellt wurde, sondern dort quasi im Rohzustand lagert, nämlich im Fass. Wie die Behörden dieses Kontingent dann verabreichen, ist ihr Problem. Den letzten Produktionsschritt übernimmt im Ernstfall nicht der Hersteller, sondern die einzelne Apotheke. Um Patienten das Tamiflu verabreichen zu können, müssen die Apotheken das Pulver zu einer Lösung anrühren. Bei der »Fassware« kann sich der Hersteller den Einsatz von Verpackungsmaschinen, Millionen Packungen und Beipackzettel sparen. Dafür habe man den Preis des Medikaments allerdings etwa halbiert, versicherte mir Roche-Pressesprecher Hans-Ulrich Jelitto.

Tamiflu: Vom Fass oder für die Tonne?

Vom Fass oder für die Tonne – das ist trotzdem die Frage. Denn Tamiflu, ein sogenannter Neuraminidase-Hemmer, ist nur von begrenztem Nutzen, wie medizinische Studien über das Medikament ergaben. »Wir konnten keinen glaubwürdigen Beweis für die Wirksamkeit von Neuraminidase-Hemmern bei Vogelgrippe finden«, wurden Wissenschaftler am 19. Januar 2006 auf der Website der *Frankfurter Allgemeinen Zeitung* zitiert. Und nicht nur die *Bild*-Zeitung vom 14. November 2006 behauptete, dass das Mittel sogar gefährlich sei. Tamiflu stehe »unter dem Verdacht, Halluzinationen zu verursachen«, zitierte *Bild* »amerikanische Gesundheitsexperten«. Diese hätten »mehr als 100 Fälle von Tamiflu-Patienten untersucht, die nach der Einnahme abnormes Verhalten zeigten. Drei Menschen, die mit dem Grippe-Medikament behandelt worden waren, stürzten sich sogar in den Tod.« Ein schwacher Trost: Das mögliche Problem wird sich vielleicht ganz von selbst erledigen, nämlich dann, wenn nach fünf (Kapseln) bzw. zehn Jahren (Fässer) das Haltbarkeitsdatum der Notvorräte abläuft. Dann sind die millionenschweren Reserven endgültig das, wofür mancher sie heute schon hält: ein im Grunde nutzloses, womöglich schädliches Medikament, sprich: Sondermüll.

Mai 2009

Thema des Monats *14. 5.: Bilderberger-Konferenz – Beobachter unerwünscht*

1. 5. Die Schweinegrippe-Hysterie kommt in Fahrt **7. 5.** Europäische Zentralbank senkt Leitzins auf Rekordtief von einem Prozent ***9. 5. Der Papst besucht die Moses-Gedenkstätte auf dem Berg Nebo 14. 5. Die Bilderberger-Konferenz tagt bei Athen*** **20. 5.** Die Gläubigerversammlung der Warenhauskette Hertie beschließt die Schließung der 54 Warenhäuser ***23. 5. 60 Jahre Bundesrepublik Deutschland 27. 5. Die Internetsperren von Bundesfamilienministerin von der Leyen werden als Unsinn entlarvt***/Bundesregierung beschließt höchste Neuverschuldung der Geschichte (47,6 Milliarden Euro)

1. Mai Schweinegrippe: Eine Pandemie aus dem Nichts

Endlich: Deutschland ist wieder wer! Endlich haben wir auch einen Schweinegrippe-Patienten! Das Problem: Kaum hatte sich Deutschland insofern zu einem vollwertigen Mitglied der Völkerfamilie entwickelt, hatte sich der Mann schon wieder von dem Infekt erholt.
Der Mexiko-Reisende aus Pfakofen (Landkreis Regensburg) »hat nach Angaben der Ärzte die eigentliche Grippe auskuriert, leidet aber an einer Folgeerkrankung, die mit einer chronischen Grunderkrankung zusammenhängt«, verdirbt einem das *Handelsblatt* an diesem 1. Mai die Pandemie-Laune. Eine junge Frau, die ebenfalls Platz 1 der Schweinegrippe-Charts in Deutschland beansprucht, sitzt kurz darauf schon wieder putzmunter in einer Talkshow. Selbst der Präsident des Robert Koch-Instituts (RKI), Jörg Hacker, muss die bisher aufgetretenen Fälle von Schweinegrippe in Deutschland am 1. Mai 2009 als »insgesamt milde« bezeichnen.

Sie kam, sah und versiegte

Irgendwie wollte die Schweinegrippe hierzulande partout nicht richtig in Fahrt kommen. Kaum wurde mal jemand krank, war er auch schon wieder gesund oder zumindest von der angeblichen Schweinegrippe genesen. Und zu allem Unbill kam hinzu, dass viele Schweinegrippe-Fälle gar keine waren. Von zwölf Verdachtsfällen in Deutschland seien inzwischen durch virologische Analysen fünf widerlegt worden, so das *Handelsblatt* am 1. Mai. Mit dem schnell genesenden Rest ließ sich sozusagen auch kein Staat machen. Auch die Frauen konnten es diesmal, wie gesagt, nicht rausreißen. Kaum wollte man auch eine Frau aus Niederbayern, die sich angeblich Ende April 2009 bei dem erwähnten 37-jährigen Mexiko-Reisenden mit der Schweinegrippe angesteckt hatte, zum großen nationalen Panikfall aufblasen, war auch die schon wieder gesund.

Auch mit den weltweit 441 Schweinegrippe-Toten (Stand: 10. Juli) ließ sich beim besten Willen kein Pharma-Staat machen. Rechnet man weltweit alle Statistiken zusammen, kommt man immerhin auf jährlich 600 000 Verkehrstote. Insgesamt schätzen Weltbank und Weltgesundheitsorganisation (WHO) die Zahl der Verletzten und Toten im und durch den Straßenverkehr weltweit auf bis zu 1,2 Millionen bzw. 40 Millionen pro Jahr.

Damit hätte man die Themen Schweine- und Vogelgrippe eigentlich zu den Akten legen können. Rein statistisch war es ein reines Hinterwäldler-Thema, bestenfalls geeignet für medizinische Fachblätter, wo neue Viren beschrieben werden wie andernorts besonders seltene Schmetterlingsarten. Stattdessen zauberten die Medien eine Pandemie aus dem Nichts und erweckten den Eindruck, der seltene Schmetterling verdunkle weltweit bereits den Himmel und bringe uns alle um. Aber wenn wir dann gen Himmel blickten – was sahen wir? Nichts. Die Schweinegrippe kam, sah und versiegte.

Auch in den nächsten Monaten änderte sich daran wenig. Während die Zeitungsschlagzeilen wahre Katastrophen heraufbeschworen, zeigte sich allein schon an den Statistiken, dass es sich bei der sogenannten »Schweinegrippe« um eine ganz normale Grippe handelte, wenn überhaupt. Bis zum 10. Juli waren in Mexiko von 11 271 angeblich nachweislich an der Schweinegrippe erkrankten Menschen 119 gestorben, also ziemlich genau jeder Hundertste (Quelle: *Onmeda,* 10. 7. 2009). 11 271 Erkrankte von 110 Millionen Mexikanern sind ziemlich genau 0,01 Prozent, also ein Zehntausendstel. Von diesem Zehntausendstel stirbt wiederum nur ein Hundertstel, macht 0,0001 Prozent der mexikanischen Gesamtbevölkerung oder ein Millionstel. Von bis zum 10. Juli angeblich 33 902 Erkrankten in den USA starben 170, also ein halbes Prozent, bezogen auf die Gesamtbevölkerung von 300 Millionen waren das 0,000056 Prozent oder fünf Zehnmillionstel. Von 691 Erkrankten in Deutschland starb jedenfalls bis 10. Juli 2009 kein einziger, die Sterblichkeit lag also bei null Prozent.

Eine Rotznase aus Traunstein

»Tödliche Viren aus Mexiko« (Politik Blog, 30.4.2009)? Pustekuchen. Statt der Schweinegrippe grassierte hierzulande mal wieder der Rinderwahn – und zwar bei Politikern und Journalisten. Gefahr war nicht im Verzug – egal: Rettung nahte trotzdem. Wie Pfadfinder, die unbedingt ein paar alte Leute über die Straße zerren müssen, versuchten die Medien, uns dennoch eine Impfung anzudrehen: »Er ist aggressiv, breitet sich leicht aus und könnte sich weiter verändern«, drohte die Münchner *tz* am 14. Juni 2009 in Bezug auf das Schweinegrippe-Virus H1N1. »Das Schweinegrippe-Virus ist auf dem Vormarsch – auch in Deutschland«, unkte das Blatt düster. Immerhin hatte der finstere Erreger schon wieder zugeschlagen und größere Bevölkerungsteile niedergeworfen, genauer gesagt einen (!) Jungen im bayerischen Traunstein ans Bett gefesselt. Etwa um dieselbe Zeit warf es einen zehnjährigen Jungen aus Neustadt an der Donau aufs Krankenlager, woraufhin seine Grundschulklasse mehrere Tage zu Hause bleiben musste. Eine spätere Nachuntersuchung an der Regensburger Universität ergab jedoch, so die *Bild*-Zeitung vom 3. Juli 2009, »dass der Schüler gar nicht an der Schweinegrippe erkrankt gewesen sei«. Leider war der entsprechende Viren-Test zwar schnell, aber auch falsch gewesen.

Der Junge aus Traunstein, über den die *tz* am 14. Juni berichtet hatte, wurde im Verlauf desselben Artikels schon wieder gesund gemeldet. Dasselbe galt auch für zwei Mädchen aus München, bei denen sich der Junge angeblich angesteckt hatte. Das heißt: In Sachen Schweinegrippe veralten die Krankmeldungen noch während sie geschrieben werden. Kaum ist die Druckerschwärze trocken, sind die Leute schon wieder fit. Insgesamt waren laut *tz* in Bayern nur 25 Menschen »positiv« auf H1N1 getestet worden. Macht nichts: Auch, wo keine Gefahr ist, wächst das Rettende in Windeseile. »Doch jetzt gibt es Hoffnung«, jubilierte das Blatt in seinem Bericht über die bereits gesundeten Kinder: »Offenbar hat das Schweizer Unternehmen Novartis einen Impfstoff gefunden!«

Ein klarer Fall von Schweine-(grippen-)journalismus

Angesichts dieser Berichterstattung verwundert es nicht, dass solchen Zeitungen die Leser davonlaufen. Doch leider halten einige Leser ihnen die Treue, und in Traunstein herrschte wegen der verschnupften Rotznase auf einmal Panik. »Aufgrund der intensiven Berichterstattung über den ersten Fall der sogenannten Schweinegrippe im Landkreis Traunstein häufen sich die Anrufe besorgter Bürgerinnen und Bürger bei den niedergelassenen Ärzten und beim Gesundheitsamt«, meldete die Website chiemgau24.de am 29. Juni 2009. Der Leiter des Gesundheitsamtes Traunstein, Dr. Franz Heigenhauser, sah sich daraufhin genötigt, das Thema vom Kopf auf die Füße zu stellen, als er richtigstellte, nicht jeder Schnupfen sei »mit der Schweinegrippe gleichzusetzen«.

Die Schweinegrippe litt unter einem ernsthaften Glaubwürdigkeitsproblem. Die Zahlen waren lächerlich, der Krankheitsverlauf war trivial. Im Juli 2009 schienen das auch die Schweinegrippe-Propheten erkannt zu haben und fuhren die Zahlen drastisch hoch. Die Zahl der Infizierten in Deutschland erhöhte sich plötzlich markant »auf nunmehr 3400«, berichtete *Focus Online* am 27. Juli 2009. »Allein in der vergangenen Woche seien innerhalb von drei Tagen in der Bundesrepublik 1500 neue Fälle gemeldet worden«, meldete *Focus* unter Berufung auf den Vizepräsidenten des Robert-Koch-Instituts, Reinhard Burger. Schon am 1. August waren es laut *Bild*-Zeitung plötzlich 6000 Infizierte, und für den Herbst rechne die Europäische Union mit einer Million Infizierten »und vielen Toten«.

Allerdings vergaßen unsere Medien zu erwähnen, dass keineswegs sicher ist, dass in den »bestätigten Fällen« von »Schweinegrippe« wirklich Schweinegrippe vorlag, also eine Infektion mit dem H1N1-Virus. Selbst bei den ganz wenigen Schweinegrippe-Erkrankungen im Juni in Deutschland hatte im Fall des Zehnjährigen aus Neustadt der entsprechende Virentest ein falsches Ergebnis geliefert. Auch der amerikanische Infektionsexperte Dr. Michael T. Osterholm von der Universität Michigan räumte ein, »dass die bestehenden Tests zur Bestätigung der H1N1-Influenza A nicht sicher sind, sondern vielmehr auf gut Glück durchgeführt werden, denn: ›Das Falsche zu tun kann schlimmer sein, als überhaupt nichts zu tun.‹« Das berichtete der Autor und Pharmakritiker F. William Engdahl am 28. Juli 2009. Kaum zu glauben: »Auf gut Glück«? Die Testergebnisse, so Engdahl, würden »ohnehin kein wissenschaftliches Bild darüber vermitteln, ob jemand an H1N1 erkrankt ist oder nicht«. Vielmehr habe die WHO entschieden, »davon auszugehen«, dass in den meisten Grippefällen Schweinegrippe vorliege. Was ganz so klingt, als würden normale Grippekranke neuerdings einfach zu Schweinegrippenkranken »ernannt« – und als seien die zahlreichen Fälle von Schweinegrippe letztlich die reinste Erfindung …

9. Mai Der Papst, Moses, und wie ich einmal in der Bibel las

An diesem Tag ahne ich ausnahmsweise einmal nichts Böses, als ich über folgende Meldung stolpere: »AMMAN, 9. Mai 2009 (ZENIT.org). – Zu Beginn seines zweiten Tages in Jordanien besuchte Papst Benedikt XVI. am heutigen Morgen die antike byzantinische Basilika der Moses-Gedenkstätte auf dem Berg Nebo.« Von dem altehrwürdigen Ort aus habe Moses das Gelobte Land sehen dürfen, aber nicht mehr betreten können, da er zuvor starb, hieß es in dem Artikel.

»An einem Ort, der Christen wie Juden heilig ist – dem Berg Nebo –, hat Papst Benedikt dazu aufgerufen, alle Hindernisse auf dem Weg der Versöhnung zwischen Christen und Juden zu überwinden«, meldete Radio Vatikan. »Das Gedenken an Mose lade dazu ein, auch mit Glauben und Hoffnung in die Zukunft mit Gott zu blicken, so Papst Benedikt.«

Der gute alte Moses – wer kennt ihn nicht, dachte ich mir. »Das israelitisch-ägyptische Findelkind gilt nach alttestamentarischer Überlieferung als Führer, Prophet und Gesetzgeber der Israeliten«, heißt es im *Who' Who.* »Mose führte sein Volk im Auftrag Jahwes aus der ägyptischen Knechtschaft ins Gelobte Land und vermittelte ihm dabei die ›Zehn Gebote‹ und andere grundlegende Gesetze des Judentums.« Obwohl die Historizität seiner Gestalt immer wieder in Zweifel gezogen werde, sei »Mose als Begründer des monotheistischen Jahwe-Glaubens und damit als Stifter des Judentums als erster monotheistischer Weltreligion anzusehen ...«

Wer könnte geeigneter sein, um in seinen Fußstapfen zur Versöhnung aufzurufen? Kein Wunder, dass Papst Benedikt so gern auf seinen Spuren wandelt! Und weil ich mich gar nicht genug an Moses erbauen konnte, griff ich mir eine Bibel, um noch mehr über ihn zu erfahren. Ob Moses wirklich gelebt hat oder auch nicht, ist dabei erst mal Nebensache. Ich werfe einfach einen Blick auf die Logik der Geschichte: «Und es ging hin ein Mann vom Hause Levi und nahm ein Mädchen aus dem Hause Levi zur Frau. Und sie ward schwanger und gebar einen Sohn« (2. Mose 2 Lutherbibel). Doch statt die Geburt des Sohnes ordentlich zu feiern, versteckte die Mutter ihn hurtig. Schließlich hatte der Pharao, in dessen Nachbarschaft die Israeliten lebten, die Tötung aller männlichen Kinder der Israeliten angeordnet. So lernt man es jedenfalls im Religionsunterricht. Die Bibel selbst nennt jedoch noch einen anderen Grund, warum die Mutter Moses versteckte. Und zwar versteckte sie ihn nicht, als sie sah, dass er ein Junge war, sondern »als sie sah, dass es ein feines Kind war, verbarg sie ihn drei Monate« (2. Mose 2,2 Lut). Nun verstand ich gar nichts mehr: Ein Mann ging hin und nahm ein Mädchen zur Frau, zeugte mit ihr ein feines Kind, und statt dessen Geburt mit der ganzen Familie zu feiern, versteckte die Mutter das Kind lieber?

Vielleicht lag es an der Bibelübersetzung? Also griff ich mir statt der Lutherbibel die wörtlichere Elberfelder Bibel. Dort lautete der entsprechende Passus ganz genauso – bis auf eine Kleinigkeit, nämlich eine Klammer am Schluss: »Und ein Mann vom Haus Levi ging hin und nahm eine Tochter Levi [zur Frau]« (2. Mose 2,1 Elb). Dass der Mann aus dem Hause Levi die Tochter aus dem Hause Levi »zur Frau« nahm, also heiratete, will die Elberfelder Bibel also nur noch in Klammern behaupten. In der noch wortgetreueren »Neue Welt«-Übersetzung der Zeugen Jehovas fehlt dieser Zusatz sogar ganz. Da heißt es nur trocken: »Unterdessen ging ein gewisser Mann vom Haus Lẹvi hin und nahm sich eine Tochter Lẹvis.« Punkt. »Und die Frau wurde schwanger und gebar einen Sohn.« (2. Mose 2,1 Neu) »Die Frau«, nicht: »Seine Frau«. Salopp formuliert: Ein Mann aus dem Hause Levi ging hin und schnappte sich eine Tochter aus dem Hause Levi, die daraufhin prompt schwanger wurde. Könnte es daher vielleicht sein, dass Moses in Wahrheit ein illegitimes Kind war? Verheimlichte seine Mutter deshalb seine Geburt, versteckte ihn danach drei Monate und setzte ihn anschließend in einem Schilfkorb aus?

Nein, sie verbarg das Kind, weil es »fein« war. Damals hieß das einfach so viel wie »okay«; in einigen Bibeln ist sogar von einem »stattlichen und ansehnlichen« Kind die Rede. Die Mutter versteckte also das Kind, *weil* es okay bzw. sogar besonders stattlich war. Seltsam. Was hätte sie denn gemacht, wenn das Kind *nicht* in Ordnung oder nicht besonders schön gewesen wäre? Hätte sie es dann etwa hergezeigt? Aber warum sollte die Mutter ein »unfeines« Kind herzeigen, ein »feines« aber verstecken? Einen Sinn ergibt der Zusammenhang nur, wenn dem Kind ein schlechteres Schicksal widerfahren wäre, wenn es nicht »fein«, sondern zum Beispiel missgebildet gewesen wäre – weil die Mutter es in diesem Fall nämlich umgebracht hätte. Das heißt, dass sie es versteckte, war keine besonders schlechte, sondern im Gegenteil eine Vorzugsbehandlung: »Und als sie sah, dass es ein feines Kind

war, verbarg sie ihn drei Monate« – statt ihn umzubringen. Was überdies so klingt, als sei sie überrascht gewesen, ein »feines« Kind vor sich zu haben.
Aber warum hätte es denn nicht «fein« sein sollen? Eine Möglichkeit: Weil die Mutter eben nicht die Frau des Erzeugers, sondern dessen nahe Verwandte war, nämlich aus dem Hause Levi – vielleicht eine zu nahe Verwandte. Und zu nahe Verwandtschaft birgt erhebliche genetische Risiken. Die Mutter rechnete also damit, dass das Kind missgebildet sein würde. Als es das nicht war, brachte sie es nicht um, sondern versteckte es. Und zwar nicht wegen des Pharao, sondern weil es sich um ein illegitimes Kind handelte. Fazit: Moses könnte ein Kind des Inzests gewesen sein. Der war erstens schon damals verboten – deswegen hielt die Mutter Schwangerschaft und Geburt geheim. Und zweitens entstanden aus inzestuösen Beziehungen schon immer missgebildete Kinder, die man im Altertum umgehend tötete. Weil das Kind aber »fein« war, brachte es die Mutter nicht um, sondern ließ es am Leben und versteckte es. Als das nicht mehr ging, setzte sie es in einem Weidenkorb am Ufer des Nils aus.
Seltsam: Erst lässt sie das »feine« Kind am Leben, dann weiht sie es dem sicheren Tode, indem sie es in einem Weidenkorb im Nil aussetzt? Keineswegs, denn schließlich setzte die Mutter das Kind nicht in reißenden Stromschnellen aus, wie gemeinhin immer angenommen wird, sondern »in das Schilf am Ufer des Nils« (2. Mose 2,3 Lut). Weiter heißt es: »Seine Schwester aber stellte sich in einiger Entfernung hin, um zu erfahren, was mit ihm geschehen würde.« Und tatsächlich: Schon kurze Zeit später wurde der Junge von der Tochter des Pharao gefunden, die sich mit einigen Dienerinnen zum Baden am Nil aufhielt. Auf Geheiß der Tochter des Pharao ging die Schwester sodann hin »und rief die Mutter des Kindes« (2. Mose 2,4-8 Elb).
Allerdings gibt die Bibel, wie bereits erwähnt, noch einen zweiten Grund an, warum das Kind versteckt worden war – weil der

Pharao hinter allen Söhnen Israels her war, um sie töten zu lassen. Rätselhaft ist dann jedoch, warum sich ausgerechnet die Tochter des Pharao rührend um das Kind bemühte, obwohl sie erkannte: »Das ist eins von den Kindern der Hebräer« (2. Mose 2,6 Elb). Man könnte in der ganzen Aktion durchaus ein abgekartetes Spiel zwischen den hebräischen Frauen und der Pharaotochter sehen, um die Existenz eines irregulären Kindes zu legalisieren und es damit zu retten. Der Nil fungierte dabei als eine Art Niemandsland, in dem das Kind von seiner anrüchigen Vergangenheit reingewaschen und als anonymes Findelkind wiedergeboren wurde, das dann seiner Mutter zurückgegeben und von dieser großgezogen werden konnte. Nachdem die Tochter des Pharao das Kind aus dem Schilf gefischt hatte, eilte tatsächlich sofort die »Schwester« von Klein-Moses herbei und erbot sich, für das Kind eine Amme zu suchen. Anschließend präsentierte die Schwester niemand anderen als die Mutter des Findlings als Amme. Das heißt: Die Frauen haben den kleinen Moses in das Schilf am Nilufer gelegt. Anschließend haben sie gewartet, bis die Pharaonentochter das Kind entdeckt hatte. Dann eilte sogleich die Schwester herbei, um das Kind nur ja wieder zu seiner Mutter zurückzubringen. Nachdem sie ihn aufgezogen hatte, gab sie ihn der Pharaonentochter, die ihn an Sohnes statt annahm – von wegen »Mord an allen Söhnen der Hebräer«. Und erst die Tochter des Pharao gab dem Kind den schönen ägyptischen Namen Mose.
Donnerwetter – kaum zu glauben! Und wie ging es dann mit Moses weiter? In einer aufwendig inszenierten TV-Dokumentation auf Phoenix vom 9. April 2009 mit dem Titel »Das Bibelrätsel – Mythos Moses« wurde der Gesetzgeber des Volkes Israel als sprichwörtliche biblische Gestalt mit wehenden Gewändern, langem Rauschebart und strengem Blick dargestellt. Kommentiert wurden die Spielszenen von dem greisen, sehr glaubwürdig wirkenden Schauspieler Maximilian Schell. Glaubte man dieser Dokumentation, so war Moses der Mann, »der sein Volk aus der

Knechtschaft des Pharao führte«, »der erste Gesprächspartner Gottes«, der »sich ihm auf Rufweite« näherte.

»Moses – ein Leben wie ein Roman«, raunt Grandseigneur Schell: »Ein Findelkind, ausgesetzt auf dem Nil, das auf dem Hof des mächtigsten Herrschers seiner Zeit aufwächst. Am Ende wird er zum Rebellen und Freiheitskämpfer. Moses – der Mann, der sein Volk aus der Knechtschaft führt und einen Bund mit Gott schließt … aber hat dieser Held der Bibel überhaupt gelebt? … Wer war dieser rätselhafte Moses?«

Nun, auf jeden Fall wuchs er nicht am Hof »des mächtigsten Herrschers seiner Zeit« auf, sondern, bis er »groß geworden war« (Lut, Elb), bei seiner als seine Amme getarnten leiblichen Mutter. Auch laut Neue-Welt-Übersetzung wuchs Moses zunächst auf und wurde »dann« der Pharaonentochter übergeben.

Sesshaft gewordene Nomaden seien die Hebräer gewesen, erzählt der Film: »Von den Ägyptern werden sie zu harter Fronarbeit herangezogen … Eine Kultur, die unter der Knute der alten ägyptischen Macht stand und doch ihre Identität bewahrte.« Die Hebräer schufteten im Schatten der Pyramiden, so die Dokumentation. Die Herstellung von Baumaterial habe Heere von Arbeitern verlangt. »Der perfekt organisierte Beamtenstaat regiert mit Zuckerbrot und Peitsche. Einerseits ermöglicht er den fremden Siedlern das Überleben, andererseits lässt er sie mit harter Hand spüren, wer Herr im ägyptischen Reich ist. Die systematische Unterdrückung schürt Widerstand. Und ein kleiner Zwischenfall reicht aus, um das Feuer an die Lunte zu legen. Die Bibel berichtet in knappen Worten: Als Moses groß geworden war, sah er einen Ägypter, der einen seiner Volksgenossen schlug, und Moses entbrannte vor Zorn und erschlug den Ägypter und vergrub ihn im Sand.« Das war die Geburtsstunde von »Moses, dem Rebellen, dem Anführer gegen die staatliche Ordnung, dem Widerstandskämpfer« – allerdings nur in der TV-Dokumentation.

Die Bibel schildert den Vorfall weitaus profaner: »Zu der Zeit,

als Mose groß geworden war, ging er hinaus zu seinen Brüdern und sah ihren Frondienst und nahm wahr, dass ein Ägypter einen seiner hebräischen Brüder schlug. Da schaute er sich nach allen Seiten um, und als er sah, dass kein Mensch da war, erschlug er den Ägypter und verscharrte ihn im Sande. Am andern Tage ging er wieder hinaus und sah zwei hebräische Männer miteinander streiten und sprach zu dem, der im Unrecht war: Warum schlägst du deinen Nächsten? Er aber sprach: Wer hat dich zum Aufseher oder Richter über uns gesetzt? Willst du mich auch umbringen, wie du den Ägypter umgebracht hast? Da fürchtete sich Mose und sprach: Wie ist das bekannt geworden?« (2. Mose 2,11-14 Lut)
Nun, laut Bibel scheinen sowohl Moses als auch seine Stammesgenossen in dem Mord an dem Ägypter eine verwerfliche und keineswegs eine Heldentat gesehen zu haben. Der eine der beiden Männer scheint Moses' Vorgehen ganz und gar nicht als Ausbruch revolutionärer Gewalt gegen Ägypten zu begreifen, sondern als Gewalt, die sich auch gegen ihn richten könnte: »Willst du mich auch umbringen, wie du den Ägypter umgebracht hast?« Und wollte Moses mit der Tötung des Ägypters wirklich einem geknechteten Stammesbruder helfen? Denn er erschlug den Ägypter ja erst, nachdem er sich versichert hatte, dass er mit ihm allein war. Hatte es den geknechteten Stammesbruder also überhaupt gegeben? Oder war der schon weggelaufen? Warum wunderte sich Moses: »Wie ist das bekannt geworden?« Hätte der von Moses angeblich »Gerettete« die Tat nicht herumerzählt?
Dämmerte jetzt etwa auch dem Pharao, welche Schlange er da an seinem Busen genährt hatte, und trachtete er Moses deshalb nach dem Leben? »Und es kam vor den Pharao; der trachtete danach, Mose zu töten.« (2. Mose 2,15 Lut) Der aber gab Fersengeld »und hielt sich auf im Lande Midian«.
Viel später kam Moses auf eine Idee, wie sie ähnlich ursprünglich dem Pharao in Bezug auf die Hebräer zugeschrieben wurde, nämlich alle Erstgeburt zu töten – beziehungsweise: Die Idee hatte na-

türlich der »HERR«, sagte Moses: »Und Mose sprach: So spricht der HERR: Um Mitternacht will ich durch Ägyptenland gehen, und alle Erstgeburt in Ägyptenland soll sterben, vom ersten Sohn des Pharao an, der auf seinem Thron sitzt, bis zum ersten Sohn der Magd, die hinter ihrer Mühle hockt, und alle Erstgeburt unter dem Vieh. Und es wird ein großes Geschrei sein in ganz Ägyptenland, wie nie zuvor gewesen ist noch werden wird; aber gegen ganz Israel soll nicht ein Hund mucken, weder gegen Mensch noch Vieh, auf dass ihr erkennt, dass der HERR einen Unterschied macht zwischen Ägypten und Israel« (2. Mose 11,4-7 Lut). Das heißt: Ob der Pharao wirklich alle männlichen Hebräerkinder töten wollte, ist – da seine Tochter schließlich ein Hebräerkind rettete und später adoptierte – fraglich. Zweifelsfrei überliefert wird dagegen der Erstgeborenenmord als Idee von Moses bzw. des »HERRN«.

Tatsächlich soll Moses bzw. der »HERR« (was noch nie leicht auseinanderzuhalten war, da Moses immer nur allein mit Gott spricht) anschließend »alle Erstgeburt in Ägyptenland vom ersten Sohn des Pharao an, der auf seinem Thron saß, bis zum ersten Sohn des Gefangenen im Gefängnis und alle Erstgeburt des Viehs« geschlagen, also getötet haben: »… denn es war kein Haus, in dem nicht ein Toter war« (2. Mose 12,30 Lut).

Eines Tages begab es sich, dass Moses' Volk in der Wüste auf einen Mann traf, »der Holz auflas am Sabbattag. Und die ihn dabei gefunden hatten, wie er Holz auflas, brachten ihn zu Mose und Aaron und vor die ganze Gemeinde. Und sie legten ihn gefangen, denn es war nicht klar bestimmt, was man mit ihm tun sollte.« Aber Moses sprach – nein, falsch: »Der HERR aber sprach zu Mose: Der Mann soll des Todes sterben; die ganze Gemeinde soll ihn steinigen draußen vor dem Lager. Da führte die ganze Gemeinde ihn hinaus vor das Lager und steinigte ihn, sodass er starb, wie der HERR dem Mose geboten hatte« (4. Mose 15,36).

An dieser Stelle legte ich die Bibel weg, schloss die Augen und stellte mir eine Weile Papst Benedikt auf dem Berg Nebo vor, wie er auf den Spuren Mose von Versöhnung sprach. Natürlich wusste er da, wer Moses wirklich war bzw. wie die Bibel ihn wirklich beschreibt. Aber außerhalb der Kirche weiß eigentlich niemand, was tatsächlich in der Bibel steht. Weil die Bibel zwar das am weitesten verbreitete, aber am wenigsten gelesene Buch der Welt ist. Ja, die Religionen funktionieren, nicht *weil* die Bibel gelesen wird, sondern weil sie *nicht* gelesen wird.

14. Mai Bilderberger: Das Konklave der Macht

Athen, 15. April 447 v. Chr. In einem Tempel spielen sich seltsame Dinge ab. In einigem Abstand liegen dort zwei große Scherbenhaufen. Immer wieder kommen Bürger in ihren leichten, fließenden Gewändern vorbei, nehmen eine Scherbe von dem einen Haufen, schreiben etwas darauf und werfen sie auf den anderen Haufen. Wer nicht schreiben kann, geht zuerst in eine Ecke des Gebäudes, um die Scherbe von anderen Leuten beschriften zu lassen. Bald stehen auf den Scherben der größer werdenden Halde die verschiedensten Namen. Zum Beispiel »Perikles«, »Kimon« oder »Aristeides«. Es ist der sogenannte Ostrakismos, von griechisch »ostrakon« – Tonscherbe, heute besser bekannt als »Scherbengericht«. Auf die Scherben konnten Bürger die Namen von unliebsamen Athenern schreiben. Wer am häufigsten genannt wurde, musste Athen für zehn Jahre verlassen, vorausgesetzt, er erhielt mehr als 6000 Stimmen. Heute glauben manche, dass sich die Athener Bürger durch diese Form der Verbannung auf Zeit vor zu mächtigen Zeitgenossen schützen wollten.

14. Mai 2009. Die Zeiten des populären Scherbengerichts sind in Athen längst vorbei. Heute schalten und walten die Mächtigen hier, wie sie wollen. Im Süden Athens, in Vouliagmeni, wird eine ganze Halbinsel abgeriegelt. Die Kreuzung Litous-/Apollonosstraße ist gesperrt. Schwarz gekleidete und schwer bewaffnete Polizeibeamte stehen bedrohlich am Straßenrand. Uniformierte

schreien Autofahrer an und fuchteln wild mit den Armen. Aus unauffälligen, weiß gestrichenen Kastenwagen quellen Bereitschaftspolizisten. Passanten werden von zivilen Schnüfflern ausgefragt: wer sie seien, was sie hier wollten, ob sie von der Presse kämen. Die wenigen Journalisten, welche die Bevölkerung Griechenlands, aber auch der Welt, vor Ort über die seltsamen Vorgänge informieren wollen, werden bespitzelt, durchsucht und festgenommen. Ebenso Demonstranten, wie der Ire Richard Toibin (siehe Bild am Anfang des Kapitels).

Dabei wäre es durchaus Zeit für ein neues Scherbengericht. Denn oben auf dem Hügel der kleinen Halbinsel von Vouliagmeni, im Hotel Nafsik Astir Palace, sitzen 130 Figuren, die durchaus eine Scherbe mit ihrem Namen darauf verdient hätten. Angefangen bei Prinz Philippe aus Belgien, den Nationalbankchefs aus Griechenland, Belgien, Italien und den Niederlanden über den Präsidenten der Weltbank, den Generalsekretär der NATO und zahlreiche Minister aus vielen europäischen Ländern bis hin zu Ministerpräsidenten wie Roland Koch, Regierungschefs wie Werner Faymann aus Österreich und Matti Vanhanen aus Finnland. Dazu kommen die Bosse von Weltkonzernen wie Coca-Cola, Axa und Royal Dutch Shell sowie Politstrategen und Medienleute (wie beispielsweise Matthias Nass von der *Zeit*). Letztere allerdings nicht, um zu berichten, sondern um den Mund zu halten. Während die alten Griechen noch genau wussten, welche Mächtigen sich auf ihrem Staatsgebiet aufhielten, hat die Bevölkerung vor Ort heute nicht den leisesten Schimmer, dass sich ihre beschauliche Halbinsel für vier Tage in den Nabel der Welt verwandelt.

Während beim G8-Gipfel alljährlich acht globale Figuren im Mittelpunkt eines gewaltigen Medienzirkus stehen, redet über die jährlichen Treffen von den »Bilderbergeren« kein Mensch. Wie beim richtigen Zirkus auch tagen die Zirkusdirektoren nicht in der öffentlichen Arena. Das Treffen ist sogar regelrecht konspirativ. So konspirativ, dass es eigentlich gar nicht stattfindet. Die gesamte

Halbinsel ist hermetisch abgeriegelt. Selbst auf dem Meer gibt es kein Durchkommen. Wasserfahrzeuge werden in zwei Meilen Entfernung von Küstenwache und griechischer Marine gestoppt. Die Teilnehmer der Konferenz werden zu striktem Stillschweigen über die Inhalte der Beratungen vergattert. Auf Faxformularen der Tagungsorganisation heißt es: »Dieses Fax und/oder Dokument steht unter rechtlichem Schutz. Sollte der Leser dieses Dokuments nicht der Adressat sein, werden Sie hiermit informiert, dass jede Verbreitung oder Vervielfältigung dieses Faxes streng verboten ist.« Die Tagung kündigt ihr Stattfinden erst im Nachhinein an, und zwar in der Zukunftsform: Das Meeting »wird vom 14. bis 17. Mai 2009 in Vouliagmeni, Griechenland, stattfinden«, heißt es in der offiziellen Pressemitteilung mit Datum vom 17. Mai. Doch die Presse wird in Wahrheit ausgeschaltet. Auch diese Pressemitteilung druckt praktisch niemand ab; sie soll lediglich dem Vorwurf begegnen, es handele sich um eine »Geheimkonferenz«. In Wirklichkeit schweigen die Medien. Seit 1947 hat es zum Beispiel im *Spiegel* nur eine einzige Erwähnung der Bilderberger gegeben, als 1980 in einer kurzen Personalie über die Ernennung des Ex-Bundespräsidenten Walter Scheel zum Vorsitzenden der Bilderberger berichtet wurde.

»Bilderberger« nennt sich die seltsame Versammlung, von der kaum jemand jemals gehört hat, nach ihrem ersten Tagungshotel, dem Hotel de Bilderberg in Oosterbeek bei Arnheim in den Niederlanden. Dabei wird sie bereits seit 55 Jahren jedes Jahr an einem anderen Ort abgehalten und ist damit älter als die Europäische Union und sämtliche G-Gipfel, welche die Welt je gesehen hat. Tatsächlich soll die Europäische Union nirgendwo anders als auf den Bilderberger-Gipfeln ausgebrütet worden sein. In ihrem Konklave der Macht sollen die Bilderberger die Römischen Verträge von 1957 zur Gründung der Europäischen Wirtschaftsgemeinschaft (EWG) ebenso formuliert haben wie das Viermächteabkommen über Berlin (1971). Die Botschafter der Vier Mächte hätten das Abkommen anschließend nur noch zu unterschreiben brauchen, rutschte einmal dem Bilderberger Henry Kissinger heraus. Die Bilderberger sollen die neue China-Politik von US-Präsident Richard Nixon (1969–1974) ebenso entworfen haben wie die gemeinsame europäische Währung Euro – lange bevor Nixon nach China reiste oder das Wort Euro zum ersten Mal in Europa auftauchte.

Seit 1954 konspirieren bei den Bilderbergern Ölmagnaten (Rockefeller/Exxon, Prinz Bernhard/Royal Dutch Shell) und Topfinanz (US-Banken, Weltbank, Federal Reserve) mit Vertretern von globaler Industrie, Geheimdiensten, Medien, Politik und Militär. Sämtliche EU-Kommissionspräsidenten waren ebenso Gast bei den Bilderbergen wie sämtliche NATO-Generalsekretäre und andere hohe Militärs, zum Beispiel US-Generalstabschef Lyman Lemnitzer, Planer der Operation Northwoods, die möglicherweise als Vorbild für die Anschläge des 11. September diente. Bill Clinton, Tony Blair, Angela Merkel – alle waren sie, bevor sie Regierungschefs wurden, zu Gast bei den Bilderbergern. Auch Barack Obama hat bei Kritikern seinen Spitznamen weg: Barack O'Bilderberg. Letztes Jahr, exakt während des Bilderberger-Treffens in Chantilly, Virginia, verschwand Obama zusammen mit seiner Vizepräsidentschaftskandidatin Hillary Clinton plötzlich für »ein privates Treffen« von der Bildfläche – die gängige Sprachregelung für das Meeting der Bilderberger. Obamas mutmaßliche Teilnahme an dem Bilderberger-Meeting wurde auf Anfrage nicht dementiert.

Den Ton geben allerdings nicht diese Politiker an, sondern ultrakonservative (um nicht zu sagen: -rechte) Geostrategen wie David Rockefeller, berüchtigte Figuren wie der Kriegstreiber Paul Wolfowitz (ehemaliger Stellvertretender US-Verteidigungsminister), der ehemalige Weltbank-Chef James Wolfensohn und Leute wie der ultrarechte US-Außenpolitiker und »Fürst der Finsternis« Richard Perle. Nur Geostratege Henry Kissinger fehlte dieses Mal.

Kissinger, einer der mächtigsten Männer der Welt, traue sich nicht nach Griechenland. Das Verhältnis sei geprägt von gegenseitigem Hass. In Griechenland sei »dieser Schurke« schon »seit Jahren verhasst«, schrieb mir ein griechischer Leser, »weil er 1974 das grüne Licht an die Türken für ihre Invasion in Zypern gegeben hat. Deshalb war er auch bei der Bilderberger-Konferenz 1993, damals auch in Athen, nicht erschienen.« Tatsächlich kursiert ein unglaubliches, angebliches Zitat von Kissinger über Griechenland. »Die Griechen sind anarchisch und schwierig zu zähmen«, wurde er zum Beispiel am 14. August 1997 von dem griechischen Magazin *Oikonomikos Tachydromos* zitiert. »Deshalb müssen wir tief in ihre kulturellen Wurzeln schlagen, vielleicht können wir sie dann zwingen nachzugeben. Damit meine ich natürlich, auf ihre Sprache, ihre Religion, ihre kulturellen und historischen Reserven zu zielen, sodass wir ihre Fähigkeit, sich zu entwickeln, sich zu definieren und sich durchzusetzen, neutralisieren. Und sie auf diese Weise als Hindernis für unsere strategisch vitalen Pläne auf dem Balkan, am Mittelmeer und im Nahen Osten beseitigen.«
Zwar ist das Zitat laut Kissinger »eine bösartige Fälschung, die von mir und vielen anderen viele Male zurückgewiesen wurde.« Er habe »größten Respekt für die Sprache, Kultur und Tradition Griechenlands, die Wiege von Kunst, Architektur, Literatur, Recht und den ersten Formen einer demokratischen Regierung.« Auf der anderen Seite fragt man sich, ob denn nun dieses flammende Plädoyer für eine Kultur und Nation die wirklichen Ansichten des Hegemonial- und Globalstrategen Kissinger wiedergibt.
In der erwähnten offiziellen Pressemitteilung kommt all dies demnach nicht zum Ausdruck. Über die Gespräche auf der diesjährigen Konferenz äußert sich das Papier wie immer nur äußerst allgemein: Die Themen seien Finanzkrise, Regierungen und Märkte, die Rolle von Institutionen, Marktökonomien und Demokratien, Irak, Pakistan und Afghanistan, die USA und die Welt, Cyber-Terrorismus, neuer Imperialismus, Protektionismus und

die Herausforderungen nach Kyoto. Die genauen Inhalte bleiben geheim.

So erfährt zum Beispiel die deutsche Öffentlichkeit auch dieses Mal nicht, was Josef Ackermann, Roland Koch, der außenpolitische Sprecher der CDU/CSU-Fraktion Eckart von Klaeden und Siemens-Chef Peter Löscher mit den großen Strategen dieser Welt so alles Geheimes zu besprechen hatten. In der Vergangenheit waren beispielsweise Deutsche-Bank-Vorstandssprecher Hilmar Kopper und Daimler-Chef Jürgen Schrempp ebenso regelmäßige Gäste der Bilderberger wie Postchef Klaus Zumwinkel – und zwar exakt in dem Zeitraum, in dem sich die guten deutschen Unternehmen an amerikanischen Problemkonzernen wie Chrysler und DHL beteiligten.

Zum Abschied der Bilderberger aus Vouliagmeni gibt es keine Paraden und am Flughafen keine Marschmusik. Man erfährt davon einfach dadurch, dass plötzlich das ganze Polizei- und Spitzelaufgebot wie vom Erdboden verschluckt ist. Der Ausnahmezustand ist zu Ende. Die Straßensperre an der Ecke Litous-/Apollonosstraße ist verschwunden, als wäre sie niemals da gewesen. Und mit ihr auch das Gespenstertreffen der Bilderberger. Bis zum nächsten Jahr. Denn Regierungen, Staaten und zwischenstaatliche Zusammenschlüsse mögen kommen oder gehen – die Bilderberger bleiben, um an der Welt von morgen zu arbeiten. Ob die uns gefällt oder nicht, spielt keine Rolle, denn die Zeiten des Scherbengerichts sind bekanntlich seit zweieinhalbtausend Jahren vorbei.

Wer sich näher für das Thema »Bilderberger« interessiert, sei auf mein Buch *Drahtzieher der Macht* verwiesen, das im Frühjahr 2010 erscheint.

23. Mai: 60 Jahre Bundesrepublik Schlaraffenland

In Deutschland herrscht eitel Sonnenschein. Und zwar im wahrsten Sinne des Wortes. Der Himmel erstrahlt im kräftigsten Blau, das Grundgesetz feiert sein 60-jähriges Bestehen, der VfL Wolfsburg seine erste deutsche Fußballmeisterschaft, der FC Bayern München nach einer schwachen Saison wenigstens noch den zweiten Tabellenplatz und damit die Teilnahme an der Champions League (früher Europapokal der Landesmeister). Am selben Tag springen in Berlin 613 Abgeordnete auf, um den Sieg von Horst Köhler bei der Bundespräsidentenwahl zu feiern. Der freut sich und würdigt das Grundgesetz als »Verfassung der Freiheit«.

Dass dies ein glatter Schwindel ist, war natürlich längst vergessen und sollte durch Staatsakte noch mehr vergessen gemacht werden. Denn eigentlich war das Grundgesetz nie eine Verfassung (also eine vom ganzen Volk verabschiedete Grundordnung), sondern nur ein Provisorium. Und zwar ganz bewusst. Nachdem sich vier Jahre nach dem Ende des Zweiten Weltkriegs in der Frage der staatlichen Vereinigung der östlichen Besatzungszone mit den drei westlichen Besatzungszonen immer noch nichts bewegt hatte, entschloss man sich in den Westzonen mit Billigung der Westalliierten zur Gründung eines Teilstaates. Um die Tür zum Osten aber nicht für immer zuzuschlagen, nannte man die rechtliche Grundordnung des neuen Gebildes nicht Verfassung, sondern Grundgesetz. Dabei war es stets die erklärte Absicht, eines Tages alle Deutschen über eine gesamtstaatliche Verfassung entscheiden zu lassen. Und im früheren Artikel 146 des Grundgesetzes heißt es: »Dieses Grundgesetz verliert seine Gültigkeit an dem Tage, an dem eine Verfassung in Kraft tritt, die vom deutschen Volke in freier Entscheidung beschlossen worden ist.« Das Grundgesetz selber stellte also fest, dass es keine Verfassung sei; vielmehr forderte es eine solche »vom deutschen Volke in freier Entscheidung beschlossene« Verfassung erst für die Zukunft.

Auf diesen Tag wartet das deutsche Volk allerdings noch heute – wie auf die Einlösung vieler anderer politischer Versprechen auch. Nicht doch, meint die Internetenzyklopädie *Wikipedia*, die offenbar immer mehr zum Sprachrohr der herrschenden Meinung mutiert. Das Grundgesetz habe doch seine »demokratische Legitimation« als Verfassung längst bekommen. Und zwar »zunächst durch die Mehrheit der westdeutschen Landesparlamente« – womit wohl die Zustimmung des Bundesrates zum Einigungsvertrag am 31. August 1990 gemeint ist. Aber auch der Bundestag verabschiedete am selben Tag den Einigungsvertrag. Allerdings war im Grundgesetz ursprünglich keineswegs die Rede von irgendwelchen Parlamenten, sondern davon, dass eine Verfassung »vom deutschen Volke in freier Entscheidung beschlossen« werden solle. Aber, so *Wikipedia* (abgerufen am 23. 5. 2009), auch das sei ja im Prinzip geschehen, und zwar »durch die unbestrittene und fortlaufende, unausgesprochene Zustimmung des deutschen Volkes (z. B. bei Wahlen im grundgesetzlichen System)«.

Wenn man also in den vergangen Jahren wählen ging, hat man demnach gleichzeitig auch über eine deutsche Verfassung abgestimmt, und zwar positiv, versteht sich. Auf diese Weise, so *Wikipedia*, wurde das Grundgesetz zu einer »perpetuierten« Verfassung, also praktisch zu einer Verfassung aus Gewohnheit. Und siehe da: Dieses Verfahren sei auch »in der internationalen Staatspraxis unangezweifelt«, so das «Lexikon«.

Das war aber möglicherweise nicht das, was die Grundgesetzväter einmal gemeint hatten. In Wirklichkeit dürften die Väter des Grundgesetzes davon ausgegangen sein, dass eines Tages das ganze deutsche Volk über eine gemeinsame Verfassung entscheiden würde, zumindest kann man den Grundgesetzartikel 146 so deuten: »Dieses Grundgesetz verliert seine Gültigkeit an dem Tage, an dem eine Verfassung in Kraft tritt, die vom deutschen

Volke in freier Entscheidung beschlossen worden ist.« – »In freier Entscheidung beschlossen« – damit kann eigentlich kaum etwas anderes als eine Volksabstimmung über die Verfassung gemeint gewesen sein. Denn wie sollte ein ganzes Volk anders »frei« etwas »beschließen« wenn nicht durch eine Abstimmung? Wenn man das bejaht, dann wurden die Deutschen bis heute um diese freie Entscheidung über eine Verfassung betrogen. Stattdessen wurde ihnen das Grundgesetz als Verfassung untergejubelt und damit so getan, als sei die Verfassungsfrage geklärt.

Sechzig Jahre Bundesrepublik Deutschland waren natürlich ein Anlass zurückzublicken, und das taten denn auch alle: der Bundespräsident, der Bundestagspräsident und natürlich die Bundeskanzlerin. Und alle fanden sie in ihren Reden Deutschland ganz toll. Wenn ich nicht dieser Meinung bin, dann muss es wohl an mir liegen.

Was die Bundesrepublik wirklich war, worin ihr eigentliches Wesen bestand, das hat dem Volk an diesem Tag natürlich keiner erzählt. Denn die Bundesrepublik war nie ein Staat an und für sich, sondern von Anfang an nur ein Mittel zum Zweck. Dieser Zweck, nämlich eine Destabilisierung der »Ostzone« und des Ostblocks, deckte sich nur zufällig jahrzehntelang mit den Interessen der Bevölkerung. Zur Destabilisierung und Demoralisierung des Ostens wurde die Bundesrepublik als Front- und Schaufensterstaat aufgebaut, der den Ostbürgern die Lust am eigenen System verleiden sollte. Der unvergleichliche Wirtschaftsaufschwung und das Kaufhaus des Westens in Berlin gehörten ebenso zu diesen Bemühungen wie die Ballons, die vom Westen aus Flugblätter mit Warenangeboten in den Osten trugen. Das alles beförderte im Osten den Mythos vom »Schlaraffenland«, wie die Bundesrepublik dort bisweilen genannt wurde. Ja, die ganze »soziale Marktwirtschaft« sollte dem Osten vorführen, dass man beides haben konnte: Wohlstand und »Sozialismus«. Das alles entfaltete eine ungeheure Sogwirkung, und um sie zu neutralisieren, errichtete

die (nach der Bundesrepublik gegründete) DDR am 13. August 1961 die Mauer.
Unvergessen auch Helmut Schmidts Prahlerei vom »Modell Deutschland« – womit natürlich Westdeutschland gemeint war. Ein weiterer Propagandabegriff, den Politiker gar nicht oft genug im Munde führen konnten, war die »Freiheitlich-demokratische Grundordnung (FDGO)«. Als dieser Begriff nach 1990 schlagartig aus dem öffentlichen Sprachgebrauch verschwand, wusste ich, was die Stunde geschlagen hatte. Mit dem Zusammenbruch des Ostblocks war klar, dass auch die Rolle der Bundesrepublik als

- Wohlstandsinsel und als
- demokratische Insel

obsolet werden würde. Mit der Verwirklichung des großen Traums der DDR-Bürger von der Freizügigkeit und der Wiedervereinigung wurde dieser Traum gleichzeitig zerstört. Mit der Ankunft im »Schlaraffenland« wurde es gleichzeitig aufgelöst. Kohls »blühende Landschaften« waren nur ein letztes Aufflackern dieses Trugbildes, das den Ostdeutschen über die letzte Schwelle helfen sollte. Natürlich dürfte auch der Bundeskanzler gewusst haben, dass diese »blühenden Landschaften« zum großen Teil das Ergebnis spezieller Bemühungen gewesen waren, Westdeutschland als Paradies erscheinen zu lassen, und dass diese Bemühungen nun nicht mehr nötig wären.

Die strategische Rolle der Bundesrepublik wandelte sich. Der Vorzeigestaat Bundesrepublik, der Leuchtturm der Demokratie und des Wohlstands, wurde geschleift. Auf dem weiteren Weg nach Osten störten der innerdeutsche Todesstreifen und die Mauer genauso wie das Schaufensterparadies; es verblasste und verrottete wie eine Grenzbefestigungsanlage, die durch eine vorgeschobene Grenze überflüssig geworden war. Wer das erkannt hat, der weiß: Die Vorstellung von der »einmaligen historischen Situation« und

dem angeblich kleinen Zeitfenster für die Wiedervereinigung war eine Lüge. Vielmehr hatten sich Ost- und Westdeutschland in einem nach Osten expandierenden Imperium aufzulösen. Als Anachronismus des Kalten Krieges hatten sie keine Zukunft mehr. Die eigentliche Schnittstelle lag jetzt woanders, und sie wurde immer weiter in Richtung Osten, auf Russland zu vorgeschoben. Das einstige »Modell Deutschland« ging im allgemeinen EU- und transatlantischen Imperialbrei der USA unter. Für die weitere Darstellung als demokratischer und ökonomischer Musterknabe gab es keinen Anlass mehr. Daher konnte und kann beides abgebaut werden: Demokratie und Wohlstand. Die Bundesrepublik kann ein Teil unter vielen werden: zunehmend verarmend und zunehmend undemokratisch. Denn schließlich war auch die gesamte »westliche Demokratie« nie ein Selbstzweck, sondern immer auch eine strategische Waffe gegen den Ostblock und gegen China. In dieser Funktion wird sie auch heute noch gern in Stellung gebracht, etwa wenn es darum geht, China wegen seiner Tibet-Politik oder Iran wegen seiner undemokratischen Verhältnisse anzuklagen.
Das also war die Bundesrepublik. Ihren sagenhaften Wohlstand und Reichtum verdankte sie zum großen Teil ihrer jahrzehntelangen strategischen Sonderrolle. Seit 1990 wird das Wunderland abgewickelt.

27. Mai Ein Waterloo für von der Leyen

Der Bundestagsausschuss für Wirtschaft und Technologie hat für diesen Tag eine Expertenanhörung zu dem von Bundesfamilienministerin von der Leyen initiierten Gesetzentwurf über die Sperrung von Kinderpornoseiten im Internet anberaumt. Richter, Kriminalisten, Medien- und Internetexperten sollen den Abgeordneten ihre Fragen zu dem geplanten Gesetz beantworten. Und so unterhalten sich alle weit über eine Stunde lang ebenso manierlich wie wichtigtuerisch über den ehrenwerten Gesetzentwurf, ohne dass irgendjemandem auffällt, dass

- die angestrebten Kontrollmechanismen längst vorhanden sind,
- der Bundestag für diese Aufgabe gar nicht zuständig ist,
- das anstrebte Gesetz also erstens überflüssig und zweitens verfassungswidrig ist.

Nach etwa einer Stunde lässt der FDP-Abgeordnete Hans-Joachim Otto die Bombe platzen. Im Staatsvertrag für Rundfunk und Telemedien, so führt er aus, sei die Sperrung von Seiten mit illegalen Inhalten längst geregelt. Laut Otto bestimmt Paragraph 59 des Staatsvertrages: »Die zuständige Aufsichtsbehörde, das ist eine Länderbehörde, hat dafür zu sorgen, dass rechtswidrige Inhalte beseitigt werden, insbesondere gesperrt werden.« Die Sperrung von Kinderpornoseiten ist also schon längst möglich und sicherlich auch gängige Praxis. Da fragt man sich doch abermals: Was will von der Leyen mit ihrer Bundes-Sperrliste eigentlich wirklich erreichen?

Das ist das eine. Das andere: Der ebenfalls geladene Verfassungsrechtler Professor Matthias Bäcker habe in seiner schriftlichen Stellungnahme zu der Expertenanhörung »ein Thema aufgegriffen, das zu meiner großen Überraschung in dieser Anhörung bisher überhaupt noch keine Rolle gespielt hat«, so Otto, »nämlich die Frage: Sind wir überhaupt als Bundestag zuständig für dieses Gesetz? Das ist eine sehr zentrale Frage – wenn wir uns über Einzelheiten unterhalten, müssen wir erst einmal klären, ob wir überhaupt eine Gesetzgebungskompetenz haben.« Wohl wahr: Diese Frage hätte die Bundesfamilienministerin klären sollen, bevor der gesamte Gesetzgebungsapparat angeworfen wird und man schließlich Abgeordnete und Experten aus dem ganzen Land auf Steuerzahlerkosten zu einer Anhörung zusammenruft.

Aber weil von der Leyen sich das offenbar nicht gefragt hat, stellt Otto diese Frage nun dem anwesenden Verfassungsrechtler Bäcker, der sie prompt verneint: »Hier geht es darum, dass eine Gefahr abgewehrt werden soll …« Die Internetprovider würden

»deswegen herangezogen, weil sie die Stelle sind, die, wenn überhaupt, dieses Mittel der Gefahrenabwehr treffen kann, das heißt, sie wirken als eine Art verlängerter Arm des Staates. Das ist eine Indienstnahme Privater, die mit Wirtschaftsregulierung nichts zu tun hat, das ist Gefahrenabwehr. Und wenn es für die Gefahrenabwehr keinen besonderen Kompetenztitel für den Bund gibt, und das ist hier nicht der Fall, dann sind die Länder zuständig, und deswegen wäre das ganze Gesetz meiner Ansicht nach schon deshalb verfassungswidrig.«
Das folgende, peinliche Schweigen im Ausschuss zeigte, dass alle wussten, dass der Mann recht hatte. Plötzlich standen mehrere Dinge im Raum:

- Bei dem Gesetzentwurf und der soeben stattfindenden Sitzung handelte es sich um eine Kompetenzanmaßung des Bundes.
- Den Gesetzentwurf und die Sitzung hätte es demzufolge gar nicht geben dürfen.
- Die Bundesfamilienministerin hat offenbar keine Ahnung von der Materie, sonst wüsste sie erstens, dass der Bund gar nicht zuständig ist, und zweitens, dass es längst Mechanismen auf Länderebene gibt, mit denen sich Kinderpornoseiten sperren lassen.

Oder wollte sie das gar nicht wissen? Egal: Die Sitzung war damit im Prinzip geschlossen und das Gesetz zur Sperrung von Kinderpornoseiten (in Wirklichkeit zur zentralen Kontrolle des Internets durch eine Polizeibehörde des Bundes) vom Tisch. Aber nur, wenn man die Rechnung ohne unsere Bundesfamilienministerin und ohne die Abgeordneten des Bundestages macht. Für die sind Anmaßung und Kompetenzüberschreitung offenbar kein Problem. Am 18. Juni 2009 wurde das Gesetz trotz allem vom Bundestag verabschiedet – unnötige Aufräumarbeiten für das Bundesverfassungsgericht.

Juni 2009

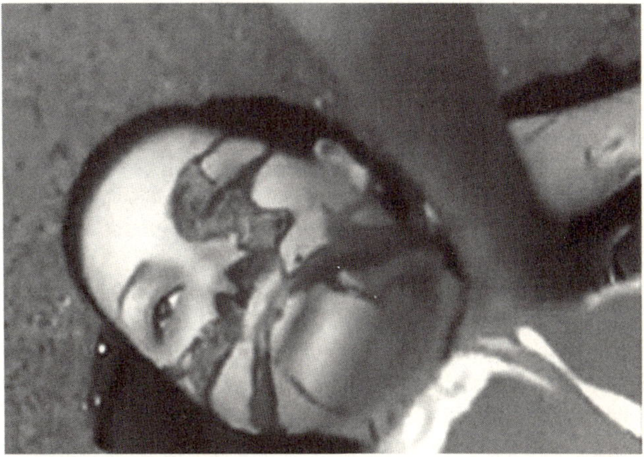

Thema des Monats *20.6.: Nedas Tod und Unruhen in Iran*

06

1.6. General Motors meldet Insolvenz an / Absturz von Air-France-Flug 447 ***7.6. Wie geistig Behinderte für die Europawahl mobilisiert werden*** **9.6.** Der Handels- und Touristikkonzern Arcandor stellt für sich und seine Tochtergesellschaften Karstadt, Primondo und Quelle Insolvenzantrag **10.6.** Schweigemarsch in Dublin für die Missbrauchsopfer in Schulen und Kinderheimen der römisch-katholischen Kirche **12.6.** Bei den Präsidentschaftswahlen in Iran erhält der amtierende Präsident Ahmadinedschad über 64 Prozent der Stimmen ***16.6. Die Union hat keinen Kanzlerkandidaten 24.6. Unruhen in Iran 25.6. Tod von Michael Jackson***

7. Juni Europawahl: Betreutes Wählen

Was sind eigentlich Wahlen? Über diese Frage zerbreche ich mir jedes Mal neu den Kopf, wenn eines dieser Abstimmspektakel vor der Tür steht, wie zum Beispiel die Europawahl am 7. Juni 2009 oder die Bundestagswahl am 27. September 2009. Und immer wieder komme ich auf dieselben Antworten: »Wenn Wahlen etwas ändern würden, wären sie verboten«, hat zum Beispiel ein anarchistischer Kopf einmal behauptet. Und im *Kritischen Jahresrückblick 2009* habe ich geschrieben: »Wahlen sind Veranstaltungen, bei denen sich Machtgruppen die Legitimation holen, Nicht-Machtgruppen zu regieren.«
Nicht doch. Zum Glück gibt es ja den (inzwischen pensionierten) brandenburgischen Innenstaatssekretär Eike Lancelle. Gerade als ich mal wieder an meinem Demokratie-Pessimismus verzweifeln wollte, rückte der mir den Kopf zurecht: »Die eigenständige Mitwirkung aller Bürger bei Wahlen ist das vornehmste Merkmal einer Demokratie«, brachte er mich auf Vordermann. Also atmete ich vor Dankbarkeit erst einmal auf und las weiter. Gesagt hatte Lancelle das in Wirklichkeit zwar nicht direkt zu mir, sondern laut Website des brandenburgischen Innenministeriums bei der Vorstellung einer »Wahlhilfe-Broschüre für Behinderte«, ein Grund zum Aufatmen war die Äußerung aber trotzdem. Denn eine solche Broschüre ist natürlich äußerst lobenswert, schließlich sollen auch Rollstuhlfahrer in ihr Wahllokal kommen können. Doch bei näherer Lektüre der ministeriellen Informationen erschloss sich mir erst die ganze Tragweite des Projekts. Denn der Mann meinte gar nicht in erster Linie Rollstuhlfahrer, sondern – respektlos formuliert – »geistige Rollstuhlfahrer«. Körperlich Behinderte waren gar nicht die eigentliche Zielgruppe des Merkblattes. Vielmehr haben die Parteien ein bisher weitgehend brachliegendes, aber geradezu ideales Wählerpotenzial entdeckt, nämlich die »geistig Behinderten«.Wem das Wahlvolk noch nicht blöd genug

ist, der greift eben auf jene Bedauernswerten zurück, die sich intellektuell gar nicht mehr wehren können.
Frei nach dem Motto »Barrierefreies Wählen für geistig Behinderte« ist das Ganze natürlich politisch überkorrekt. Widerspruch verboten. Was viele – ich eingeschlossen – bisher nicht wussten, erklärt eine ganz ähnliche Broschüre des Behindertenbeauftragten für das Land Nordrhein-Westfalen. »Auch Menschen mit sogenannter ›geistiger‹ Behinderung haben meistens das Recht zu wählen.« Wer aufgrund einer psychischen Krankheit oder einer körperlichen, geistigen oder seelischen Behinderung »betreut« (früher: »entmündigt«) wird, ist trotzdem unter Umständen immer noch nicht behindert genug, um nicht einer Partei seine Stimme geben zu können. Denn »eine Betreuung umfasst heute selten alle Lebensbereiche«, so die Broschüre. Was viele bisher nämlich nicht wussten: Man darf nur dann nicht wählen, »wenn man einen Betreuer für alle Angelegenheiten hat«. Die Parteien und natürlich jede Menge politisch korrekter Organisationen raten deshalb: »Sprechen Sie mit Ihrem Betreuer … Die Entscheidung über Ihr Wahlrecht trifft dann ein Richter.«
Denn diese Menschen repräsentieren, wie die Parteien erkannt haben, ein beachtliches Wählerpotenzial. Ende 2006 standen in Deutschland 1,2 Millionen Personen unter einer derartigen Betreuung, darunter viele »geistig Behinderte«. Andererseits erodiert die Wahlbeteiligung in Deutschland dramatisch. Die Gegenmaßnahmen reichen von mobilisierenden Krawallwahlkämpfen wie dem von Roland Koch in Hessen Anfang 2008 über ein Wahlrecht ab der Geburt (SPD-Frau Renate Schmidt) bis hin zu einer Wahlpflicht, wie sie bereits von dem hessischen FDP-Landtagsabgeordneten Florian Rentsch vorgeschlagen wurde.
Und ist der Ruf erst ruiniert, lebt sich's bekanntlich völlig ungeniert. Es wäre doch gelacht, wenn man bei dem einen oder anderen geistig Behinderten nicht noch ein offenes geistiges Fenster entdecken könnte, durch das man ihm (oder ihr) den Sinn und

Zweck von Wahlen oder doch wenigstens den Ablauf von Wahlen verklickern könnte. Und genau auf dieses erhoffte »offene Fenster« sind die Broschüren zugeschnitten: »Diese Broschüre in leichter Sprache zeigt Ihnen, wie Sie bei der nächsten Wahl mitmachen können«, heißt es in einer Wahlhilfebroschüre zur Europawahl. Genau: »mitmachen«! Dabei sein ist schließlich auch bei einer Wahl alles.

»Eine politische Partei ist eine Gruppe von Männern und Frauen, die in wichtigen gesellschaftlichen Fragen ähnlich denken«, fängt die Broschüre bei null an: »Unsere größten Parteien in Deutschland sind: CDU/CSU, SPD, Bündnis 90/Die Grünen, FDP, PDS. Bei einer Wahl stimmen Sie für die Partei, von der Sie meinen, sie sollte am meisten zu bestimmen haben. Wenn viele eine Partei wählen, bekommt die Partei viele Sitze im Europäischen Parlament. Dadurch kann sie sich bei Abstimmungen besser durchsetzen.«

Da stellt sich natürlich die Frage: »Wie können Sie erfahren, was eine Partei will?« Na, ganz einfach: Lesen Sie doch die »Informationen der Parteien im Briefkasten«! Oder gehen Sie auf »Veranstaltungen der Parteien«. Oder »lesen Sie Zeitung«. Wenn das nicht geht, dann »sehen Sie fern«. Im allergrößten Notfall »sprechen Sie mit anderen« – die hoffentlich Parteiprospekte lesen oder fernsehen, darf man hinzufügen. Über diesen Anfang einer politischen Auseinandersetzung mit den Parteien werden die meisten geistig behinderten Menschen jedoch wohl kaum hinauskommen. Und bei allem Respekt vor Menschen mit einer geistigen Behinderung: Sollte man sie wirklich einen Bus fahren oder ein Flugzeug fliegen oder über den Kurs des Staates mitbestimmen lassen? Vielleicht kann man vielen von ihnen den relativ einfachen Wahlvorgang erklären, aber für eine mündige Auseinandersetzung mit den Ränkespielen der Parteien dürfte es bei den meisten wohl kaum reichen.

Oder ist das am Ende gar nicht das Problem, sondern vielmehr

die Lösung? Asche auf mein Haupt. Wahrscheinlich habe ich die heutige Demokratie einfach noch nicht richtig verstanden.
Dabei ist das noch gar nichts. Wohin das Wahlrecht für geistig Behinderte wirklich führt, erfuhr ich aus einer E-Mail, die mich von einer Betreuerin erreichte: »Übrigens dürfen die geistig Behinderten aus der WG, die auch ich betreue, wählen«, schrieb sie. »Ich hab ihnen Bilder gezeigt, sie konnten mit keinem der Fotos etwas anfangen, auch Angela Merkel sagt ihnen nichts. Der sie betreuende Sozialarbeiter begleitet sie in die Wahlkabine und darf ihnen helfen, damit sie zwei Kreuze machen. Also hat der gute Franz [Name geändert] eigentlich sechs Stimmen! Gut, was? Kann man nur hoffen, dass er seinem Arbeitgeber [genannt wird hier eine parteinahe Stiftung als Träger der Betreuungseinrichtung] nicht allzu loyal gegenübersteht!« Aus naheliegenden Gründen möchte die Frau anonym bleiben. Das Fazit aus dieser Schilderung lautet jedenfalls, dass die Realität noch viel schlimmer aussieht, als dass einige geistig Behinderte ihr Kreuz ohne jeden politischen Sachverstand bei einer Partei machen. In Wirklichkeit »verwalten« wohl die Betreuer die Stimmen Tausender geistig behinderter Wahlberechtigter.

24. Juni Freiheit für Iran!

Die spinnen, die Iraner: »Seit Tagen versucht die Regierung von Mahmud Ahmadinedschad systematisch, die Protestbewegung auf den Straßen Irans als ausländische Verschwörung darzustellen«, meldet *Spiegel Online*. Haha – das Mullah-Regime! Haben wir's nicht gleich gesagt: einfach durchgeknallt, der »Irre von Teheran« (*Bild*-Zeitung). Gerade wollte ich mir begeistert auf die Schenkel klopfen, da fiel mir die Sache vom Januar wieder ein: Da hatte Iran die Festnahme westlicher Agenten gemeldet, die angeblich einen Putsch oder »Umsturzversuch« hatten vorbereiten wollen. Entweder war das damals reinste Hellseherei gewesen (was man wohl ausschließen kann), oder an der Sache war doch etwas dran. Denn pünktlich zu den iranischen Präsidentschaftswahlen am 12. Juni 2009 marschierten wie aus dem Nichts plötzlich die Massen gegen die Regierung von Präsident Ahmadinedschad – geschmückt mit grünen Stirnbändern und Schleifen und informiert durch moderne Kommunikationsmittel wie Handys und Internetdienste wie Twitter. Tatsache ist: Bei den Unruhen Mitte Juni 2009 in Iran ließ sich Realität von Fälschung kaum unterscheiden. Bei BBC News konnte man zum Beispiel ein Bild von einer Demonstration sehen, angeblich für den Ahmadinedschad-Herausforderer Mussawi: »Unterstützer von Mir Hossein Mussawi trotzten erneut einem Demonstrationsverbot«, stand da am 17. Juni 2009 unter dem Foto einer riesigen Menschenmenge mit Fahnen und Plakaten. Komisch nur, dass das Bild bei der *Los Angeles Times* ganz anders aussah. Dort sah man zwar auch die Menschenmassen, aber diesmal winkte am linken Bildrand auch noch Präsident Ahmadinedschad fröhlich in die Menge. Den hatte man bei der BBC einfach weggeschnitten – handelte es sich also in Wirklichkeit eine Demo für Ahmadinedschad?

Wer erschoss Neda S.?

Meine Begeisterung für die Widerstandsbewegung in Iran wollte gerade etwas nachlassen, da sackte vor meinen Augen ein Mädchen zusammen. Genau zum richtigen Zeitpunkt bekam die angeblich spontane Protestbewegung in Iran ihren weiblichen Benno Ohnesorg. Die Bilder, die um die Welt gingen, waren der Aufreger von Ende Juni 2009. Plötzlich sah man eine junge Frau blutüberströmt am Boden liegen – angeblich erschossen von regierungsnahen Bassidsch-Milizen. Ihr Name: »Neda« – »Stimme« oder »Ruf«. Ein solcher Todesfall zum rechten Zeitpunkt kann eine Protestbewegung ganz schön in Fahrt bringen, wie wir hierzulande aus leidvoller Erfahrung wissen. Schließlich starb auch der Student Benno Ohnesorg am 2. Juni 1967 letztlich, wie es heute heißt, durch die Hand eines fremden Staates, weil der

Polizeibeamte, der ihn erschoss, für die Stasi arbeitete. Hatte der »Arbeiter-und-Bauernstaat« damit Proteste und Terrorismus in der Bundesrepublik erst richtig angeheizt?
Im Fall Neda gibt es im Wesentlichen drei Möglichkeiten:

1. Die junge Frau wurde tatsächlich von iranischen Sicherheitskräften oder »Milizen« erschossen.
2. Die junge Frau wurde von jemand anderem erschossen (der Mord war also echt, aber die Täterschaft inszeniert).
3. Die junge Frau wurde überhaupt nicht erschossen (der gesamte Vorgang war inszeniert).

Mit Möglichkeit 1 hätte sich Iran massiv selbst geschadet, Möglichkeit 2 und 3 würden den Umstürzlern in die Hände spielen.

Die Videos

Über den Vorfall kursierten im Internet zwei kurze und unscharfe Handy-Videos und zwei Schilderungen bzw. Zeugenaussagen. Schon die Aufnahmen der beiden Handykameras sind auffällig:

Gleich zwei Passanten besitzen die erstaunliche Gelassenheit, einer Schwerverletzten und offenbar Sterbenden die Kamera ins Gesicht zu halten.
Beide machen auch nicht den typischen Amateurfehler, zu weit wegzubleiben. Stattdessen gehen sie mit den Kameras ohne jede Hemmung und ohne zu zögern sofort ganz nah »drauf«, bis das blutige Gesicht in Großaufnahme zu sehen ist.

Die Fakten stellen sich wie folgt dar:

1. Auf den Handy-Videos ist der angeblich tödliche Schuss selbst weder zu hören, noch ist seine unmittelbare Wirkung beim angeblichen Opfer zu sehen.

2. Die Videos beginnen erst in dem Moment, als eine anscheinend am Körper blutende junge, hübsche Frau von Helfern, die sich aufgeregt um sie herum bewegen und ihr die Hände auf eine Stelle oberhalb des Brustbeins pressen, auf dem Asphalt niedergelegt wird.
3. Auf den Videos ist daher auch keine einzige Sekunde lang die Schusswunde zu sehen.
4 An den Händen, die angeblich die Schusswunde zuhalten, ist kein einziger Tropfen Blut zu sehen; auch zwischen den Fingern tritt kein Blut aus.
5. Die bei der auf dem Rücken liegenden Frau links und rechts aus dem Mund laufenden Blutrinnsale erscheinen wulstartig und dick wie Ketchup (siehe Foto auf Seite 131). In der Rinne zwischen Nase und linker Wange staut sich eine zähflüssige Masse, die an geschmolzenes Siegelwachs erinnert. Schließlich wälzt sich ein dicker, wulstartiger Tropfen über die linke Wange und fließt an ihr herab.

Was da aus »Nedas« Mund und Nase floss, wirkte eindeutig dicker als Blut.

Ein befreundeter Arzt, der früher viel als Notarzt unterwegs gewesen war, fand die Dramatik der Situation zwar durchaus überzeugend, das Blut jedoch, so schrieb er mir, »sieht in der Tat ziemlich merkwürdig aus«. Die Dramatik kann freilich auch daher rühren, dass die Szene auch auf unbeteiligte Passanten glaubwürdig wirkte, die zu schreien anfingen, als plötzlich Blut aus Nedas Mund und Nase strömte. Auch das fehlende Blut an den Händen der Helfer fand der Arzt nicht verwunderlich: »Die Eintrittsöffnung eines Projektils ist in der Regel deutlich kleiner als die Austrittsöffnung. Es verwundert nicht, dass an der Eintrittsstelle kein Blut austritt.« Allerdings behauptete der angeblich zufällig anwesende Arzt Arasch Hedschasi (siehe unten) explizit, aus Nedas Brust sei das Blut nur so gesprudelt. Sie selbst habe im Schock nach unten auf ihre Brust geschaut. Das Blut sei aus ihrem Körper gelaufen, und er habe versucht, die Blutung zu stoppen, jedoch vergeblich. Stoppt man eine so schwere Blutung aber mit den Händen, dann werden diese zwangsläufig blutig. Insbesondere zwischen den Fingern muss Blut durchsickern. Auf dem Videofilm ist an den Händen der Helfer allerdings kein Tropfen Blut zu sehen.

Die Zeugen

Neben den Videos gab es auch mündliche Schilderungen:

1. von dem erwähnten, sich selbst als »Arzt« bezeichnenden Zeugen namens Arasch Hedschasi und
2. von Nedas angeblichem Verlobten namens Caspian Makan.

Schilderung Nr. 1 stand bei dem längeren youtube-Video von Nedas Tod. Der Text beginnt im besten CNN-Stil, um sich dann plötzlich in eine persönliche Zeugenaussage zu verwandeln:

> »Bassidsch-Milizen haben am Samstag, den 20. Juni, in Teheran eine junge Frau erschossen. Um 19.05 Uhr am 20. Juni. Ort: Karekar-Straße, an der Ecke Kreuzung Khosravi-Straße und Salehi-Straße. Eine junge Frau, die zusammen mit ihrem Vater die Proteste beobachtete, wurde von einem Mitglied der Bassidsch-Milizen, das sich auf dem Dach eines zivilen Hauses versteckt hatte, erschossen. Er hatte eindeutig auf das Mädchen gezielt und konnte sie nicht verfehlen. Er zielte direkt auf ihr Herz.
>
> Ich bin Arzt und daher rannte ich, um sie zu retten. Aber die Wirkung des Schusses war so schwer, dass die Kugel in der Brust des Opfers explodierte und es in zwei Minuten starb. Die Proteste gingen in etwa einem Kilometer Entfernung in der Hauptstraße weiter, und einige Demonstranten flohen vor dem Tränengas in Richtung Salehi-Straße. Der Film wurde von

> meinem Freund gedreht, der neben mir stand. Bitte lasst es die Welt wissen.«

Während es sich beim Beginn des Textes offensichtlich um Überschriften handelt, wird anschließend das Wichtigste im ersten Satz zusammengefasst: »Eine junge Frau, die …« Bester Nachrichtenstil – wie man das als Journalist eben lernt. Aber dann, ohne jeden Absatz oder gar Anführungszeichen, verwandelt sich der Journalist plötzlich in einen Arzt.
Dieser interessante Zeuge, den wir noch genauer kennenlernen werden, hat also gleich zwei Ichs:

- Ein Nachrichten-und-Reporter-Ich
- Ein Betroffenen-und-Zeugen-Ich

Diese merkwürdige Persönlichkeitsspaltung können wir auch bei dem Zeugen Nr. 2 beobachten, Nedas angeblichem Verlobten Caspian Makan, der von der iranischen Filiale der BBC aufgenommen wurde. Nur ist es diesmal andersherum: Die Schilderung beginnt persönlich, und wechselt dann in den Nachrichtenstil:

> »Sie befand sich in der Nähe, nur ein paar Straßen entfernt, von wo die Hauptproteste ausgingen, in der Nähe der Amir-Abad-Gegend. Sie war mit ihrem Musiklehrer im Auto im Stau steckengeblieben. Sie war sehr müde, und ihr war sehr heiß. Sie verließ den Wagen nur für einige Minuten. Und da passierte es. Da wurde sie erschossen.«

Hier war Neda also nicht mit ihrem Vater, sondern mit ihrem Musiklehrer unterwegs. Von diesem Widerspruch abgesehen, geht es nach dieser persönlichen Schilderung plötzlich und unerwartet im besten Nachrichtenstil weiter:

»Augenzeugen und Videoaufnahmen der Schießerei zeigen eindeutig, dass sie wahrscheinlich von Bassidsch-Milizen in Zivilkleidung ganz bewusst ins Visier genommen worden war. Augenzeugen berichteten, dass sie eindeutig auf sie zielten und sie in die Brust geschossen wurde.«

Wenn die Bassidsch-Milizen in Zivilkleidung unterwegs waren, stellt sich die weitere Frage, woher man wissen will, dass es sich um Bassidsch-Milizen handelte. Müsste man dann nicht eigentlich von »unbekannten Zivilisten« sprechen?
Zum Glück tauchte dann noch einer der mutigen Männer in Person auf, die sich so hingebungsvoll um die verletzte junge Frau gekümmert hatten, nämlich der bereits erwähnte Arzt mit der »Persönlichkeitsspaltung« Arasch Hedschasi. Ende Juni 2009 trat er schließlich in Großbritannien vor die Kameras der BBC und erzählte seine und Nedas Geschichte (auf der BBC-Website veröffentlicht am 25.6.2009).

Der Arzt

Er sei mit ein paar Freunden in seinem Büro ganz in der Nähe der Stelle gewesen, »wo diese schreckliche Sache passierte«, erzählte er in dem zwanzigminütigen BBC-Interview. Sie hätten gehört, dass draußen irgendetwas im Gange gewesen sei, und beschlossen hinauszugehen, um nachzusehen. Sie seien zur Hauptstraße gegangen, wo sich die Proteste abspielten und wo gerade Bereitschaftspolizei auf Motorrädern dazugekommen sei. Währenddessen habe Neda mit dem Mann, den Hedschasi zunächst für ihren Vater gehalten habe, der sich später aber als ihr Musiklehrer herausgestellt habe, in der Menge gestanden. Plötzlich sei das Ganze vollkommen verrückt geworden, weil die Polizei auf die Leute zugefahren sei und Tränengasgranaten geworfen habe. Alle seien dann zu der Kreuzung Salehi-Khosravi-Straße gerannt, wo die Leute herumstanden und nicht gewusst hätten, was sie tun sollten.

Dann hätten sie Schüsse gehört, Neda sei nur einen Meter weit von ihm entfernt gestanden, er habe sie nicht gekannt, sie sei nur eine weitere Person in der Menge gewesen. Er habe den Schuss gehört und seinen Freund gefragt, ob dies ein Gewehrschuss gewesen sei. Aber der habe gesagt, es würden nur Gummigeschosse verfeuert. Als er sich aber umdrehte, habe er Blut aus Nedas Brust sprudeln sehen, sie selbst habe im Schock nach unten auf ihre Brust geschaut. Dann habe sie die Kontrolle verloren, und sie wären hingeeilt, um sie auf den Boden zu legen. Er habe sich über sie gebeugt und dann die Schusswunde in ihrer Brust gesehen, direkt unter dem Hals. Seine Erfahrung habe ihm gesagt, dass sie in die Aorta und die Lunge getroffen worden sei. Es habe zwar keine Autopsie gegeben, und Neda sei sehr schnell beerdigt worden, aber er könne doch sagen, dass die Kugel von vorne gekommen sei und dass sich in ihrem Rücken keine Austrittswunde befunden habe. Die Kugel schien in ihrem Inneren regelrecht explodiert zu sein. Das Blut sei aus ihrem Körper gelaufen, und er habe nur versucht, die Blutung zu stoppen, allerdings vergeblich, sodass sie in weniger als einer Minute gestorben sei.
Sie hätten den Eindruck gehabt, dass die Schüsse von einem Dach gekommen seien. Neda sei von den Leuten in einen Wagen geladen und weggebracht worden, wohin, wisse er nicht. Ein Wagen sei vorbeigekommen, habe gestoppt, und der Fahrer habe angeboten, Neda mitzunehmen. Dann seien sie weggefahren, und er wisse nicht, wohin. Danach hätten einige Leute geglaubt, jemanden mit einem Auto der Bassidsch-Milizen erwischt zu haben. Sie hätten gesagt, er habe auf einem Motorrad gesessen und sei des Weges gekommen und habe sich an einer Ecke versteckt. Die Leute hätten gerufen: »Wir haben ihn, wir haben ihn!«, hätten ihn entwaffnet und ihm seinen Ausweis abgenommen. Der Mann habe gerufen, dass er Neda nicht töten wollte. Anschließend hätten die Leute nicht gewusst, was sie mit dem Mann tun sollten, und ihn wieder laufen lassen – auch aus Angst vor der Polizei. Er,

Hedschasi, sei geschockt gewesen und habe nur zugesehen. Die Menge habe definitiv geglaubt, dass dies der Killer sei, der außerdem ja noch »Ich wollte sie nicht töten!« gerufen habe. Wer diese Leute waren, wisse er nicht. Er wisse nur, dass es Leute gebe, die den Täter kennen würden. Er habe auch gesehen, dass einige Leute Fotos von dem Mann gemacht hätten, aber auch diese Leute kenne er nicht. Er sei dann in sein Büro gegangen, um sich das Blut abzuwaschen, und als er wieder herausgekommen sei, hätte sich die Menge zerstreut: »Das ist das, was ich gesehen habe.«

Er habe dann lange innerlich mit dem Vorfall gekämpft und schließlich das Video von sich und Neda in einem Nachrichtensender gesehen.

Die Interviewerin stellt dann eine Frage:

Diese Aufnahmen und die Bilder der sterbenden Neda seien so etwas wie der Zündfunke für die Demonstranten in Iran geworden, und weil er in diesem Video auftauche, sei er nun zufällig damit verbunden – wie er sich dabei fühle …?

Daraufhin hält der Arzt eine perfekte Propagandarede: »Sie starb für eine Sache« – und dies sei nicht irgendeine Sache gewesen, sondern sie habe für die Menschenrechte gekämpft, grundlegende Menschenrechte, sie habe gewollt, dass ihre Stimme gezählt wird, sie habe frei sein wollen, das Recht auf Versammlungsfreiheit haben wollen, das selbst in der Verfassung des Iran erwähnt werde – die Freiheit der Meinungsäußerung, die nun bedroht sei. Er wolle nicht, dass ihr Blut umsonst vergossen wurde. »Sie starb auf der Straße, um etwas zu sagen.« Die Tatsache, dass sich das Video so rasend schnell über den Globus verbreitete, bedeute etwas. Es bedeute, dass es eine Botschaft gebe.

Erneute Frage: »Sie wissen wahrscheinlich, dass die iranischen Behörden behaupten, dass wahrscheinlich andere Demonstranten Neda töteten, dass es eine verirrte Kugel von anderen Demonstranten war. Glauben Sie, dass das in irgendeiner Weise eine Möglichkeit wäre?«

ANTWORT:
»Ich weiß nicht, wer so etwas glauben kann. Als Augenzeuge während der letzten elf Tage in Teheran habe ich keinen einzigen Demonstranten mit einer Schusswaffe gesehen, nicht einmal mit einem Messer oder so etwas. Sie hatten nur ihre Hände und ihre Stimme. Das ist das, was sie taten. Ja, ich habe davon gehört, es ist furchtbar, ich weiß nicht, warum diese Leute ein Verbrechen decken wollen. Es ist ein Verbrechen, dies war kein Krieg, dies ist auch kein Kollateralschaden, dies ist ein Verbrechen, weil Demonstranten, unbewaffnete Menschen, Zivilisten in den Straßen waren und etwas forderten. Sie wurde erschossen und wusste nicht einmal, warum und von wem. Aufgrund welcher Schuld. Ich meine, die Regierung sollte dieser Sache nachgehen. Warum haben sie ihrer Familie nicht erlaubt, sie ordentlich zu beerdigen? Warum haben sie ihrer Familie keine Trauerfeier erlaubt?«
Weil sich sein Büro in der Nähe befinde, habe er zwei Tage später mitbekommen, wie eine Trauerfeier in einer nahe gelegenen Moschee von der Regierung verboten worden sei, die alle Moscheen angewiesen habe, keine Trauerkundgebungen zuzulassen.
»Leute, die gehört hatten, wo sich der Zwischenfall abgespielt hatte, kamen dorthin, um Blumensträuße niederzulegen. Ich habe gesehen, wie ein Kehrwagen daherkam, Abfall auf die Blumen warf und davonfuhr.« Trauernde seien auch geschlagen und vertrieben worden. Dabei seien die Leute am Schluss doch nur noch schweigend durch die Straßen gelaufen. Er wisse nicht, warum das Staatsfernsehen das behaupte (das mit den Schüssen), aber niemand glaube das.
»Ich bin hier, um zu sagen, ich habe mich nie politisch engagiert, ich bin nie für eine andere Idee eingetreten als für die grundlegenden Menschenrechte, für die ich mein ganzes Leben eingetreten bin. Ich bin ein Schriftsteller, ich war Journalist, ich habe Bücher veröffentlicht, die Leute kennen mich in Iran. Sie würden mir glauben, wenn ich das sage. Aber ich möchte, dass die Welt weiß,

dass ich aus freiem Willen hier bin, um das zu bezeugen, wessen ich Zeuge geworden bin. Und der Grund, warum ich mich in Gefahr begebe, ist allein der unschuldige Ausdruck in ihren Augen, bevor sie starb. Und niemand würde glauben, dass sie von einem Demonstranten erschossen wurde, sie wurde von vorne erschossen, nicht von hinten, sie wurde von einem Bassidsch-Mitglied erschossen, dies sind die bewaffneten Kräfte. Die Bereitschaftspolizei gebraucht keine Feuerwaffen, nur Antiaufstandswaffen und Tränengas. Aber die Bassidsch ist bewaffnet, es ist eine bewaffnete Truppe, die nicht den Regeln der Polizei gehorcht. Die Polizei erschießt keine Menschen, aber diese Leute tun es.«

Der Autor

Warum klingt das nur so verdächtig nach einer literarischen Erzählung mit einem guten Schuss Kitsch? Vielleicht, weil Herr Hedschasi bisher vor allem als literarischer Autor von sich reden machte? Doch der Reihe nach: Wie wurde der Mann nach »Nedas Tod« überhaupt identifiziert, und wie kam er an die Öffentlichkeit?

Der Arzt sei von einem Freund, dem brasilianischen Schriftsteller Paulo Coelho, auf dem Video erkannt worden, berichtete *Spiegel Online* am 26. Juni 2009: »Kennt er den nicht?«, schilderten die Journalisten Coelhos erste Reaktion: »Ist das nicht sein Freund Arash, Mediziner, der mit seiner Familie in Großbritannien lebt? Was um Himmels willen macht der zu dieser Zeit in Iran?« Nun, was soll der da schon gemacht haben? Schließlich mag Hedschasi einmal Arzt gewesen sein oder auch nicht; inzwischen jedenfalls war er erstens Autor und zweitens Verleger – und zwar auch von Coelhos Werken. Was Coelho natürlich sehr gut wissen musste. Ganz offensichtlich sollte das *Spiegel*-Getue die genaue Beziehung der beiden verschleiern.

Nicht verschwiegen wurde dagegen, dass Coelho, als er seinen Freund und Neda-Helfer Hedschasi daraufhin anrufen wollte,

statt seiner einen CNN-Reporter am Apparat hatte. Man fragt sich unwillkürlich, was der »zufällige Augenzeuge« des Vorfalls mit CNN am Hut hatte. Rührt die oben beschriebene »Persönlichkeitsspaltung« zwischen Augenzeuge und Reporter in Hedschasis erster Schilderung des Neda-Vorfalls etwa daher?
In seinem richtigen Leben studierte Hedschasi Verlagswesen an der internationalen Oxford Brookes University. Neben seiner Tätigkeit als Verleger erzählt Hedschasi selbst Geschichten aus Tausendundeiner Nacht. Buchtitel: »Die wundervolle Welt von Peter Hase und seinen Freunden«, »Der Neffe des Zauberers«, »Die Prinzessin im Land der Ewigkeit«.
In Iran gilt Hedschasi als Autorität auf dem Gebiet der Fantasy- und Science-Fiction-Literatur, weshalb ihn die Iranian Fantasy Academy (www.fantasy.ir) kürzlich in die Jury eines Science-Fiction- und Fantasy-Schreibwettbewerbs berief. Nun mag Hedschasis Sachverstand für reinste Science-Fiction reichen; an seinem edlen Vortrag über Nedas Tod passt hingegen nichts zusammen:

- Von wegen »sie starb für eine Sache«, sie habe für die Menschenrechte gekämpft und gewollt, dass ihre Stimme gezählt werde. Nach der ersten Schilderung des Arztes hatte sie die Demonstration »zusammen mit ihrem Vater« lediglich »beobachten« wollen.
- Gemäß ihrem angeblichen Verlobten war Neda sogar schlicht im Stau steckengeblieben und wollte sich nur die Beine vertreten.
- Der mutmaßliche Täter kam laut Hedschasi einmal in »einem Auto der Bassidsch-Milizen«, dann wieder »auf einem Motorrad«. Und warum konnte er auf einem Motorrad nicht fliehen? Und vor allem: Wie konnten die Leute ihn so einfach entwaffnen?

Auch Hedschasis angebliche politische Unbedarftheit (»ich habe mich nie politisch engagiert, ich bin nie für eine andere Idee eingetreten als für die grundlegenden Menschenrechte, für die ich mein ganzes Leben eingetreten bin«) entspricht nicht den Tatsachen. Vielmehr wurde er für den Freedom-to-Publish-Preis 2006 der International Publishers' Association (IPA) nominiert.

Das Netz

Auch sein Freund, der brasilianische Autor Paulo Coelho, dessen Werke Hedschasi verlegt, ist eine nähere Betrachtung wert. Coelho, Jesuitenschüler und bekennender Katholik, ist ein profilierter globaler Friedens- und Freiheitsaktivist, um nicht zu sagen Propagandaaktivist. Im Jahr 2007 wurde Coelho von den Vereinten Nationen zum »Botschafter des Friedens« ernannt. Darüber hinaus ist er Mitglied des Direktoriums des Shimon-Perez-Friedenszentrums und des Doha-Zentrums für Medienfreiheit, wo sich auch der frühere Präsident von CNN, Chris Cramer, und Ethan Bronner von der *New York Times* als Berater tummeln. Generaldirektor des Doha-Zentrums ist Robert Ménard, der frühere Generalsekretär von »Reporter ohne Grenzen« (RoG), einer US-finanzierten Zersetzungsorganisation, die beispielsweise auch gegen die US-feindlichen Länder Kuba und Venezuela arbeitet. Tote Journalisten im Irak sind für RoG dagegen nicht etwa Folge der US-Invasion, sondern »einer wachsenden regionalen Instabilität, die den Mittleren Osten seit Jahrzehnten plagt«.

Im Jahr 2005 gab Ménard zu, dass der Etat von RoG »teilweise von US-Organisationen finanziert werde, die eng mit der Außenpolitik der Vereinigten Staaten in Verbindung stehen« (hintergrund.de, 1.8.2007). Schließlich ist Hedschasi-Freund Coelho auch noch Mitglied des Beratergremiums der Maybach-Stiftung, die unter anderem vom letzten Pächter des World Trade Center, Larry Silverstein, finanziert wird. Silverstein wird verdächtigt, selbst in die Sprengung der Zwillingstürme verstrickt gewesen zu sein, um die

Versicherungssumme in Höhe von mehreren Milliarden Dollar zu kassieren.
Das ist also das politische Umfeld von Arasch Hedschasi, Zeuge des Neda-Mordes. Stand er also wirklich rein zufällig daneben, als sich dieses für die iranische Regierung so schädliche Ereignis abspielte? Und tingelte er danach rein zufällig durch die westlichen Fernsehsender, um von der Unmenschlichkeit Irans Zeugnis abzulegen?

Die Beweise

Ziehen wir einmal eine Zwischenbilanz, sieht es mit Sachbeweisen für den Vorgang schlecht aus:

1. Auf den Handy-Videos ist der Schuss selbst weder zu hören noch seine unmittelbare Wirkung beim angeblichen Opfer zu sehen.
2. Auf den Videos ist die Schusswunde nicht zu sehen.
3. Auf den angeblich die Schusswunde zuhaltenden Händen ist kein einziger Tropfen Blut zu sehen.
4. Das auf dem Gesicht sichtbare Blut erscheint als zu dick.
5. Die tote Neda wurde von einem unbekannten Autofahrer mitgenommen, einen dokumentierten Notarzteinsatz gab es also nicht.

Am Ende sind verschwunden:

1. die tote Neda
2. der geheimnisvolle Motorradfahrer
3. der Ausweis des Motorradfahrers
4. die Fotos von dem Motorradfahrer

Und eine Autopsie der Neda-Leiche gab es ebenso wenig wie eine öffentliche Beerdigung.

Was gab es dann überhaupt? Tatsächlich erleben wir hier eine typische Propagandatechnik, die den Eindruck erweckt, dass alle Beweise einmal vorhanden waren – dann aber aufgrund unglücklicher Umstände wieder abhandenkamen. Genau dasselbe wurde beispielsweise um die beiden angeblichen Drahtzieher des 11. September 2001, Khalid Scheich Mohammed und Ramzi Binalshibh, inszeniert. Im Jahr 2002 behauptete ein Al-Dschasira-Reporter, die beiden in einer konspirativen Wohnung in Karatschi getroffen zu haben, wo sie ihm ihre Taten vor laufender Kamera gestanden hätten. Von dem Videofilm blieb aufgrund seltsamer Umstände aber nur eine Tonaufnahme übrig, und die war auch noch verzerrt. Wessen »Geständnis« der Reporter also schließlich auf Al-Dschasira sendete, weiß bis heute kein Mensch – bis auf den Reporter selbst, versteht sich.

Für die fehlenden Beweise kann es allerdings auch die Erklärung geben, dass der Mord an Neda zwar echt ist, die ganze Geschichte drum herum aber erfunden wurde. Immerhin soll Iran den Todesfall an sich ja bestätigt haben. Allerdings nicht als staatliche Tötung einer unschuldigen Demonstrantin, sondern als »mysteriösen Mord«. Der iranischen Nachrichtenagentur Fars zufolge starb die junge Frau tatsächlich, allerdings, »als ein unbekannter Mann wild in die demonstrierende Menge schoss«. Für einen echten Todesfall spricht auf den ersten Blick auch, dass *Spiegel Online* am 30. Juli 2009 Zitate aus einem angeblichen Telefonat mit Nedas Mutter präsentierte, einer gewissen Hadschar Rostami Motlagh. Meine Bitte an die Autorin des Artikels, mir die Telefonnummer der Mutter zu geben, blieb allerdings unbeantwortet.

Schon am 15. Juni 2009 beschrieb der iranische TV-Sender Press TV die Schießereien anlässlich der Proteste so:

> »Während einer von Anhängern Mir-Hossein Moussawis inszenierten Massendemonstration, die sich über angebliche Wahlmanipulationen bei Irans Präsidentschaftswahlen beschweren,

> wurden Schüsse abgegeben. Press TV's Mann vor Ort, der live von dem Geschehen berichtete, teilte mit, dass unbekannte Schützen Schüsse in die Menge abgaben, als diese sich nach einer friedlichen Demonstration bei Sonnenuntergang zerstreuen wollte. Berichten zufolge waren die Schützen nicht in Uniform. ›Es gab vereinzelte Schüsse hier … Ich kann Leute rennen sehen‹, sagte unser Korrespondent und fügte hinzu, dass er einen verwundeten Jungen sehen könne, der von anderen getragen werde.«

Und wirklich waren im Internet außer dem »Neda-Video« auch noch andere Videos zu sehen, auf denen von Unbekannten gezielt auf einzelne Demonstranten geschossen wurde.
Die Frage ist nur: Wer waren diese Unbekannten? Gehörten sie wirklich zu den erwähnten Bassidsch-Milizen? Oder gehorchten sie ausländischen Auftraggebern, die sich alle Mühe gaben, die Unruhen in Iran endlich in Gang zu bekommen? Und was hätte sich da besser eignen können als ein paar erschossene Unschuldige? Gingen ausländische Provokateure wirklich so weit, Menschenleben zu opfern? Neda war da vielleicht nur ein Versuch von mehreren.

Freiheit für Iran!

Tatsächlich hatten wir es 2009 in Iran mit einer weiteren Revolution in der langen Kette »bunter Revolutionen« zu tun, mit denen die USA seit Jahren ihre Feinde aufrollen. Es begann mit den bunten Revolutionen an der Peripherie Russlands, um die ehemaligen Sowjetstaaten aus dem russischen Einflussbereich herauszubrechen und Russland einzukreisen. Im Jahr 2008 folgte die »bunte Revolution« der roten Mönche in Tibet, die sich gegen den US-Gegner China richtete (siehe *Kritischer Jahresrückblick 2009*). Die »grüne Revolution« in Iran war da nur konsequent, denn Iran steht nicht nur schon seit Jahren auf der amerikanischen

Abschussliste, sondern gehört auch gemeinsam mit Russland und China dem strategischen Bündnis der Shanghai Cooperation Organization (SCO) an. Während man Iran 2005 als Beobachter in diese sogenannte »Anti-NATO« aufnahm, wurde ein Antrag der USA auf Beobachterstatus abgelehnt – ein Umstand, den die Vereinigten Staaten auf keinen Fall dulden wollen. Der westliche Medienrummel um diese »bunte Revolution«, die grünen Tücher, die englischsprachigen Plakate (»Where is my vote?«), die perfekte Organisation mit Hilfe moderner Kommunikationsmittel wie Handys und Twitter sind daher kein Zufall.

Am Fall Neda konnte man einen erbitterten Kampf um die Entzündung der Revolution beobachten. Während die eine Seite versuchte, die üblichen starken Symbole und vor allem Nachrichtenbilder zu schaffen, die sie um die Welt schicken konnte, bemühte sich die andere Seite, diese Bilder mit aller Macht zu verhindern und die Flamme der Revolution auszutreten. Nach den Videos und dem Bild von Nedas blutverschmiertem Gesicht stand es zwar 1:0 für die »bunte Revolution«, und das blutverschmierte Antlitz wurde prompt zu makabren Logos umgestaltet. Die auf einen solchen Todesfall normalerweise folgende Kette von starken emotionalen und symbolischen Ereignissen, beispielsweise Blumenniederlegungen am Tatort, wurde jedoch von Iran unterbunden. Es ging dabei um den Sieg im Kampf um Bilder und Symbole und letztlich um die Staatsräson des Iran.

Im Fall Neda ging es erstens um das Überleben des Iran als selbständiges, von den USA und der globalistischen Bewegung unabhängiges Land. Zweitens ging es um die Integrität des SCO-Bündnisses und drittens um unser aller Schicksal. Ob uns der Iran im Einzelnen nun gefällt oder nicht, spielt keine Rolle: Er ist ein Baustein in einem neuen Gegengewicht zu den übermächtigen westlichen Staatenverbänden EU und USA, die ihre innere halbdemokratische Struktur hauptsächlich als Propagandawaffe gegen Länder wie den Iran, China oder Russland aufrechterhalten.

Fallen diese Gegengewichte weg, fällt auch die *raison d'etre* für die westliche Demokratie weg.

16. Juni CDU: Haste mal 'n Kanzlerkandidaten?

Wie bereits unter dem Datum des 10. April berichtet, betreibt der SPD-Kanzlerkandidat für die Bundestagswahl am 27. September 2009, Frank-Walter Steinmeier, ganz offensichtlich nur eine Art Scheinwahlkampf. Er leidet unter mangelndem Siegeswillen ebenso wie unter akuter Beißhemmung gegenüber der Union. Richtig aus sich heraus geht er nur gegen anerkannte Prügelknaben wie den Iran. Um die Kanzlerkandidaten der beiden großen Parteien deshalb einmal vergleichen zu können, fing ich an, nach dem Kanzlerkandidaten bzw. der Kanzlerkandidatin der Union zu googeln. Denn natürlich hatte ich keinen Zweifel, dass die Union ebenso wie die SPD ihren Kanzlerkandidaten schon längst öffentlich nominiert hatte, und das müsste dann natürlich Bundeskanzlerin Merkel sein.
Doch ich erlebte eine Überraschung: Nirgendwo in den Medien fand ich auch nur die geringste Erwähnung, dass Angela Merkel zur Kanzlerkandidatin der Union bestimmt worden sei. Im Gegensatz zu dem weitverbreiteten Eindruck, dass Kanzlerin Merkel wieder als Kandidatin für dieses Amt ins Rennen ginge, war die Union in dieser Frage selbst Mitte Juni 2009 noch nicht offiziell aus der Deckung gekommen. Weil ich das nicht glauben konnte, rief ich am 16. Juni 2009 bei der Pressestelle der CDU in Berlin an, um zu erfahren, warum man im Netz keinen Kanzlerkandidaten der Union fände. »Den gibt's auch noch nicht«, schallte es mir fröhlich entgegen, aber man gehe davon aus, dass es die jetzige Kanzlerin werden würde. Auf meine Frage, was denn zum Beispiel mit dem hessischen Ministerpräsidenten Roland Koch (CDU) sei, ob der nicht vielleicht auch antreten könne, wurde ich weiterverbunden. »Wir haben noch nichts Offizielles«, bestätig-

te dann die Stellvertretende CDU-Pressesprecherin Ina Diepold die vorangegangenen Aussagen, »aber es ist an sich unstreitig, dass sie wieder antritt.« Also Angela Merkel. So etwas wie eine offizielle Kandidatenkür bei einem Parteitag werde es aber nicht geben; das sei auch nicht notwendig.

Dennoch gab mir die Sache zu denken: Irgendwie erschienen mir die Auskünfte schwammig. Außerdem spürte ich eine gewisse Vorsicht. Normalerweise wird vor einer Bundestagswahl – zumindest von den großen »Volksparteien« – ein Kanzlerkandidat bzw. eine -kandidatin nominiert: »Eine Partei gibt damit zu verstehen, dass ihre Bundestagsfraktion diesen Kandidaten bei positivem Wahlausgang zum Bundeskanzler wählen wird« *(Wikipedia)*. Eben. Denn es ist ein Teil des Vertrages mit dem Wähler. Für das Volk bedeutet die Kandidatenkür: Wenn ihr diese Partei zur stärksten Kraft macht, kriegt ihr anschließend diesen Kanzler als »Belohnung«. Die Aussagen der CDU-Pressestelle bedeuteten hingegen, dass die CDU dies nicht signalisieren wollte, sondern dass Frau Merkel von der Union eben nicht explizit als Kanzlerkandidatin nominiert worden sei. Dagegen ist es keinesfalls so, dass amtierende Bundeskanzler niemals eine offizielle Kandidatur bekanntgeben würden. Im Jahr 1997 beispielsweise entschied der amtierende Bundeskanzler Helmut Kohl an seinem 67. Geburtstag, dem 3. April, für die Bundestagswahl 1998 erneut als Kanzlerkandidat antreten zu wollen.

Auch SPD-Kandidat Frank-Walter Steinmeier wurde auf einem Parteitag der SPD am 18. Oktober 2008 offiziell zum Kanzlerkandidaten gekürt. Eine Suche in den Pressemitteilungen der CDU (www.cdu.de) des ganzen letzten Jahres (bis zurück zum 16. Juni 2008) ergab jedoch keinen einzigen Treffer für das Wort »Kanzlerkandidatin«. Die Gegenprobe bei der SPD ergab für das Wort »Kanzlerkandidat« dagegen 180 Treffer. Insgesamt gab es hier also zwei Merkwürdigkeiten:

- Die Union ging ohne offizielle(n) Kanzlerkandidaten(in) ins Rennen, will sich also in der Frage, wen die Fraktion gegebenenfalls zum Kanzler wählen würde, nicht festlegen.
- Kein einziges Medium kümmerte sich um diesen merkwürdigen Umstand.

Laut CDU-Pressestelle »trat« Frau Merkel zwar zur Wahl »an«, aber ohne offiziell als Kanzlerkandidatin aufgestellt worden zu sein. Das könnte heißen, dass man die – wenn auch zweifelhafte – Popularität Merkels für einen Wahlerfolg nutzen, sie aber anschließend nicht unbedingt zur Kanzlerin machen wollte. Zumindest gab es kein Versprechen, dass die Union Merkel zur Kanzlerin wählen würde, sollte sie nach der Bundestagswahl stärkste Kraft sein. Zumindest prinzipiell bleibt damit die Tür für einen ganz anderen Kanzler offen. Aber für wen?
Das Kalkül könnte gewesen sein, den Wahlkampf von Merkel führen zu lassen und erst nach einem Sieg einen ganz anderen, womöglich schwer vermittelbaren Kanzler aus dem Hut zu zaubern. Zum Beispiel den hessischen Ministerpräsidenten Roland Koch (CDU). Weil dies eine wahrhaft ungeheure Operation wäre, schrieb ich am 16. Juni 2009 noch einmal an den Pressesprecher der CDU, Matthias Barner:

Sehr geehrter Herr Barner,

darf ich bitte folgende Frage zur Bundestagswahl 2009 stellen:
Wer ist offizieller Kanzlerkandidat der Union?

Vielen Dank

Gerhard Wisnewski

Antwort: »Wir werden mit unserer Parteivorsitzenden und Bundeskanzlerin an der Spitze in den Wahlkampf ziehen.« Tja, das ist es ja eben: »In den Wahlkampf ziehen« ist noch nicht gleichbedeutend mit einer Kanzlerkandidatur. Schließlich zieht eine Partei mit allen möglichen Leuten in den Wahlkampf, zum Beispiel auch mit den Ministern der gegenwärtigen Regierung. Deswegen fragte ich noch einmal ganz kurz nach:

> *Darf ich ergänzend fragen, ob ich die Auskunft so verstehen darf, dass die Bundeskanzlerin demzufolge die offizielle Kanzlerkandidatin der Union ist?*

Eine sehr einfache Frage. Um ein »Ja« in die Tastatur zu tippen, hätte Herr Barner höchstens ein bis zwei Sekunden benötigt, und schon wäre er den lästigen Frager los gewesen. Indessen warte ich auf dieses »Ja« bis heute vergebens. Das heißt, es gab bei der Union tatsächlich keinen offiziellen Kanzlerkandidaten für die Bundestagswahl 2009.

Wollte man damit wirklich eine Hintertür für jemand anderen offen lassen? Immerhin bemerkten Journalisten am Wahlabend des 27. September 2009, die anderen CDU-Bosse hätten sich nur äußerst schmallippig über das Wahlergebnis geäußert; keiner von ihnen habe Angela Merkel gratuliert. Schließlich hatte die Union das zweitschlechteste Ergebnis ihrer Nachkriegsgeschichte erzielt. Von einer überwältigenden Zustimmung der Wähler für Angela Merkel konnte also gar keine Rede sein. Oder sollte Angela Merkel durch den Begriff »Kanzlerkandidatin« erst gar nicht auf die Kandidatenebene erniedrigt werden, um nicht den Eindruck zu erwecken, sie müsste sich wirklich ernsthaft um das Amt bewerben? Die Monate nach der Bundestagswahl werden es zeigen …

25. Juni Michael Jackson: Comeback für eine Leiche

Irgendwann um 1965 herum starb in Gary, Indiana, der damals etwa siebenjährige Michael Joseph Jackson – ein netter kleiner schwarzer Junge mit dunklen Augen, krausem Haar und dicken Backen. Blödsinn: Michael Jackson, der »King of Pop«, starb keineswegs 1965 und auch nicht 1967 oder 1968, sondern genau am 25. Juni 2009. Da hörte in seinem noblen Wohnsitz in Holmby Hills, nicht weit vom Sunset Boulevard, plötzlich sein Herz zu schlagen auf und konnte auch trotz intensivster Bemühungen nicht mehr in Gang gebracht werden. Alles klar? Nichts ist klar. Lassen Sie mich einfach mal weitererzählen. Das damalige Todesdatum lässt sich nicht mehr so genau feststellen, was aber wahrscheinlich daran liegt, dass Michael Jackson, bevor er als »King of Pop« wiedergeboren wurde, auf Raten starb. Sie glauben mir nicht? Das sollten Sie aber – denn im Gegensatz zu den Gerichtsmedizinern von Los Angeles 2009 kann ich Ihnen die Todesursache von damals genau nennen. Michael starb an dem Mann mit dem fratzenhaften Gesicht, der ihn immer wieder mit dem Kopf nach unten an einem Bein festhielt, um ihn wieder und wieder auf Rücken und Hinterteil zu schlagen. Manchmal schubste er Michael und seine Brüder auch gegen eine Wand oder stieg nachts schreiend mit einer grauenhaften Maske auf dem Gesicht durchs Fenster, um die Kinder zu erschrecken. Wenn Michael den Mann sah, musste er sich immer öfter übergeben. Der Mann war sein Vater.

In Wirklichkeit war Michael Jackson also im Kindesalter gestorben, als sein Vater Joe ihm seine kleine Seele aus dem Leib prügelte. Bekanntlich überlebt die Psyche solcher Gewalt und Missbrauchsopfer derartige Torturen nicht. In Wirklichkeit waren daher das, was Millionen Menschen später auf den Bühnen der Welt tanzen und zucken sahen, bereits Michael Jacksons sterbliche Überreste.

Michael Jackson ein Untoter? Ich kann es beweisen. Zwar wunderten sich zeitlebens viele über Jacksons bizarre Auftritte mit Gesichtslarven, dunklen Brillen und sogar Ganzkörperschleiern, aber nur selten nannten sie das, was sie da sahen, beim Namen. Dabei lag die Antwort doch so nahe. Michael Jackson war ein phänomenologisches Gespenst, ein Zombie. Die Seele war abgetötet worden, auf das ursprünglich schwarze Gesicht war eine typische Beauty-Maske aus der Konfektion der Schönheitschirurgie genäht worden, sodass Jackson in den ersten Jahren seiner Weltkarriere aussah wie eine weibliche Hollywood-Schönheit im Körper eines jungen Mannes.

»Oops – I messed up my face«

Da lebende Strukturen aber letztlich keine Modelliermasse sind, war es nur eine Frage der Zeit, bis sich alles auf grauenhafte Weise verändern würde. Denn der einen oder anderen Dame ein moderates Lifting zu verpassen oder das Gesicht eines männlichen Schwarzen (pardon: »Afroamerikaners«) in das einer hübschen Weißen umzuoperieren, das sind zwei Paar Schuhe. Während das eine auf Dauer gelingen kann, muss das andere nach einer gewissen Zeit zwangsläufig im Desaster enden. Speziell in der amerikanischen Schönheitschirurgie wird immer mehr nach dem Prinzig »anything goes« verfahren. Was selten erwähnt wird: Nicht nur Michael Jackson, sondern fast alle Stars, die wir täglich im Fernsehen bewundern, sind zum größten Teil operiert – und zwar mehrfach. Mehr oder weniger hübsche Durchschnittsgesichter wurden auf diese Weise zu Konfektionsschönheiten umoperiert. Ohne ihre Operationen würden sie aussehen wie das unscheinbare Mädchen oder der Junge von nebenan. Aber der Erfolg wird in der Regel teuer erkauft. Hollywoods Chirurgie-Monster gehören zu den bestgehüteten Geheimnissen der Branche. Denn lebendes Gewebe ist nun mal kein Knetgummi, sondern macht sich nach einiger Zeit selbständig. Und operierte Gesichter altern häufig auf eine viel grauenvollere Weise als nicht operierte Gesichter. Schon nach wenigen Jahren können sich die Geschädigten im Prinzip nicht mehr in der Öffentlichkeit blicken lassen. Auf der Website awfulplasticsurgery.com (zu deutsch: »grauenvolle Schönheitschirurgie«) kann man sich durch ein ganzes Lexikon von Berühmtheiten klicken, von A wie Angelina Jolie bis Z wie Zac Efron. Und durch ein ganzes Lexikon von Chirurgie-Malheuren, angefangen bei »Bad Boob Jobs« (»schlechte Brustkorrekturen«) über »Botox gone wild« (»Wenn Botox ausflippt«) bis hin zu »Oops, I messed up my face« (»Hoppla, ich habe mein Gesicht versaut«). Abnorm geliftete Gesichter verwandeln sich mit der Zeit in diabolische Fratzen, wie etwa bei Madonna. Aufgepolsterte Lippen und operierte Münder mutieren zu klaffenden Karpfenmäulern wie bei Donatella Versace oder dem ehemaligen amerikanischen Topmodel Janice Dickinson. Aufgeblasene Brüste mutieren zu unförmigen hängenden Säcken oder Schläuchen wie bei der Schauspielerin Tori Spelling. Ehemalige Sexsymbole mutieren zu ihrer eigenen Karikatur, wie Pamela Anderson, die inzwischen aussieht wie eine Figur aus der britischen Satire-Serie »Spitting Image«.

Michael Jackson – der Kastrat?

Normalerweise bleiben nur ein paar Jahre, um den Zombie vor den Kameras und auf den Bühnen der Welt zu verheizen, insbesondere dann, wenn es sich um einen Jungen handelt. Denn bei männlichen Kinderstars »droht« mit der Pubertät auch der Stimmbruch, der normalerweise die Sängerkarriere beendet. Möglicherweise kennen wir die schlimmste Operation von Michael Jackson daher noch gar nicht. Möglicherweise mündeten die grausamen Misshandlungen in eine der schlimmsten Verstümmelungen, die man einem Jungen antun kann. Lassen wir einen Moment lang die Person und das Leben Michael Jackson Revue passieren: Der fehlende Stimmbruch, die auch mit 40 und fast 50 noch jugendlich hohe Stimme, das bizarre, auf kindlichem Niveau stehen gebliebene Verhalten, die Liebe zu Kindern, die kindliche und naive Interpretation von Beziehungen Erwachsener zu Kindern. Warum hat Jackson beispielsweise Kinder als Spielkameraden gehabt? Warum konnte er mit ihnen in einem Bett schlafen, ohne sie zu missbrauchen?

Seit jeher kennt die Musik ein ebenso brutales wie probates Mittel, um die stimmlichen Fähigkeiten eines männlichen Kinderstars zeitlich fast beliebig auszudehnen: die Kastration. Hat man bei »MJ« auf eine heute natürlich streng verbotene Praxis des 17. und 18. Jahrhunderts zurückgegriffen, nämlich den Künstler anatomisch oder chemisch zu kastrieren? Ist es wirklich so abwegig zu fragen, ob skrupellose und geldgierige Profiteure bei Jackson zu diesem Mittel gegriffen haben? So hätte man das Geschäft mit Jackson weit über dessen Pubertät ausdehnen können.

Michael Jackson ein Kastrat? Blödsinn, er war doch verheiratet! Und Verheiratete haben normalerweise ein Sexleben, oder nicht? 1994 heiratete Michael Jackson zum Beispiel die Tochter von Elvis Presley, Lisa Marie. Und die sagte, ihr gemeinsames Leben sei das eines verheirateten Paares gewesen, »das sexuell aktiv ist«. Na, bitte – noch Fragen? Allerdings. Denn da zu dieser Zeit bereits Vorwürfe wegen angeblichen Kindesmissbrauchs durch Jackson im Raum standen, wurde die Heirat als »Schutz-Ehe« gesehen, die der Welt einen sexuell normalen Michael Jackson vorführen sollte. Nicht einmal zwei Jahre nach der Heirat, nach Eindämmung der Missbrauchsvorwürfe, wurde die Ehe wieder geschieden.

Nach Jacksons Tod packte seine zweite, ebenfalls von Jackson geschiedene Ehefrau Debbie Rowe aus, was wirklich im Bett mit Michael gelaufen war. Rowe war ursprünglich Sprechstundenhilfe bei Jacksons Hautarzt Arnold Klein. Die hübsche, normal wirkende Blondine erzählte: »Bevor es die Kinder gab, sprangen wir zusammen ins Bett und lasen Magazine und guckten Filme an, mit all den Tieren um uns herum. Wir haben uns zusammen entspannt.« Eine merkwürdige Bettgeschichte – und wie sind dabei die Kinder entstanden? »Rowe enthüllte, dass sie und der Sänger im Verlauf ihrer dreijährigen Ehe niemals Sex oder ein gemeinsames Bett gehabt hätten, und beschrieb die Ehe lediglich als Freundschaft«, schrieb die britische Boulevard-Zeitung *News of the World* (zitiert nach *The Brisbane Times,* 29.6.2009): »Wir lebten nie als Paar zusammen. Wir hatten nie Sex. Er war unterwegs und zog seine Sachen durch. Er wollte nie mit mir leben.« Es sei eine »Schwindel-Heirat« gewesen.

Kein Sex? Aber Jackson hatte doch zwei Kinder von Debbie Rowe! Wirklich? Von Anfang an tauchten Zweifel auf, ob die als »Jacksons Kinder« bezeichneten Nachkommen wirklich von ihm stammten. Denn Michael (12), Paris (11) und Prince Michael II (7) waren weiß und hatten auch sonst keine »negroiden« Körpermerkmale. All das hatte sich Jackson ja nur wegoperieren lassen; das Erbgut ist von solchen Operationen natürlich nicht betroffen. Das heißt, hätte er sich fortgepflanzt, hätte er selbstverständlich die Merkmale des »ursprünglichen« kleinen schwarzen Jungen Michael Jackson weitergegeben. Professor Klaus Diedrich von der Universitätsfrauenklinik in Lübeck erklärte: »Wenn Jackson der Vater gewesen wäre, würden wir bestimmte Charakteristika wie Nasenform und Hautfarbe bei den Kindern sehen.« (Bild.de, 13.7.2009) Und so bekannte Debbie Rowe denn auch, künstlich befruchtet worden zu sein. »Ich war nur das Gefäß. Ich wurde bezahlt, und ich machte mit. Es war einfach, als würde man ein Pferd besamen. Das war das, was sie mit mir machten. Ich war die Zuchtstute.« Das ist das eine. Aber freilich hätte man eine solche »Begattung« trotzdem mit Michael Jacksons Samen durchführen können – wenn er denn welchen gehabt hätte. Aber, so Rowe: »Es war nicht Michaels Sperma.« (*Brisbane Times*, a. a. O.) Warum nicht? Hatte Jackson etwa wirklich kein Sperma? Und warum wurde auch sein drittes Kind Prince Michael II künstlich gezeugt? Ja, als sei alles noch nicht bizarr genug, war hier nicht

nur der Vater, sondern auch die Mutter unbekannt. Die Mutter von Prince Michael II soll eine »unbekannte Leihmutter« (Bild.de, 13.7.2009) sein, die möglicherweise nicht einmal selbst wisse, dass sie die Mutter von Michael Jacksons drittem Kind sei.
Nach Jacksons Tod outete sich Jacksons ehemaliger Hausarzt Arnold Klein als der Samenspender der beiden älteren Kinder und wartete – abgesehen von diesen äußerst bizarren »Familienverhältnissen« – mit einer weiteren sensationellen, aber weitgehend unbeachteten Enthüllung auf: »Michael kann gar nicht der Vater sein, weil er als Folge der vielen Prügel, die er von Vater Joe bezog, unfruchtbar ist.« (oe24.at, 21.7.2009) Ein Sänger, der als Kind »unfruchtbar geprügelt« wurde, ist aber nichts anderes als ein Kastrat.

Der tanzende »One World«-Derwisch

Nicht schwarz, nicht weiß, nicht Mann, nicht Frau, nicht Fisch, nicht Fleisch, nicht tot, nicht lebendig: Der androgyne »King of Pop« war der perfekte Repräsentant eines globalen Schönheitsideals ohne Geschlecht und ohne Rasse. Natürlich war Jackson auch eine perfekte Umsatzmaschine. Er war aber auch ein politisch korrekter Homunkulus, ein zuckender Derwisch der schönen, neuen »One World«-Ideologie, der auf der Bühne mit Kindern aus aller Herren Länder um einen riesigen Globus zu tanzen pflegte. Wobei sich Jackson sogar in seinen eigenen Bühnenshows als Zombie darstellte – oder persiflierte.
Der 25. Juni 2009 ist also nicht das Todesdatum von Michael Jackson. Sprechen wir deshalb lieber vom Verfallsdatum – vom Verfallsdatum einer operierten und dressierten Masse aus Haut und Knochen. Und der gegenüber pietätvolle Gefühle zu hegen schwerer fällt als gegenüber dem lebendigen kleinen Michael. Dass man das Kunstprodukt Michael Jackson nicht mehr über die ab 2009 geplante Fünfzig-Konzerte-Tournee würde peitschen können, dürfte allen Beteiligten klar gewesen sein. Schließlich

hatte Jackson bereits bei seiner Pressekonferenz in London am 5. März 2009 eine klägliche Figur abgegeben.

Eine Pressekonferenz, die keine war

Was bisher allerdings verschwiegen wurde: Die sogenannte Pressekonferenz war überhaupt keine Pressekonferenz. Vielmehr wurde Jackson nur für ganz wenige Minuten wie ein Zirkustier einer brüllenden Fan-Meute vorgeführt. Eine abgemagerte und desorientiert wirkende Gestalt, die wie eine Kleiderpuppe wirkte, betrat mit staksenden Schritten die Bühne. Auf dem Kopf saß eine große schwarze Perücke, das halbe Gesicht wurde von einer riesigen Sonnenbrille bedeckt. Fast zweifelte man daran, wirklich Michael Jackson vor sich zu haben, bis man seine Stimme wiedererkannte. Doch was er eigentlich sagen sollte, schien er nicht zu wissen. Michael Jackson sagte denn auch praktisch nichts Inhaltliches. Stattdessen wiederholte er immer dieselben Phrasen, wobei er wiederholt ins Stocken geriet. Fragen wurden Michael Jackson keine gestellt und mussten demzufolge auch nicht von ihm beantwortet werden. Hier die Mitschrift:

> »Ich will nur sagen, dass …, dies …, dies werden meine finalen Show-Auftritte in London sein. Das war es dann damit. Das ist es. Und wenn ich sage, das ist es, dann meine ich auch, das ist es, weil … Ich werde die Songs vortragen, die meine Fans hören wollen. Das ist es, ich meine, das ist es wirklich. Das ist die finale, das ist die finale Verbeugung vor dem Publikum. Okay? Und ich sehe Euch im Juli … und … ich liebe Euch. Das tue ich wirklich. Das müsst Ihr wissen. Ich liebe Euch so sehr. Wirklich, aus tiefstem Herzen. Das ist es. Und wir sehen uns im Juli!«

Der Conferencier kündigte bei dieser Gelegenheit zehn Konzerte an. Später scheinen daraus, wie gesagt, fünfzig geworden zu sein.

Die Tournee abzusagen hätte sicherlich zu einem finanziellen und rechtlichen Desaster geführt. Michael Jackson am 25. Juni 2009 »abzuschalten« könnte der einzige Ausweg gewesen sein – die einzige Möglichkeit, mit einem »King of Pop« Geld zu verdienen, mit dem man eigentlich kein Geld mehr verdienen konnte. Nicht doch: Schließlich befand sich Michael Jackson in den besten Händen. Kaum habe er daheim in Holmby Hills gesundheitliche Schwierigkeiten bekommen, habe sein Hausarzt sich rührend um ihn gekümmert, hieß es. So rührend, dass Jackson beim Eintreffen der Sanitäter mausetot und der Hausarzt verschwunden war. Zwar waren die Sanitäter der Feuerwehr von Los Angeles schon neun Minuten nach dem Notruf um 12.21 Uhr vor Ort, aber weder auf dem 45-minütigen Transport ins Krankenhaus noch im Verlauf einer weiteren Stunde konnten die eingeleiteten Wiederbelebungsmaßnahmen dem geschundenen Körper von Michael Jackson auch nur einen Funken Leben einhauchen. Der »King of Pop« muss also wirklich schon »sehr tot« gewesen sein, als irgendjemand in Holmby Hills zum Hörer griff, um den Notruf zu wählen. Wollte man da also ganz auf Nummer sicher gehen? Nochmals nicht doch: Schon einen Tag nach dem Tod des Popstars hieß es, Fremdverschulden sei auf jeden Fall auszuschließen. Das ist allerdings seltsam. Denn auf der anderen Seite stand die Todesursache noch gar nicht fest, ja, die weiteren toxikologischen Untersuchungen würden noch Wochen dauern, wurde verkündet. Wie konnte man da Fremdverschulden bereits ausschließen?

Der unverdächtige Verdächtige

Dass Ärzte zugegen sind, wenn jemand stirbt, ist an sich nichts Besonderes. Schließlich werden sie in kritischen Situationen oft genug zu Hilfe gerufen. Interessant wird es eher dann, wenn Ärzte zugegen sind, bevor oder wenn der Notfall eintritt. Das war im Fall Neda nicht anders als im Fall Michael Jackson. Just als der »King of Pop« bereits ohne Atmung, aber angeblich noch mit Herzschlag auf seinem Bett lag, habe sein privater Hausarzt Conrad Murray das Zimmer betreten. Normalerweise gilt jemand, der mit einem Menschen allein war, der plötzlich und unerwartet stirbt, als verdächtig. Insbesondere dann, wenn dieser Jemand danach die Flucht ergreift. Zudem tauchten Berichte auf, der Hausarzt habe Jackson kurz vor dessen Tod eine Spritze mit dem Betäubungsmittel Demerol verabreicht. Normalerweise reichen solche Verdachtsmomente für einen Haftbefehl. Nicht so im Falle Conrad Murray. Auch dann nicht, als sich herausstellte, dass der gute Doktor 25 bis 30 Minuten gewartet hatte, bevor er die Rettung anrief.

Das war aber noch nicht alles: Bei dem Notruf aus dem Hause Jackson war auch erklärt worden, dass Jackson bewusstlos und ohne Atmung, also mit Herz- und Atemstillstand, auf dem Bett liege. Daraus folgt praktisch direkt der Verdacht eines kapitalen Kunstfehlers oder der unterlassenen Hilfeleistung. Ganz einfach deshalb, weil die einzige medizinisch angezeigte Maßnahme auf dem Bett eigentlich nicht stattgefunden haben kann – nämlich eine »Herzmassage« (*Cardiopulmonary Resuscitation*, CPR; Kardiopulmonale Reanimation). Und weil vor allem ein Arzt dies natürlich sehr genau wissen muss. Während man bei einem Laien vielleicht noch Unwissenheit oder Unbeholfenheit unterstellen kann, muss ein Arzt wissen, dass man eine wirksame Herzmassage nur auf einer harten Unterlage vornehmen kann – normalerweise auf dem Boden. Weil man nur dann ausreichend Druck auf den Brustkorb ausüben kann, wenn die Unterlage mit dem Patienten nicht nachgibt und wenn man gleichzeitig das ganze Gewicht des eigenen Oberkörpers auf den Patienten legen kann. Nur dann kann man den Brustkorb des Patienten mit den Handballen wirksam herunterdrücken. Lässt dagegen ein Arzt einen Patienten mit Herz- und Atemstillstand auf dem Bett liegen, ist das, wie gesagt, ein Kunstfehler oder unterlassene Hilfeleistung. Dazu gab Murrays Anwalt Edward Chernoff dem TV-Sender ABC ein denkwürdiges Interview:

Frage: »Als der Notruf bei der Zentrale einging, sagte die anrufende Person, dass Michael Jackson immer noch auf dem Bett lag, und wurde angewiesen, Jackson auf den Boden zu legen. Die meisten Leute wissen, insbesondere ein Arzt, dass man eine CPR auf dem Boden verabreichen sollte, also warum kümmerte er sich immer noch auf dem Bett um ihn?«
Chernoff (stotternd): »Nun … er … er – das stimmt. Er führte die CPR auf dem Bett durch.«

Aber erstens, wand sich der Anwalt heraus, sei das Bett ja ein sehr festes Bett gewesen – was bei den Kräften, die bei einer wirksamen Herzmassage zur Anwendung kommen müssen, allerdings nicht ausreicht. Und zweitens beschreibt der Anwalt nun eine ganz neue Methode der Herzdruckmassage, die Murray auf dem Bett durchgeführt haben soll – sozusagen eine Methode, die auch unter dem Namen Michael-Jackson-Herzmassage in die Medizingeschichte eingehen kann. Und zwar habe er – statt Jackson auf den Boden zu legen – dessen Rücken mit einer Hand umfasst, während er mit der anderen dessen Brust zusammenpresste. Mit dieser Version sollte wohl der Eindruck vermittelt werden, der Arzt habe den fehlenden Widerstand des Bettes auf diese Weise quasi ausgeglichen. Dazu zwei Anmerkungen. Erstens: Warum war das notwendig, wenn das Bett doch so fest war? Zweitens: Probieren Sie das einmal zu Hause aus – aber bitte nicht in einem wirklichen Notfall. Sie werden sehen, dass Sie den Brustkasten des anderen nicht zwischen Ihren Händen zusammendrücken können.
Dieser Meinung war auch der bereits im Kapitel »Neda« erwähnte ehemalige Notarzt, den ich über diese merkwürdige Methode der Herzdruckmassage befragte. Antwort:

»Das geht nicht, das ist Quatsch. Bei der Herzdruckmassage kommt's schon darauf an, dass man richtig brutal Druck auf den Thorax geben kann. Letzten Endes führt man ja eine Thorax-Quetschung durch, um mit den vorhandenen Klappen des Herzens so eine Art Minimalzirkulation zu erzeugen.«

Dann war diese Erzählung des Anwalts also eine reine Schutzbehauptung, um zu vertuschen, dass hier überhaupt keine angemessene Erste Hilfe stattgefunden hatte. Das gilt auch für die am Ende des Interviews nachgeschobene Behauptung, Murray habe Jackson schließlich doch noch irgendwann auf den Boden gelegt. Warum, wenn das Bett doch so fest und die Herzmassage zwischen seinen Händen doch so wirksam gewesen war? Und warum erklärte der Anrufer aus der Jackson-Villa dann der Notrufzentrale, dass Jackson eben nicht auf dem Boden, sondern auf dem Bett liege:

Frage Notrufzentrale: »Liegt er auf dem Boden? Wo ist er jetzt gerade?«
Antwort: »Er ist auf dem Bett, Sir. Er ist auf dem Bett.«
Antwort Notrufzentrale: »Legen Sie ihn auf den Boden. Ich helfe Ihnen jetzt, eine Herz-Lungen-Reanimation durchzuführen.«

Das heißt, selbst der weit entfernte Nothelfer versucht jetzt sofort, die einzig richtige Maßnahme zu treffen und den Anrufer anzuleiten, bei Michael Jackson eine fachgerechte Herz-Lungen-Behandlung auf dem Boden durchzuführen. Zu seinem Erstaunen erfährt der Nothelfer jedoch, dass bereits ein Arzt vor Ort ist, der ebenfalls eine Herz-Lungen-Reanimation durchgeführt habe. Damit ist der Fall für den Nothelfer erledigt – denn der Arzt, so erklärt er, habe ja mehr Autorität als er. Übersetzt: Er werde schon wissen, was er tut.

Vielleicht, vielleicht auch nicht. Am Ende des erwähnten Interviews mit Chernoff erfährt das ABC-Publikum jedenfalls, dass der Arzt auf diese Weise »25 bis 30 Minuten« an Jackson herumdokterte. Dass dieser beim Eintreffen der Helfer bereits mausetot war, ist daher kein Wunder.

Aber w*arum* führte der Kardiologe (!) Murray seine inkompetente Behandlung überhaupt so lange durch? *Warum* rief er nicht früher einen Notarzt? Fragen wir dazu wieder unseren Fachmann für kreative Ausreden, Murrays Anwalt Chernoff:

> »Chernoff erklärte diese bizarre Enthüllung damit, Dr. Conrad Murray habe deshalb nicht sofort von seinem Handy aus angerufen, weil er die genaue Adresse von Michaels Villa nicht gekannt habe«, so die Hollywood-Website TMZ.com am 29. Juni 2009, die laufend über den Todesfall Jackson berichtete. »Um das klarzustellen: Das Haus befindet sich unmittelbar oberhalb des Sunset Boulevard in Beverly Hills, einer der berühmtesten Straßen des Landes.«

Allerdings wohnte Jacksons Hausarzt Murray laut TMZ.com vom 26. Juni 2009 selber in dem Anwesen! Was auch Sinn ergibt, denn Murray war erst wenige Tage zuvor aus Houston angeheuert worden, und Platz für Personal war in Jacksons riesigem Haus allemal. »Irgendwas ist hier faul … yes or no?«, startete die Website TMZ.com angesichts dieser Umstände eine naheliegende Umfrage. Von 112 000 Teilnehmern (Stand: 3. Juli 2009) stimmten 92 Prozent mit »Ja«.

Da fragt sich doch, was der mysteriöse Arzt wirklich mit Jackson anstellte? Wollte er ihm wirklich helfen? Oder wollte er ihm in Wirklichkeit vom Leben zum Tode verhelfen? Denn da wäre ja immer noch der Streit um die Verabreichung des schweren

Schmerzmittels Demerol an Jackson kurz vor dessen Tod. Während einige partout behaupteten, Murray habe Jackson dieses Schmerzmittel verabreicht, stellten andere dies in Abrede.

Eine total verkrachte Existenz

Wer ist eigentlich dieser Conrad Murray? Laut einem Bericht der *Los Angeles Times* vom 26. Juni 2009 stand Murray bei diversen Gläubigern mit einer knappen Million Dollar in der Kreide. Und nicht nur das: Wie die Website »The Hollywood Gossip« am 30. Juni 2009 berichtete, arbeitete der angebliche »Kardiologe« zum Zeitpunkt von Jacksons Tod sogar ohne Facharztlizenz:

> »Genauer gesagt bestätigte das American Board of Internal Medicine, dass Dr. Conrad Murrays jüngste Facharztprüfung von 1998 stammt. Seine Lizenz erlosch am 31. Dezember 2008. Ob Dr. Murray die entsprechenden Examen nicht bestanden oder gar nicht absolviert hat, ist zurzeit nicht bekannt.«

Da stellt sich doch die Frage, warum der Konzertveranstalter AEG ausgerechnet diese demnach total verkrachte Existenz zur Betreuung des Megastars Michael Jackson verpflichtet hatte.
Ende August 2009 hieß es schließlich, Michael Jackson sei an einer Injektion des Betäubungsmittels Propofol gestorben. Die um 10.40 Uhr am Morgen des 25. Juni 2009 verabreichte Spritze habe schließlich um 12.21 Uhr zum Notruf geführt. Dabei geriet in Vergessenheit, dass der Zusammenhang zwischen Dr. Conrad Murrays Injektionen und dem Ableben des Popstars zunächst noch viel direkter dargestellt worden war.
Wirft man einen Blick auf die Chronologie von Michael Jacksons letzten Stunden, wie sie zunächst geschildert worden war, erhielt der Popstar nach der Propofol-Spritze um 10.40 Uhr weitere Injektionen. Laut TMZ.com bekam Michael Jackson noch um 11.30 Uhr eine Injektion mit dem Opioid Pethidin (Handelsname u. a.

Demerol), um 12.21 Uhr ging der Notruf bei der Feuerwehr ein. Fügt man aber die weiteren, später aufgetauchten Zeitangaben ein (»25 bis 30-minütige Wiederbelebungsversuche«), erscheint Jacksons Zusammenbruch nicht als Konsequenz der Propofol-Spritze, sondern als direkte Folge der Demerol-Gabe:

11.30 Uhr Demerol-Injektion
11.51 bis 11.56 Uhr, also 21 bis 26 Minuten später, wird Jackson von seinem Arzt in kritischem Zustand auf dem Bett vorgefunden; er zeigt kaum noch Lebenszeichen, wenn überhaupt.
12.21 Uhr: Notruf an die Feuerwehr von Los Angeles; um diese Zeit soll Murray Jackson bereits 25 bis 30 Minuten »wiederbelebt« haben, woraus die oben genannte Uhrzeit folgt.
12.30 Uhr Ankunft der Feuerwehr

Nach dieser Darstellung sieht es so aus, als habe Jackson erst die Demerol-Spritze »den Rest gegeben«.
Fassen wir zusammen: Der Arbeitgeber des dubiosen Arztes, Michael Jacksons Konzertveranstalter, hatte eine Tournee anberaumt, deren Durchführung äußerst zweifelhaft war. Die britische Zeitung *The Sun* berichtete am 29. Juni 2009, Jackson habe zuletzt »Bühnenangst« entwickelt; zum ersten Mal sei er angesichts der Comeback-Auftritte regelrecht in Panik gewesen. Und nicht nur das: »Mitarbeiter behaupteten, der kränkelnde Star habe sogar Angst gehabt, getötet zu werden, sollte er aus Gesundheitsgründen absagen.«
Dabei war die Tour nicht gegen einen natürlichen Tod Jacksons versichert, sondern interessanterweise nur gegen Tod durch Drogenüberdosis, also gegen das, was nach Jacksons Tod im Raum stand. Tat der verkrachte Arzt am 25. Juni also genau das, was seinem Arbeitgeber nützte? Injizierte er Jackson eine Überdosis Drogen, vermied er anschließend fachgerechte Reanimationsmaßnahmen und wartete er schließlich so lange mit dem Notruf, bis der Patient unrettbar verloren war? Natürlich sind das nur

Fragen – wenn auch berechtigte Fragen. Weder Murray noch der Konzertveranstalter können zum gegenwärtigen Zeitpunkt solcher Machenschaften beschuldigt werden.
Allerdings sind die Zusammenhänge zu offensichtlich. Während ich diese Zeilen schrieb, wurde ich von Michael Jacksons Schwester La Toya überholt: »Nach Michael Jacksons Vater glaubt nun auch seine Schwester La Toya Jackson, dass der Musiker ermordet wurde«, berichtete die *Süddeutsche Zeitung* am 12. Juli auf ihrer Website: »›Ich habe das von Anfang an gespürt‹, sagte die 53-jährige Schwester des Pop-Idols in einem am Sonntag veröffentlichten Interview mit den britischen Zeitungen *The Mail on Sunday* und *News of the World*. Daran sei ihrer Meinung nach nicht nur ein Mensch beteiligt gewesen, sondern ihr Bruder sei Opfer einer ›Verschwörung‹ geworden. ›Er war von einem schlechten Kreis umgeben‹, sagte La Toya Jackson. (…) ›Michael war mehr als eine Milliarde Dollar wert‹ und sei daher von gierigen Menschen umgeben gewesen, sagte sie. Mit Blick auf die bevorstehenden Comeback-Konzerte in London habe sie daher zu ihrer Familie gesagt: ›Er wird es niemals nach London schaffen. Schließlich sei er ›tot mehr wert als lebendig‹.«
Sollte es eine solche Rechnung gegeben haben, dann ging sie auf: Schon kurz nach seinem Tod stand Jackson wieder auf allen Hitlisten – und verdiente wahrscheinlich viel mehr Geld, als er es durch seine Konzerte je geschafft hätte. Die Verluste sollten durch die Ausfallversicherung ausgeglichen werden. Ob die Versicherung zahlen wird, war bei Redaktionsschluss dieses Buches noch nicht klar. Auf jeden Fall war Michael Jacksons Ableben gleichzeitig auch sein größtes Comeback. Sein Hausarzt Conrad Murray ließ indessen mitteilen, dass er der Beerdigung nicht beiwohnen werde, um, so TMZ.com am 30. Juni 2009, ganz »privat um seinen Freund zu trauern«.
Wie lange Murray noch privat trauern kann, war nach dem La-Toya-Interview allerdings fraglich geworden. Kurz nach ihrer Äu-

ßerung über einen möglichen Mord wertete die Polizei Jacksons Tod plötzlich doch noch »als Kriminalfall«, berichtete am 15. Juli 2009 *Spiegel Online*: »Im Fokus der Ermittlungen steht sein Leibarzt Conrad Murray – aber auch der Hautarzt des verstorbenen Sängers rückt ins Visier der Ermittler.« Tatsächlich konnten sich die Ermittler wenigstens zu dem Verdacht der »fahrlässigen Tötung« durchringen. Schließlich wurden daraus – immerhin – Ermittlungen wegen Totschlags. Doch Ende November 2009 praktizierte Michael Jacksons »Leibarzt« bereits wieder. »Es sieht so aus, als wäre ich einfach zur falschen Zeit am falschen Ort gewesen«, beschrieb er laut Times Online vom 24. November 2009 seine dubiose Rolle beim Ableben Michael Jacksons. Ob Murray offiziell beschuldigt oder angeklagt wird, werde erst 2010 entschieden, zitierte Times Online Polizeibehörden. Ein weiterer Verdächtiger wurde dabei glatt übersehen. Wie sich zeigte, kam Jacksons Tod für einige Zeitgenossen weit weniger überraschend als angenommen. Exakt ein halbes Jahr vor Jacksons Ableben, im Dezember 2008, hatte der kanadische Enthüllungsautor Ian Halperin, der jahrelang innerhalb des »Jackson Camp« gelebt haben will, die prophetische Aussage getroffen: »Michael Jackson hat nur mehr sechs Monate zu leben!« Wenn Sie mich fragen: ein Kandidat par excellence für ein ausführliches Verhör.

Thema des Monats *20. 7.: Rummel um die Mondlandung*

1. 7. Die Kraftfahrzeugsteuer wird künftig an den Ausstoß von Kohlendioxid (CO_2) geknüpft **5. 7.** Proteste der uigurischen Minderheit destabilisieren China **7. 7.** Trauerfeier für Michael Jackson ***9. 7. Abschlussbericht über den Absturz des Abenteurers Steve Fossett wird veröffentlicht 13. 7. WHO plant Menschenversuche bei Schweinegrippe-Impfung*** **18. 7.** Erdrutsch von Nachterstedt ***20. 7. Russischer Kosmonaut verteidigt US-Mondlandung zu Tode 22. 7. Totale Sonnenfinsternis über Asien*** **25. 7.** Laut *Spiegel* belastet Angeklagter im Sauerland-Terror-Prozess die Geheimdienste

9. Juli Der geheimnisvolle Tod des Steve F.

Kein Zweifel: 2009 wird das Jahr der Untoten. Sie sind weder tot noch lebendig, sie vagabundieren durch die Medien, und sterben sie wirklich vor aller Augen, erstehen sie wieder auf und erzielen post mortem ihr größtes Comeback. Der eine ist Michael Jackson, der jahrelang in der Versenkung verschwunden war, zuletzt gespenstische öffentliche Auftritte ablieferte und am 25. Juni 2009 plötzlich und unerwartet verstarb – endgültig, darf man wohl sagen.

Der andere geistert seit zwei Jahren durch die Schlagzeilen, ohne wirklich sterben zu dürfen. Am 10. Juli 2009 aber war es so weit: »Geheimnis um mysteriösen Absturz gelüftet«, titelte da die *Bild*-Zeitung wie viele andere Medien in der Republik: »Simple Luftwirbel brachten Steve Fossett den Tod.« »Unglücksursache geklärt«, behauptete auch der Fernsehsender n-tv in einem Beitrag über den Unfallbericht der US-Behörden, der am 9. Juli 2009 veröffentlicht:

»Fossett geriet in Turbulenzen.« Und auch die *Süddeutsche Zeitung* behauptete felsenfest: »Abenteurer Steve Fossett: Turbulenzen führten zum Absturz.« Na endlich, war man fast versucht zu sagen. Seit zwei Jahren war der seit 2007 verschollene Abenteurer und Multirekordhalter Steve Fossett nicht richtig zur Ruhe gekommen. Hatte er bis dahin alles überlebt, zum Beispiel eine Weltumrundung in einem Ballon und in einem Spezialflugzeug, wurde ihm augenscheinlich ausgerechnet ein harmloser Erkundungsflug über der Wüste Nevadas zum Verhängnis. Am 3. September 2007 war der mit allen Wassern gewaschene Pilot, Ballonfahrer und Abenteurer 120 Kilometer südöstlich von Reno im Bundesstaat Nevada von der Flying M Ranch seines Freundes Barron Hilton mit einer äußerst robusten, gutmütigen und als absturzsicher geltenden Maschine vom Typ Super Decathlon zu einem harmlosen Erkundungsflug gestartet und ward nie wieder gesehen. Trotz aller Suchaktionen blieb der berühmteste Abenteurer unserer Zeit verschollen. Erst jetzt, zwei Jahre später, kommt endlich die Bestätigung: Der Tod von Steve Fossett sei endgültig aufgeklärt; simple Turbulenzen hätten seinen Absturz verursacht. Das stehe in dem Abschlussbericht der US-Behörden, meldeten die Zeitungen.

Doch wie so oft leiden auch in diesem Fall die Nachrichten der Medien unter einer erschreckend kurzen Halbwertszeit. Viele Schlagzeilen überleben nicht einmal die Lektüre des darunterstehenden Artikels.

Liest man beispielsweise in dem Artikel auf der n-tv-Website weiter, dann war der Absturz, anders als in der Überschrift verkündet (»Unglücksursache geklärt – Fossett geriet in Turbulenzen«), plötzlich nur noch »offenbar« geklärt: Fossetts Maschine sei »offenbar« versehentlich in Abwinde geraten. Auch in der *Bild*-Zeitung hieß es nur wenige Zeilen unterhalb der apodiktischen Schlagzeile, Turbulenzen »sollen« an Fossetts Tod schuld gewesen sein. Der Draufgänger und Inhaber von mehr als einhundert Flug-Weltrekorden sei mit seiner Maschine »aller Wahrscheinlichkeit nach« in Luftwirbel geraten.

Man ahnt es schon: In Wahrheit war natürlich überhaupt nichts geklärt. Da die Maschine weder über einen Flugschreiber verfügte noch jemand bei dem Absturz dabei war, weiß in Wirklichkeit kein Mensch, was mit Fossett wirklich geschah. Der US-Unfallbericht und die entsprechenden Schlagzeilen beruhen lediglich auf Annahmen und Vermutungen. Da fragt man sich unwillkürlich, wie es zu solchen apodiktischen Schlagzeilen wie den eingangs zitierten kommt. Na und, wird mancher sagen. In den dazugehörigen Artikeln werde die angeblich unumstößliche Wahrheit doch korrekt als Vermutung dargestellt. Aber nichts ist korrekt. Denn weil sich Millionen Menschen im Vorübergehen an Zeitungsständern oder beim Überfliegen der Morgenzeitung nur über Schlagzeilen informieren, werden sie schlicht falsch informiert. Die Schlagzeilen sind so eine Art »Twitter« der Printmedien. Nun

wird mancher Medienmacher einwenden, dass in der Schlagzeile eben kein Platz für Worte wie »offenbar« oder »wahrscheinlich« sei. Eine faule Ausrede. Denn für ein Fragezeichen ist Platz in jeder Schlagzeile. Zum Beispiel:
»Abenteurer Steve Fossett: Führten Turbulenzen zum Absturz?«
Oder: »Brachten simple Luftwirbel Steve Fossett den Tod?«
So aber verbreiten unsere Medien ständig falsche Behauptungen und halten das auch noch für ihr Gewohnheitsrecht. Den tatsächlichen Sachverhalt erklären sie, wenn überhaupt, nur im Kleingedruckten. Andernfalls wären die Schlagzeilen ja dauernd voller Fragezeichen! Allerdings. Aber ehrlicher wäre es allemal.
Das Schicksal von Steve Fossett ist also, im Gegensatz zu dem Eindruck, der in den Medien erweckt werden sollte, in Wirklichkeit ganz und gar nicht aufgeklärt. Also noch einmal die Frage: Was war passiert?
Der Absturz von Steve Fossett war ursprünglich kein Absturz, sondern ein Verschwinden. Nachdem Fossett auch dreieinhalb Stunden nach seinem Start zwischen 8.20 und 8.30 Uhr von der nördlich der Sierra Nevada gelegenen Flying M Ranch kein Lebenszeichen von sich gegeben hatte, begann man mit der Suche. Das Hauptproblem bestand darin, dass zunächst sämtliche Beweise für einen Absturz fehlten:

- Es gab keinen Notruf.
- Es gab kein Signal von dem eingebauten Aufprallsender des Flugzeugs.
- Es gab kein Wrack.
- Es gab keine Leiche.

Und es gab auch kein Signal von Fossetts Armbanduhr vom Typ Breitling Emergency, mit der er ebenfalls ein Notsignal hätte senden können. Seine Frau behauptete später, er habe die Uhr gar nicht dabeigehabt.

Abgesehen davon, dass Fossett nicht wieder auftauchte, fehlten also sämtliche Merkmale eines Notfalls. Von einem Absturz und einem Todesfall ganz zu schweigen. Und das besserte sich auch nicht nach einer großangelegten Suchaktion. Bereits am Tag nach Fossetts Verschwinden suchten zehn Flugzeuge das raue Gelände ab. Am vierten Tag waren bereits 14 Flugzeuge der Civil Air Patrol (CAP) im Einsatz, wovon eines über ein hochauflösendes Kamerasystem verfügte, das automatisch nach der Silhouette von Fossetts Flugzeug suchen konnte. Doch man entdeckte nichts.
Ein Problem war, dass Fossetts Freund Barron Hilton (der Großvater von Paris Hilton) nicht mit der Civil Air Patrol kooperierte. Oder anders ausgedrückt, Hilton behinderte die Suchaktion der CAP: »Hiltons Leute ließen sie niemanden auf der Flying M Ranch befragen, erzählten ihnen stattdessen, was Hilton wusste, und starteten eine eigene Suchoperation.« (*Readers Digest Australien*, Januar 2009). Merkwürdigerweise wollte Hilton nichts mit der amtlichen Suchaktion zu tun haben. Stattdessen heuerte er Helikopter-Teams der Söldner-Firma Blackwater an und dirigierte bis zu 15 Hubschrauber und zehn Flugzeuge nach Gutsherrenart von einem Hangar aus – mit einer Zigarre zwischen den Zähnen. Allerdings ebenfalls vergeblich.
»Fossett hätte gefunden werden müssen, wir hatten schließlich unsere Augen offen«, zitierten die Medien eine Cynthia Ryan von der Civil Air Patrol. »Auf der Suche nach ihm haben wir sechs andere Flugzeuge gefunden. Wir sind ziemlich gut in unserem Job.« Es sei schlicht unwahrscheinlich, dass angesichts der vielen einzelnen, gut organisierten Suchaktionen keine einzige Spur des Wracks aufgetaucht sei. Bis zum 10. September 2007 fanden die Suchmannschaften sogar acht bis dahin unentdeckte, teilweise Jahrzehnte alte Absturzstellen. Doch die von Steve Fossett war nicht darunter. Ein Rätsel.
Das Rätsel vergrößerte sich noch, nachdem moderne Computer- und Satellitentechnik die wohl größte Suchaktion in der Ge-

schichte der Menschheit ermöglicht hatte. Denn tatsächlich beteiligten sich Zehntausende von Menschen daran. Wie das möglich war? Ganz einfach: Speziell für die Suche nach Fossett beschritt der Internetdienst Google Earth, der die ganze Erde in Satellitenbildern abbilden kann, zusammen mit anderen Anbietern neue Wege und speiste eigens hochauflösende Satellitenbilder des fraglichen Gebietes in sein System ein, sodass sich Nutzer an der Suche nach Fossett beteiligen konnten. Schon fünf Tage nach Fossetts Verschwinden, am 8. September 2007, wurden die ersten Satellitenbilder verfügbar gemacht, in denen Nutzer »verdächtige« Objekte mit einer Flagge kennzeichnen konnten. Vier Tage später beteiligten sich bereits 50000 Menschen an der Online-Suche, darunter viele eingefleischte Fossett-Fans. Dabei suchten die Teilnehmer jeweils 10000 Quadratmeter große Gebiete ab. Und wieder entdeckten sie nichts. Was Fossetts Flugzeug betraf, schien das Gebiet definitiv »sauber« zu sein. So langsam wurde die Sache unheimlich.
Obwohl Vermisste normalerweise erst nach Jahren für tot erklärt werden, beantragte Fossetts Ehefrau Peggy bereits am 26. November 2007, ihren Mann für tot zu erklären. Weitere drei Monate später, am 15. Februar 2008, gab ein Chicagoer Gericht dem Antrag statt. Eine mutige Entscheidung, denn noch immer war weder Flugzeugwrack noch Leiche aufgetaucht. Einen schnellen Totenschein ohne Leiche gibt es normalerweise nur, wenn der Vermisste von einer schweren Katastrophe wie einem Schiffsuntergang auf hoher See oder einem Flugzeugabsturz betroffen war – und zwar nachweislich. Gerüchte machten daher die Runde, Fossett habe seinen Tod nur vorgetäuscht. Die erwähnte Cynthia Ryan von der Civil Air Patrol wurde mit der Ansicht zitiert, Fossett habe seinen Tod inszeniert: »Bei den hiesigen Sicherheitsbehörden gibt es kaum jemanden, der die offizielle Geschichte von einem Unglück glaubt.« Laut *Times Online* vom 3. Oktober 2008 wurde Ryan daraufhin prompt von ihren Aufgaben entbunden: »Die Civil Air

Patrol teilte mit, dass ihre Äußerungen ›Fehler enthalten, aus dem Zusammenhang gerissen erscheinen und nicht mit dem Wissen und der Genehmigung der CAP veröffentlicht wurden‹.« – »Obwohl ihre Vorgesetzten Ryan inzwischen einen Maulkorb verpasst haben, hat die Beamtin versichert, es gebe Anzeichen dafür, dass Fossett lange vor seinem Verschwinden ein Doppelleben geführt habe. Demnach hat den Börsenspekulanten bei Investitionen in die Wall-Street-Häuser Bear Stearns und Morgan Stanley sein Glück verlassen« (*NZZ Online*, 17.8.2008).

Zwar hatte die Witwe in ihrem Antrag an das Chicagoer Gericht versichert, es gebe keine Lebensversicherung, keine Schulden und keine geschäftlichen Schwierigkeiten. Ob das aber der Wahrheit entsprach, steht auf einem anderen Blatt. Denn alles andere – Schulden und hohe Lebensversicherungen – hätte die Todeserklärung schließlich verzögert. Aber ist es andererseits wirklich glaubwürdig, dass ein Mann, der dauernd sein Leben aufs Spiel setzte, keine Lebensversicherung besaß? Und wenn es keine Versicherung gab, warum setzte sich dann ein Versicherungsdetektiv namens Robert Davis auf die Spur des Verschwundenen? »Davis und seine Mitarbeiter haben herausgefunden, dass Fossett seit einigen Jahren nicht nur eine, sondern zwei heimliche Geliebte hatte. Eine der Damen hat eine Beziehung öffentlich bestätigt«, berichtete die Online-Ausgabe der *Neuen Zürcher Zeitung* am 17. August 2008. In Wirklichkeit ging es angeblich um eine Lebensversicherung in Höhe von 25 Millionen Pfund, nach damaligem Umrechnungskurs 35 Millionen Euro. Auch dem Versicherungsmann kamen die Umstände von Fossetts Verschwinden spanisch vor: »Was ich herausgefunden habe, ist: Es gibt absolut keinen Beweis dafür, dass Steve Fossett wirklich tot ist.«

»Wo ist die Leiche?«, lautete die Gretchenfrage. Ein ganzes Jahr lang war diese Frage die klaffende Wunde in der offiziellen Geschichte vom plötzlichen Tod des Abenteurers Steve Fossett. Das Blatt wendete sich erst, als am 23. August 2008 mehrere »Freunde und Bewunderer« (Associated Press) Fossetts zu einer neuen Suche am Boden aufbrachen. Laut Associated Press vom 1. September 2008 lag das Suchgebiet etwa 10 bis 15 Meilen westlich von Hawthorne und ziemlich genau südlich von Reno. Dass auch dieses Gebiet bereits 2007 ausführlich abgesucht worden war, störte die Suchmannschaft nicht: »Das Gebiet war im letzten Herbst im Rahmen dessen, was als die größte Suchaktion aus der Luft nach einem abgestürzten Flugzeug in der US-Geschichte bezeichnet worden war (die Nevada National Guard und die Civil Air Patrol suchten dabei 20000 Quadratmeilen ab), wiederholt überflogen worden«, so Associated Press.

Und tatsächlich gaben am 10. September 2008 auch die freiwilligen Helfer auf – jedoch nicht ohne die Bemerkung: »Wir hoffen, dass jede zukünftige Suche in der Lage sein wird, unsere Arbeit als Sprungbrett zu benutzen«, meinte Fossett-Freund und Investor Robert Hyman. Wie immer man das verstehen durfte: Nur drei Wochen später, am 29. September 2008, wurde ganz in der Nähe tatsächlich die erste Spur des verschollenen Abenteurers entdeckt. Ein Wanderer stieß auf zehn Hundert-Dollar-Noten und drei Ausweise von Fossett. Ermittlern kam die Sache allerdings komisch vor. »Es muss einen Grund geben, wieso diese Sachen dort lagen«, überlegte beispielsweise Madera County Sheriff John Anderson und mutmaßte, Fossett selber könnte die Gegenstände dort plaziert haben. Tatsächlich sind solche Hinterlassenschaften typisch für ein inszeniertes Verschwinden – jedenfalls, wenn sie ohne eine überzeugende Spur des Toten aufgefunden werden.

Zwei Tage später, am 1. Oktober, wurden in wenigen Hundert Metern Entfernung des Ausweis-Fundortes an einem unwirtlichen, felsigen Hang in dreitausend Metern Höhe vollkommen zertrümmerte Wrackteile entdeckt. Und nicht nur das: »Leiche in Fossett-Wrack gefunden«, titelte die britische Boulevard-Zeitung *The Sun*. Aber da war es wieder, das anfangs geschilderte »Schlagzeilen-Phänomen«. Wenige Zentimeter darunter handelte

es sich schon nicht mehr um die »Leiche«, sondern nur noch um »verstümmelte Leichenteile«.
War Fossett also nun in der Maschine oder nicht – oder war er vielleicht vor dem Absturz abgesprungen? Liest man den Abschlussbericht, kommt man zu dem Schluss: Da, wo er hätte sein sollen, war er nicht – in einem der beiden Sitze der Maschine. Das kleine Flugzeug war zwar vollkommen zerfetzt und verbrannt, die Sitze ließen sich aber unschwer auffinden. »Die Stahlrahmen der beiden Sitze wurden etwa an ihren ursprünglichen Positionen in den Wrackteilen des Rumpfes gefunden«, heißt es im Abschlussbericht des National Transportation Safety Board (NTSB). »Der Rahmen des vorderen Sitzes [wo Fossett saß; G.W.] war verbogen, deformiert und auf etwa ein Drittel seiner ursprünglichen Größe zusammengequetscht. Der hintere Sitzrahmen war verbogen und deformiert, aber in seiner ursprünglichen Größe vorhanden.« Interessant ist die Beschreibung der Gurte. Jeder Sitz verfügte über einen Becken- und einen Schultergurt, der ähnlich wie im Auto am Becken in ein Gurtschloss einrastete, außerdem über einen Fünf-Punkt-Gurt, der jedoch nur bei Kunstflügen angelegt werden musste: »Der normale Beckengurt des Frontsitzes war unverschlossen; seine beiden Hälften [gemeint sind wohl die beiden Teile des Gurtschlosses; G.W.] wurden in der Nähe des Rumpfes gefunden. Ein acht Zentimeter langer Rest Gurtgewebe hing an einer der Hälften des Gurtschlosses.«

Da stellen sich natürlich einige Fragen:

1. Warum war der vordere Beckengurt »unverschlossen«?
2. Und natürlich: Wo war die Leiche?

Kurz nach dem Fund, am 2. Oktober 2008, trat ein sichtlich nervöser Vertreter der US-Untersuchungsbehörde NTSB vor die Presse; Fragen beantwortete er nur äußerst knapp:

Frage: *»Haben Sie nun keine oder nur wenige Überreste gefunden?«*
Antwort: *»Sehr wenig.«*
Frage: *»Genug für eine DNA-Untersuchung?«*
Antwort: *»Ich glaube, der Leichenbeschauer wird in der Lage sein, damit zu arbeiten.«*

Reichlich unbestimmt. Vor der Presse hielt sich der Mann vom NTSB auffallend bedeckt. Zwischen der NTSB und dem Madera County Sheriff John Anderson gab es gewisse Unstimmigkeiten über die Knochenreste. Während die nationale Transportbehörde auf der menschlichen Natur der Überreste zu bestehen schien, war sich der Sheriff da nicht so sicher:

> »Stunden nachdem der Leiter der NTSB gesagt hatte, die Überreste stammten von einer Person, erklärte der Madera County Sheriff, er wisse nicht, ob es sich um menschliche Überreste handele.« Associated Press, 2.10.2008)

Die Behauptung der NTSB stimmt deshalb nachdenklich, weil die Transportbehörde natürlich überhaupt keine Expertin in der Bestimmung von Knochenresten ist, erst recht nicht, wenn diese Reste nur wenige Zentimeter messen. Das ist Sache eines Leichenbeschauers (der häufig mit dem Sheriff identisch ist) oder Gerichtsmediziners; letztlich kann die Natur solcher Knochenreste oft nur durch einen DNA-Test geklärt werden.
Und tatsächlich stellte sich heraus, dass sich der mutmaßliche Verblichene noch immer erstaunlich rar machte. Die gefundenen Knochenreste waren, anders als von der NTSB (und erst recht von der *Sun*) behauptet, eben nicht menschlicher Natur. In Wirklichkeit hing die Sache also auch nach diesem Knochenfund sozusagen in der Luft: Wrackteile waren zwar gefunden worden, aber noch immer fehlte jede Spur von der Leiche. Speziell bei

einem Aufschlagbrand sollte man aber so etwas wie verkohlte Leichenreste finden, Anhaftungen von Gewebe an Flugzeugteilen und anderes mehr. Auch von Kleidung oder Kleidungsresten an den Sitzen fand sich nicht die geringste Spur. Stattdessen dauerte es noch einmal einen ganzen Monat, bis – am 29. Oktober 2008 – menschliche Knochenreste quasi »nachgereicht« wurden. Achthundert Meter von den Wrackteilen entfernt seien Tennisschuhe mit Bissmarken von Wildtieren und »zwei große menschliche Knochen« gefunden worden. Also nicht »die Leiche« oder »der Körper«, ja nicht einmal Fossetts »sterbliche Überreste«, sondern »zwei große menschliche Knochen«. Außerdem lagen auch noch Fossetts Führerschein und seine Kreditkarten dabei. Waren das wirklich sterbliche Überreste von Steve Fossett? Wie man's nimmt: DNA-Tests hätten jedenfalls ergeben, dass die Knochen von Fossett stammten, teilten die Behörden mit.

Trotzdem gab es noch immer ein Problem: Nicht nur, dass niemand die Worte »Leiche« oder »Körper« benutzte – niemand verlor auch nur ein Sterbenswörtchen darüber, um was für Knochen es sich eigentlich handelte. Ja, die Behörden weigerten sich sogar, weitere Details zu den Knochen mitzuteilen. Madera County Sheriff Anderson »hat es abgelehnt zu sagen, was für Knochen gefunden wurden«, schrieb die *Huffington Post* am 3. November 2008. »Er sagte, er wolle der Familie nicht zusätzliche Qualen verursachen.« »Zusätzliche Qualen«? Inwiefern könnte die Art der Knochen quälend für die Familie sein? Da mir das nicht einleuchtete, schickte ich am 13. Juli 2009 eine E-Mail an Rick Scholl, den Sheriff von Mono County, der sich an der Suche nach dem Fossett-Wrack beteiligt hatte. Der verwies mich jedoch postwendend an die Pressesprecherin des Madera County Sheriffs, Erica Stewart, der ich am selben Tag ebenfalls eine E-Mail schrieb. Hauptinhalt war die Frage, welche Knochen von Steve Fossett eigentlich gefunden worden seien. Eine Antwort erhielt ich darauf ebenso wenig wie auf eine Erinnerung, die ich Wochen später abschickte. Interessanterweise erstreckt sich diese seltsame Pietät aber nicht nur auf den Sheriff von Madera County, sondern auch auf die staatliche Untersuchungsbehörde NTSB. Auch deren Abschlussbericht vom 9. Juli 2009 vermeidet jede Beschreibung der gefundenen »Knochen«. Vielmehr ist dort nur von »Skelettfragmenten« die Rede. Das aber kann alles Mögliche sein: ein Zeh genauso wie ein Schädel, ein Fingerendglied ebenso wie das Becken.

Die Frage nach der Art der Knochen ist keineswegs nur akademisch. So hätte man beim Schädel, bei der Wirbelsäule, dem Becken oder auch den Rippen wohl davon ausgehen können, dass hier wirklich der Abenteurer Steve Fossett den Tod gefunden hatte. Bei Fingern oder Zehen, ja selbst einem Fuß oder einer Hand sähe die Sache schon anders aus. Schließlich haben sich Leute schon wegen weit niedrigerer Summen als 35 Millionen Euro selbst verstümmelt. Die Unfallversicherungen können ein Lied davon singen. Vorausgesetzt, die DNA-Analyse war richtig. Handelte es sich also um lebenswichtige Knochen von Steve Fossett oder nicht?

Diese Frage muss angesichts des eisernen Schweigens von Sheriff und Untersuchungsbehörde wohl leider offen bleiben. Was Fossett angeht, halte ich es daher mit der amerikanischen Rechtsprofessorin Jeanne Carriere von der Tulane University. Sie nannte verschollene Personen auch »die lebenden Toten«.

13. Juli Schweinegrippe: WHO plant Menschenversuche im großen Stil

Kaum jemand hat sie, kaum jemand leidet länger als ein paar Tage darunter, und nur wenige sterben daran – bis Mitte Juli insgesamt 441 von 6,75 Milliarden Erdbewohnern. Also »so gut wie niemand«, wie man so schön sagt. Trotzdem hat die WHO die sogenannte »Schweinegrippe« als »unaufhaltsam« eingestuft und rief schon am 11. Juni 2009 die höchste Pandemiewarnstufe sechs aus. Warum?

Dafür gibt es eine Erklärung: »SAGE«.

Sucht man unter dem Datum 13. Juli 2009 bei Google News nach diesem Wort, findet man nicht einen einzigen deutschsprachigen Artikel. Dabei gibt die »Strategic Advisory Group of Experts on Immunization« (SAGE) der Weltgesundheitsorganisation WHO an diesem Tag eine »Impfempfehlung« heraus, die an Skrupellosigkeit nicht mehr zu überbieten ist. In der »Strategischen Beratergruppe von Immunisierungsexperten« sitzen WHO-Impfexperten aus aller Herren Länder einträchtig mit Vertretern der Pharmaindustrie zusammen und beratschlagen über weltweite Impfkampagnen, wie die gegen das Schweinegrippe-Phantom.
Zwar haben die Pharmavertreter, »um Interessenkonflikte zu vermeiden«, nur Beobachterstatus, aber das ist reine Augenwischerei. Tatsache ist, dass die WHO ihre Impfempfehlungen unter den Augen der globalen Pharmaindustrie entwirft und niemand die möglichen Verflechtungen zwischen den SAGE-Mitgliedern und den bei den Sitzungen anwesenden Vertretern der Pharmakonzerne durchschauen kann. Beispielsweise kann niemand SAGE-Mitglieder daran hindern, direkt oder indirekt Aktien jener Hersteller zu besitzen, deren Impfstoffe und Grippemittel sie der gesamten Menschheit aufs Auge bzw. in den Arm drücken wollen. Dafür muss es nicht *einen* anstößigen konspirativen Kontakt zwischen SAGE-Experten und Pharmavertretern geben. So wurden durch die von dem WHO-SAGE-Komitee geschürte Schweinegrippe-Hysterie exakt die Aktienkurse jener Unternehmen »geimpft«, die ebenfalls in der SAGE sitzen. Die hatten das auch bitter nötig. So hatten die Papiere von Novartis und GlaxoSmithKline bis kurz vor »Ausbruch« der Schweinegrippe kräftig an Wert verloren. Seit März 2009 jedoch, als »sich das Schweinegrippevirus ›Influenza A (H1N1)‹ beeindruckend schnell aus[breitete]«, so die Deutsche Welle, stiegen auch die Kurse von Novartis und GlaxoSmithKline beeindruckend schnell.
An der Juli-Sitzung, die über die weitere Impfstrategie der WHO für die kommenden Monate entschied, nahmen mindestens zwei

Dutzend Vertreter von Impfstoffherstellern teil, neben jenen von Novartis und GlaxoSmithKline auch welche von Baxter, Sanofi Pasteur und diversen Pharmadachverbänden.
Unter den Augen der Vertreter dieser Milliarden-Industrie kamen die SAGE-Mitglieder zu dem lapidaren Schluss: »Da die Verbreitung des pandemischen Virus als unaufhaltsam angesehen wird, werden Impfstoffe für alle Länder gebraucht.« Das heißt im Fall der WHO wirklich alle – nämlich alle rund zweihundert Staaten der Erde mit ihren 6,75 Milliarden Bewohnern! Und das heißt: Die für jedermann offensichtlich harmlose »Schweinegrippe« ist die größte und bisher aggressivste Marketingkampagne für Impfstoffe und fragwürdige Grippemittel, die dieser Planet jemals erlebt hat. Das »Marketing« könnte sogar so weit gehen, das Produkt den »Konsumenten« gleich zwangsweise zu verabreichen – nämlich im Rahmen einer Zwangsimpfung. Ein Traum für jeden Hersteller.
»Marketing« – ist das nicht ein bisschen polemisch? Hier geht es doch um Hilfe für Menschen. Keineswegs. Denn die WHO selber benutzt diesen Ausdruck in ihrer »Pandemic (H1N1) 2009 briefing note 2« vom 13. Juli für die von ihr geplante Impfkampagne:

> *»Da neue Technologien bei der Produktion von einigen Impfstoffen zur Anwendung kommen, die bisher nicht intensiv auf ihre Sicherheit in Bezug auf bestimmte Bevölkerungsgruppen ausgewertet wurden, ist eine bestmögliche Beobachtung nach der Vermarktung sehr wichtig.«*

Mit diesem Satz lässt das »SAGE«-Impfkomitee der WHO endgültig die Maske fallen:

- Statt von Behandlung oder Impfung spricht es unverhohlen von »Vermarktung«.

- Es empfiehlt nicht ausreichend auf ihre Sicherheit getestete Impfstoffe.
- Es will die Reaktionen der Menschen auf diese Impfstoffe erst nach deren massenhafter Verabreichung auswerten.
- Es will ausgerechnet besonders empfindliche Bevölkerungsgruppen zuerst impfen, zum Beispiel Schwangere und Kinder.

Narrenfreiheit für Impfstoffhersteller

Laut SAGE sollen zunächst folgende Bevölkerungsgruppen geimpft werden:

1. medizinisches Personal
2. schwangere Frauen
3. über sechs Monate alte Kinder mit chronischen Erkrankungen
4. gesunde Erwachsene zwischen 15 und 49 Jahren
5. gesunde Kinder
6. gesunde Erwachsene zwischen 50 und 64 Jahren
7. gesunde Erwachsene über 65 Jahren

Damit läutet die WHO den größten Menschenversuch aller Zeiten ein. Bereits zuvor, im Juni 2009, unterzeichnete die amerikanische Gesundheitsministerin Kathleen Sebelius einen Erlass, der Impfstoffherstellern und Beamten Immunität gegenüber irgendwelchen Klagen wegen des Einsatzes der Impfstoffe garantiert. Denn schon 1976 erkrankten nach einer Impfkampagne Tausende Amerikaner am Guillain-Barré-Syndrom, einer Nervenentzündung mit Lähmungserscheinungen, die bis zur Atemlähmung führen kann. Die Zusicherung der rechtlichen Immunität ist das Gleiche, als würde man beispielsweise einen Autohersteller wie Volkswagen von jeder Haftung freistellen. Würden also von einem VW während der Fahrt die Räder abfallen, müsste Volkswagen nicht für den Schaden haften. Die Frage ist natürlich, welche Auswirkungen eine solche Immunität auf die Produktion hätte. Wie sähen unsere Autos aus, wenn die Hersteller nicht für ihr Produkt haften müssten? Und wie sehen wohl Impfstoffe aus, für die der Hersteller nicht haften muss? Die Antwort: Immunität bedeutet totale Narrenfreiheit für die Produzenten. Da kann man nur sagen: Rette sich, wer kann.

20. Juli Todesstöße für die Mondlandung

Es gibt Freunde, auf die könnte man gut und gerne verzichten. Alexej Leonow ist so einer – jedenfalls für gewisse Leute. Der frühere sowjetische Kosmonaut und »Held der Sowjetunion« (er absolvierte u. a. 1965 den ersten »Raumspaziergang«) ist mit einigen US-Astronauten eng befreundet und daher ein intimer Kenner der US-Raumfahrt. Gemeinsam mit zahlreichen amerikanischen Astronauten ist er Mitglied der internationalen »Association of Space Explorers« (ASE), die regelmäßige Treffen und Reisen für ihre Mitglieder veranstaltet.
Während die Mainstream-Medien das vierzigjährige Jubiläum der ersten bemannten Mondlandung nach allen Regeln der Kunst feierten, wurde ein Interview, das Leonow am 20. Juli 2009 der russischen Nachrichtenagentur RIA Novosti gab, komplett totgeschwiegen. Dabei war es absolut sensationell. Im Rahmen eines flammenden Plädoyers für die Mondlandung bestätigt der sowjetische Spitzenkosmonaut in diesem Interview, dass Teile der Mondlandung in einem Hollywood-Studio gedreht wurden. Es sei »albern und lächerlich« zu behaupten, dass die Amerikaner nicht auf dem Mond gewesen seien und ihren ganzen Landungsfilm gefälscht hätten, so Leonow gegenüber RIA Novosti.
Nicht »den ganzen Landungsfilm gefälscht«? Na, das ist ja sehr tröstlich. Der Kerl desavouierte die gesamte bemannte Raumfahrt. Für diese Art von Schützenhilfe dürften sich die amerikanischen Astronauten wohl bedankt haben.
»Die entsprechenden Gerüchte über eine Fälschung seien darauf zurückzuführen, dass ein Studio in Hollywood in der Tat einige

Szenen im Nachhinein gedreht habe«, berichtete RIA Novosti und zitierte Leonow dabei wie folgt: »Man konnte ja von der Mondoberfläche aus nicht aufnehmen, wie Neil Armstrong erstmals die Luke von innen öffnet und die Treppe herunterklettert!« Momente wie diesen habe man später im Studio mitgeschnitten, um die »Logik des Geschehenen beizubehalten«. »Die reale Aufnahme begann, als sich Armstrong auf der Mondoberfläche ein wenig zurechtfand und eine Antenne aufstellte, um die Bilder auf die Erde zu übertragen. Dann stieg auch sein Partner Buzz Aldrin aus, und sie nahmen sich gegenseitig auf«, so Leonow laut RIA Novosti.
Stimmt eigentlich auch wieder: Eine Fernsehübertragung ohne Antenne wäre wohl schwer möglich gewesen.
Was hier als flammende Verteidigungsrede für die Echtheit der bemannten Mondlandung daherkommt, versetzt in Wirklichkeit der Glaubwürdigkeit des Unternehmens den Todesstoß. Denn auch nur die kleinste Bestätigung aus berufenem Munde, dass bei der Mondlandung gefälscht wurde, wirkt sich verheerend aus. Wer sagt denn, dass die Grenze wirklich dort gezogen wurde, wo Leonow es behauptet? Tatsache ist, dass man zwischen den laut Leonow gestellten Aufnahmen und den nach wie vor angeblich »echten« keinen Unterschied erkennt. Heißt das nun, dass die Fälschung so gut war? Oder dass in Wirklichkeit alles gefälscht wurde?

Des Kaisers neue Raumanzüge

Vierzig Jahre danach leidet das bemannte US-Mondlandeunternehmen jedenfalls zunehmend unter einem Glaubwürdigkeitsproblem. Auch die Präsentation neuer Satellitenbilder vom Mond, die angeblich erstmals die Hinterlassenschaften der Astronauten von damals zeigten, geriet zum Pyrrhussieg. Stolz veröffentlichten die Medien am 18. Juli 2009 Bilder des »Lunar Reconnaissance Orbiter« (LRO), einer amerikanischen Mondsonde. Sollten die Amerikaner damals tatsächlich auf dem Mond gewesen sein, müssten die drei bis vier Meter hohen Landegestelle der Mondfähren sowie die mitgebrachten Elektromobile auch heute noch dort stehen. Ob man durch die präsentierten Bilder zufriedengestellt würde, war indes von Anfang an fraglich, schließlich konnte der Angeklagte einmal mehr als Richter auftreten – und sich selbst freisprechen, nach dem Motto: Die NASA macht Fotos, um zu beweisen, dass die NASA schon immer echte Fotos gemacht hat. Deshalb fassten selbst bekanntermaßen US-freundliche Medien wie *Spiegel Online* die »neuen Fotos« nur mit spitzen Fingern an. »Die Schwarzweißbilder werden wohl nicht jeden hartnäckigen Verschwörungstheoretiker überzeugen. (…) Auf den nun veröffentlichten Bildern (…) sind die Landefähren allerdings auch nur dann zu erkennen, wenn man weiß, wohin man sehen muss«, räumt *Spiegel Online* ein und fährt fort: »Gerade ein paar Pixel groß sind die Plattformen im grauen Staub auf den Fotos. Dazu kommt ein kleiner dunkler Schatten. Mancher Skeptiker mag sich vielleicht auch davon nicht überzeugen lassen.«

Welche »Plattformen«? Ehrlich gesagt sieht man auf den Fotos nur, dass man nichts sieht. Die einzigen eindeutig menschlichen Artefakte auf diesen neuen Fotos waren die dicken Pfeile, die auf die vermeintlich menschlichen Hinterlassenschaften deuteten. Auf den Trick mit den Pfeilen war die NASA im Jahr 1994 schon einmal verfallen, als die Mondsonde »Clementine« angeblich ebenfalls Überreste und Spuren von Apollo-Missionen gesichtet hatte. Das einzig Künstliche auf der Mondoberfläche waren aber auch damals schon die dicken Pfeile gewesen. Der Rest bestand aus undefinierbaren Flecken und Schatten. Im Grunde ist der Trick aber noch älter und reicht in die Zeit zurück, als noch keine (angeblichen) Sonden auf dem Mond nach Überresten der Apollo-Missionen suchen konnten. Schon vor mindestens vierzig Jahren malte die NASA dicke Pfeile in das sternenübersäte All und behauptete, einige der unzähligen Punkte seien die Apollo-Kapseln auf dem Weg zum Mond.

In Wirklichkeit guckte der Betrachter nur in die Röhre. In Wirklichkeit waren auch die neuen Fotos nur eine Neuauflage des Märchens von »Des Kaisers neuen Kleidern«, wonach nur intelligente Leute die Kleider des nackten Kaisers sehen können. Wer keine Kleider sieht, muss daher dumm sein.
Auf den neuen Bildern von 2009 zum Beispiel sollte eine Art weißes Sandkorn von Apollo 14 stammen. Noch kleinere Sandkörner wurden mit »Scientific Instruments« beschriftet. Ein unscharfer Fleck erhielt das Etikett »Lunar Modul« (Mondmodul). Zwei langgezogene Rillen in der Mondoberfläche wurden mit »Astronaut Footpath« überschrieben. Fußspuren konnte man da allerdings keine erkennen. Bevor die NASA in Sachen Mondlandung in Beweisschwierigkeiten geriet, wurden solche Rillen von Astronomen denn auch kurzerhand kullerndem Geröll zugeschrieben. Das heißt, dass die NASA, von dem lauten Mediengeschrei einmal abgesehen, nicht einmal zum 40. Jahrestag der Mondlandung, also nach vier Jahrzehnten, in der Lage war, Beweise für das Vorhandensein der Überreste der damaligen Unternehmungen auf dem Erdtrabanten vorzulegen. Woran das wohl liegen mag?

22. Juli Asien: Angst vor der Sonnenfinsternis

Die spinnen, die Asiaten: Kaum zieht eine totale Sonnenfinsternis über sie hinweg, drehen sie durch. »Raj Kuma Sharma etwa, ein Astrologe in Mumbai, prophezeite ›irgendeinen Angriff‹ von Separatisten aus der Region Kaschmir oder von Terroristen der al-Qaida auf indischem Gebiet. Und wo er gerade dabei war, warnte er auch gleich noch vor einer Naturkatastrophe in Südostasien«, spottete *Spiegel Online* am 20. Juli 2009. »Nach dem alten chinesischen Volksglauben kündigt die Sonnenfinsternis Naturkatastrophen wie Erdbeben, Überschwemmungen und Epidemien an oder den baldigen Tod des Kaisers«, berichtet faz.net am 22. Juli: »Noch vor wenigen Jahrzehnten sollen ganze Dörfer in apokalyptische Panik ausgebrochen sein.«

Aber nicht nur in Asien gibt es solche »Spinner«, sondern auch in der Türkei und in Deutschland. Hier wie dort hatten Wissenschaftler schon für die Zeit nach der Sonnenfinsternis des Jahres 2006 Erdbeben im Mittelmeerraum und in Kleinasien vorhergesagt und sich hinterher bestätigt gefühlt. Der deutsche Wissenschaftler Professor Konstantin Meyl brachte mehrere Beben mit der Sonnenfinsternis in Verbindung. Warum? Weil Forscher wie Meyl glauben, dass bei einer Sonnenfinsternis zwar das Licht wegbleibt, dafür aber andere physikalische Effekte auftreten. Während das Licht abnehme, nehme eine andere Strahlung zu, nämlich die Neutrino-Strahlung. Für diese Strahlung funktioniere der Mond wie eine Linse und werfe sie im Bereich des Kernschattens gebündelt auf den Boden. Von dort aus dringe sie weiter ins Erdinnere vor, um mit dem Erdkern in Wechselwirkung zu treten und in der Nähe des Kernschattens Erdbeben auszulösen.

Nun wäre ich dem nie weiter nachgegangen, wäre da nicht am 6. April das schwere Erdbeben von L'Aquila gewesen – ausgerechnet in der Nähe eines Neutrino-Labors, das mit gebündelten Neutrino-Strahlen beschossen und an dem gleichzeitig inoffiziell Erdbebenforschung betrieben wird (siehe 6.4. – Erdbeben von L'Aquila).

Sind die Asiaten also doch nicht so »durchgeknallt«, und müssen wir ihre Prophezeiungen und Ratschläge für eine Sonnenfinsternis einfach im »Licht« der gebündelten Neutrino-Strahlung betrachten? »Fragwürdige Ratschläge, um angebliches Unheil als Folge des Spektakels abzuwenden«, gebe es zuhauf, mäkelt am 20. Juli 2009 *Spiegel Online*: »›Schwangere sollten nicht rausgehen und kein Messer in die Hand nehmen, um Gemüse oder Früchte zu schneiden‹, sagt die Hausfrau Savita Rai in Neu-Delhi. Missbildungen des Babys könnten ansonsten die Folge sein. Nahrungsmittel müssten während der Sonnenfinsternis abgedeckt werden, weil sie sonst nicht mehr ›rein‹ seien – zumindest aber müsse ein Blatt der heiligen Tulsi-Pflanze dem Essen beigelegt werden.«

Sicher, was soll schon mit einem Messer oder Lebensmitteln bei Finsternis, also bei Abwesenheit von Licht, passieren? Aber wie sieht es *mit der Anwesenheit von anderen physikalischen Effekten aus*, zum Beispiel mit der behaupteten gebündelten Neutrino-Strahlung? Doch was soll eine Abdeckung von Lebensmitteln gegen die alles durchdringende Neutrino-Strahlung schon bewirken? Wahrscheinlich gar nichts. Trotzdem könnte es ein – wenn auch hilfloser – Versuch sein, sich vor den unsichtbaren Effekten einer Sonnenfinsternis zu schützen. Wobei »unsichtbar« nicht mit übernatürlich oder okkult zu verwechseln ist. Elektromagnetische Strahlung ist schließlich auch unsichtbar, und trotzdem ist sie real und einer der dienstbarsten Geister unserer Hightech-Gesellschaft – siehe Fernsehen und Mobiltelefonie.

Die »Sonnen-Paranoiker« zogen dennoch den ganzen Spott auf sich. Für ihre in Jahrtausenden gewachsenen Warnungen und Weisheiten hatten die westlichen Medien nur verbale Tritte übrig. Und natürlich machte sich kein einziges Medium die Mühe, nach der Sonnenfinsternis auch nur einen Blick auf die Region zu werfen: Kam es nach dem 22. Juli 2009 in oder in der Nähe der Kernschattenroute zu Erdbeben oder anderen Naturkatastrophen?

Die Antwort lautet ja.

Am 22. Juli bebte es einige Hundert Kilometer oberhalb der Kernschattenroute im japanischen Shikoku, in globalen Maßstäben gesehen also sehr nah. Das Beben hatte eine Stärke von 4,7 auf der Richter-Skala.

Am 24. Juli krachte es in Tibet, einige hundert Kilometer nördlich der Kernschattenzone. Rund fünfhundert Kilometer westlich der Hauptstadt Lhasa und etwa vierhundert Kilometer nördlich der nepalesischen Hauptstadt Kathmandu wurde das westliche Tibet von einem mittelstarken Beben erschüttert. »Die chinesische Erdbebenbehörde maß eine Stärke von 5,6 auf der Richter-Skala und teilte mit, eine vorläufige Abschätzung der Lage habe ergeben, dass in der dünn besiedelten Gegend keine größeren Schäden zu erwarten seien«, berichtete die *Asia-Pacific News* am 24. Juli 2009: »Es gab Berichte über Risse in einigen Lehmziegel-Häusern, und ein Expertenteam plante, am Erdbeben nahe der Kernschattenzone am Freitag, 24. Juli 2009, 500 Kilometer westlich von Lhasa, aus Tibets Hauptstadt Lhasa zu einer Inspektionsreise aufzubrechen.«

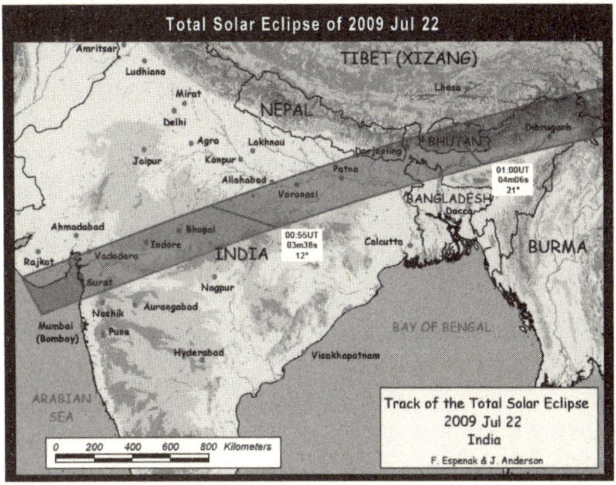

Am 25. Juli gab es einen Erdrutsch in der chinesischen Erdbebenregion Wenchuan, über die der Kernschatten direkt hinweggezogen war. Eine Brücke stürzte ein, drei Menschen starben, mindestens zwölf Menschen wurden verletzt.

Am 26. Juli gab es ein Erdbeben der Stärke 5,1 in Taiwan, ungefähr sechs- bis siebenhundert Kilometer unterhalb des Kernschattens.

Die Frage ist natürlich, ob das signifikant ist. Schließlich gibt es jedes Jahr eine ganze Reihe von Erdbeben. Vor allem Asien ist eine sehr aktive Erdbebenregion. Gerade dadurch werden allerdings ständig Spannungen in der Erdkruste abgebaut, sodass nicht jede Sonnenfinsternis spektakuläre Effekte haben muss. Ein Anfangsverdacht für einen Zusammenhang zwischen Erdbeben und gebündelten Neutrino-Strahlen ist seit den Forschungen von Professor Meyl und dem merkwürdigen Erdbeben von L'Aquila jedenfalls gegeben. Wissen die Menschen in Asien vielleicht wirklich etwas, das wir nicht wissen oder nicht wissen wollen?

August 2009

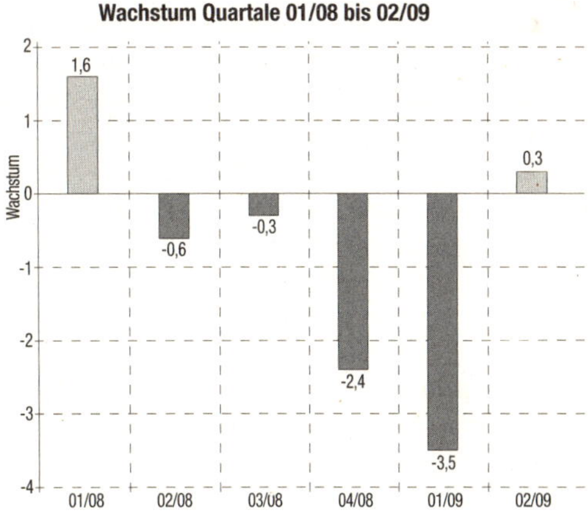

Thema des Monats: *13. 8.: Die Wirtschaftskrise wird abgesagt*

5.8. Teheran: Neue Proteste bei der Vereidigung von Präsident Ahmadinedschad ***12.8. Staatssekretär Peter Hintze schlägt deutsche Mondmission vor 13.8. Politik und Medien sagen die Wirtschaftskrise ab*** **17. 8.** Nach wochenlanger Irrfahrt taucht der Frachter »Arctic Sea« wieder auf ***18.8. Energiekonzern RWE nimmt Rauchgaswaschanlage in Betrieb*** **22.8.** In Italien wird der größte in Europa jemals ausgespielte Jackpot geknackt **25.8.** Der US-amerikanische Senator Edward »Ted« Kennedy stirbt im Alter von 77 Jahren ***30.8. In einem Amsterdamer Museum wird gefälschtes Mondgestein entdeckt***

08

12. August Peterchens Mondfahrt

Kein Zweifel: 2009 war das Jahr des Mondes. Vor vierzig Jahren landeten angeblich die ersten Menschen auf dem Erdtrabanten. Eine Sensation globalen Ausmaßes, die bis heute die Gedanken und Phantasien der Menschen beherrscht und ihre Kultur bis in den letzten Winkel durchdrungen hat. Und daher hörte das Thema 2009 nicht auf, die Öffentlichkeit zu beschäftigen. Jeder, der etwas auf sich hielt, versuchte, auf den Zug aufzuspringen.

»Die CDU will zum Mond«, titelt ein Online-Magazin am 12. August. Bitte sehr – Reisende soll man nicht aufhalten. Schließlich sind wir ja auch wieder wer: Deutschland hat tote Soldaten in Afghanistan, die Schweinegrippe und den Rinderwahn sowieso. Also warum soll man nicht auch in Sachen Raumfahrt dem Großen Bruder USA nacheifern und noch ein paar Milliarden auf dem Mond verheizen? *Auf dem Mond ein Feuer* lautete der Titel eines Buches über die Mondlandung von 1969. Warum also nicht auch ein Feuer aus Euroscheinen?

Und tatsächlich heißt es an diesem 12. August in *Focus Money Online*: »Luft- und Raumfahrtkoordinator Hintze will deutsche Mondmission (…) Der Koordinator für die Deutsche Luft- und Raumfahrt, der parlamentarische Wirtschaftsstaatssekretär Peter Hintze, hat sich am Mittwoch für eine unbemannte deutsche Mondlandung bis zum Jahr 2015 ausgesprochen. Er setze sich für eine ›nationale Mondmission‹ ein, entweder allein oder im Rahmen der Europäischen Weltraumbehörde (ESA).« Also national, aber auch international.

»Dass sich Deutschland rund 40 Jahre nach der ersten Mondlandung mit einem solchen Vorhaben beschäftige, liege auch daran, dass die Raumfahrtnationen generell den Mond als Forschungsobjekt wiederentdeckt hätten« (*Spiegel Online*, 12.8.2009). Warum wir dort forschen sollen, wissen wir also nicht; es reicht einfach, dass die anderen es wollen, denn: »›Alle wichtigen Weltraum-

nationen zielen auf den Mond‹, betonte Hintze bei einer Pressekonferenz in Berlin« (*Focus Money Online*, 12.8.2009).
Und eines machen die USA nun wirklich schon seit über vierzig Jahren vor: wie leicht sich im All und auf dem Mond Steuergelder verbrennen lassen – im Fall der angeblichen Mondlandung der USA nach heutiger Kaufkraft 120 bis 130 Milliarden Dollar. Und das Beste: Der Steuerzahler kann überhaupt nicht kontrollieren, wofür die Steuergelder verbrannt wurden und ob auch wirklich jemand auf dem Erdtrabanten landete (siehe Juli 2009). So viele weitere Mondsonden er auch finanziert, um auf dem Mond nachzusehen, ob seine Milliarden auch tatsächlich dort und womöglich nicht doch auf der Erde verheizt wurden – das Auge des Steuerzahlers sieht einfach nicht scharf genug.
Hintze hingegen meint, die Projektkosten seien doch »gut investiertes Geld«. Und das ist noch nicht einmal gelogen. Die Luft-und-Raumfahrt-Multis würden das unterschreiben, »denn die dabei erzielten Erkenntnisse würden der Wirtschaft neue Impulse geben«. Eben: Wie man dem Steuerzahler ein paar Milliarden abnimmt, ist auch eine wertvolle Erkenntnis. Und: »Die dabei erzielten Erkenntnisse in der Robotik könnten beispielsweise auch in der Pharmaindustrie zum Einsatz kommen«, meint Hintze.
In einem lichten Moment erkennt Peterchen allerdings glasklar: Sein Taschengeld reicht nicht. »Im Moment gibt es die Finanzen dafür noch nicht.« Aber seit wann ist das denn ein Hindernis?
»Der Mond ist das Archiv unseres Sonnensystems«, führt Hintze weiter aus. »Die Weltraumforschung könne Antworten über die Frage liefern: ›Wo kommen wir her, wo gehen wir hin?‹« (*Zeit Online*, 12.8.2009). Aber war dafür nicht bisher die Religion zuständig? Na gut, aber der Mond sei zumindest »so etwas wie ein natürlicher Raumflughafen der Erde«, preist Peterchen seine Mondfahrt an wie sauer Bier. Vollkommen klar: Die Schwarzen können zwar keinen Transrapid von München nach Erding bauen, aber einen Raumflughafen auf dem Mond.

Papperlapapp, meint Hintze: »Neben der Erforschung des Sonnensystems könne eine Mondbasis auch bei der Abwehr von Gefahren aus dem All, etwa gegen Asteroiden auf Kollisionskurs mit der Erde, genutzt werden.«
Natürlich. Aber da fällt mir gerade ein: Warum sollte die Mondmission eigentlich unbemannt sein? An Kandidaten für eine Reise zum Mond scheint es ja nicht zu mangeln. Und bemannt muss gar nicht teuer sein. Schließlich könnte man sich alles Mögliche sparen: das Astronautentraining ebenso wie teure Raumanzüge und eine weiche Landung. Und die Rückreise sowieso.

13. August Mission accomplished: Die Krise fällt aus

Ich gestehe, ich habe einen Rückfall erlitten. Am 13. August schaltete ich wieder einmal das Radio ein. »Rezession in Deutschland beendet«, schnarrte es mir da sogleich triumphierend entgegen – nur die Fanfaren fehlten. Ich wollte gerade Haltung annehmen, da schnarrte die Stimme schon weiter: »Der rasante Absturz scheint gestoppt.« Bravo! Bevor die Krise überhaupt richtig angefangen hat, wird sie schon wieder abgesagt! Nur ich hatte mich wieder mal geirrt: »Dass wir in extrem schwierigen Zeiten leben, die existenzielle Gefahren für jeden von uns bergen, ist wohl inzwischen eine unübersehbare Tatsache«, hatte ich am Ende meines letzten Jahresrückblicks geschrieben: »Die Hauptaufgabe für 2009 wird lauten, sich und seine Familie gegen die sich verschärfende Krise zu schützen.«
Von wegen: »Die deutsche Wirtschaft hat sich im zweiten Quartal erholt und ist überraschend gewachsen, wenn auch nur leicht«, meldete das Radio. Hurra – *Mission accomplished!* Moment: *Mission accomplished* – woran erinnert mich das? Richtig: An Präsident George W. Bushs Siegesrede nach zwei Monaten Irak-Krieg am 1. Mai 2003 auf dem Flugzeugträger »Abraham Lincoln«. Überhaupt seltsam, dass einen immer mehr Meldungen

in Deutschland an George W. Bush erinnern, der nicht nur einen Blitzkrieg gegen Irak, sondern auch gegen die Wahrheit führte – und beide grandios verlor. Denn seine Siegesmeldung am 1. Mai 2003 kam, sagen wir: etwas verfrüht. Genau genommen kam sie zu einem Zeitpunkt, als das Irak-Desaster gerade erst anfing. Und das ist jetzt über sechs Jahre her! Wenn die Siegesmeldungen im »Krieg gegen die Krise« ebenso verfrüht sind, steht uns wohl noch einiges bevor.

Schluss mit der Miesepeterei:

- »Deutsche Wirtschaft wächst wieder« (*Spiegel Online*, 13.8.2009)
- »Rezession in der Eurozone so gut wie beendet« (*Focus Money Online*, 13.8.2009)
- »Rezession im Euro-Raum vor dem Ende« (faz.net, 13.8.2009)
- »Deutschland und Frankreich schieben Euro-Wirtschaft an« (*Spiegel Online*, 13.8.2009)

Noch Fragen? Jede Menge. Zum Beispiel: Worauf beruhte denn nun eigentlich die Euphorie? Nun, »die deutsche Wirtschaft hat laut Statistischem Bundesamt im zweiten Quartal um 0,3 Prozent angezogen – das erste Wachstum seit einem Jahr«, jubelte das elektronische Zentralorgan *Spiegel Online*. Donnerwetter – »angezogen«! Das ist ja wie in der Achterbahn, wenn der Wagen nach der Talsohle wieder nach oben schießt! Da kann einem ja ganz schwindlig werden. Doch bei aller Sektlaune: Was sind eigentlich 0,3 Prozent? Antwort: 0,3 Prozent sind drei Tausendstel. Also so gut wie nichts. Das heißt, der Berg kreißte wieder einmal, gebar aber nur eine Maus. Oder ein Mäuschen. Denn was würden Sie zum Beispiel sagen, wenn Ihnen Ihr Chef eine Gehaltserhöhung von 0,3 Prozent gewähren würde? Bei tausend Euro Gehalt wären das drei Euro!

Anders gefragt: Sind 0,3 Prozent Wirtschaftswachstum überhaupt signifikant, das heißt, befinden sie sich überhaupt über dem statistischen Rauschpegel? Die Medien machten wieder mal mitten im tiefen Winter aus einer mickrigen Schwalbe einen ganzen Sommer. Denn wie die Verhältnisse tatsächlich aussahen, konnte man einmal mehr nur im Kleingedruckten lesen. Die »Konjunkturwende« *(Spiegel Online)* war in Wirklichkeit gar keine, denn beim Wirtschaftswachstum zählen wie bei Aktien weniger die kleinen Treppchen als vielmehr der große Trend.
Die wirklichen Schlagzeilen tauchten denn auch nur auf den Websites von Experten auf. Das ist das eine. Das andere: Sie waren ziemlich verschlüsselt:

- »D: BIP 2. Quartal –5,9 %« (*mmnews*, 13.8.2009)

Übersetzt:

- »Deutschland: Bruttoinlandsprodukt 2. Quartal –5,9 Prozent«

Übersetzt in *Bild*-Schlagzeile:

- »Deutschland: Hilfe! Wirtschaft schmiert weiter ab!«

Eine solche Schlagzeile wurde natürlich nicht gedruckt. Der große Trend zeigte also auch im zweiten Quartal 2009 steil nach unten. Denn gegenüber dem zweiten Quartal des Vorjahres war die Wirtschaft in Wirklichkeit um 5,9 Prozent geschrumpft. Aber mal ehrlich: Eine *Bild*-Schlagzeile wie diese konnte auch niemand gebrauchen, am allerwenigsten die seinerzeitige Bundesregierung aus Union und SPD kurz vor der Bundestagswahl. Wie man's richtig macht, demonstrierte deshalb die »Tagesschau«: »Nach Monaten der Krise wächst die deutsche Wirtschaft wieder«, posaunte Sprecher Jens Riwa am 13. August 2009 mit breiter Brust heraus. »Um 0,3 Prozent hat das Bruttoinlandsprodukt von April bis Juli zugelegt, nach einem Minus von 3,5 Prozent im ersten Quartal. Maßgeblich für das unerwartete Plus sind laut Statistischem Bundesamt die anhaltende Kauflaune der Bundesbürger, aber auch die staatlichen Konjunkturprogramme. Regierung und Experten sehen die stärkste Rezession der deutschen Nachkriegsgeschichte gestoppt«, blähte sich der Mann auf.

»Es ist jetzt mehr als ein Strohfeuer«, tanzte auch Volker Treier vom Deutschen Industrie- und Handelskammertag (DIHK) im anschließenden »Tagesschau«-Beitrag um die drei Tausendstel Wirtschaftswachstum herum wie um das berühmte Goldene Kalb. Die weltwirtschaftlichen Bedingungen hätten sich wieder verbessert. Die Arbeitsmarktentwicklung sei erfreulich robuster gewesen und dementsprechend auch der private Verbrauch.

Dass es sich bei Volker Treier um einen anerkannten »Jubelperser« handelt, der auch schon in der Vergangenheit mit seinen Einschätzungen heftig danebenlag, erfuhr das Fernsehpublikum nicht. So tönte Treier beispielsweise im Frühsommer 2008, nach einem Wirtschaftswachstum von 1,5 Prozent im ersten Quartal: »Die Konjunktur ist geradezu fulminant ins Jahr gestartet. Die ausgewiesene Wachstumszahl von 1,5 Prozent gegenüber dem Vorquartal bedeutet das höchste Quartalswachstum seit sieben Jahren. Zwar wird sich das Wachstumstempo angesichts von Belastungsfaktoren wie der verlangsamten US-Konjunktur, der Dollarschwäche und der gestiegenen Rohstoffpreise so nicht fortsetzen. Ein Abgesang auf die Konjunktur – wie bereits vielfach angestimmt – ist aber völlig fehl am Platze.« Und: »Die hart erarbeitete Wettbewerbsfähigkeit der deutschen Unternehmen bietet Schutz vor einem stärkeren Rückfall der Konjunktur.«

Prompt schrumpfte die Wirtschaft im zweiten Quartal 2008 um 0,6 Prozent, im dritten Quartal um 0,3, im vierten Quartal um 2,4 und im ersten Quartal 2009 gar um 3,5 Prozent.

»Ende der Rekord-Rezession«, verkündete ungerührt auch

sueddeutsche.de am 13.August 2009, um einen Tag später zu ergänzen: »Jetzt fehlt nur noch der Aufschwung.« – »Etwas Besseres hätte Bundeskanzlerin Angela Merkel im Krisenjahr 2009 kaum passieren können«, folgerte messerscharf eine Kommentatorin des SZ-Online-Portals. »Sechs Wochen vor der Bundestagswahl überrascht das Statistische Bundesamt mit einer guten Nachricht«, so die Dame weiter. Die Bundesregierung werde dies in erster Linie als Erfolg ihrer Politik verbuchen: »Und tatsächlich ist es zumindest teilweise ein Verdienst der großen Koalition, dass die Talfahrt gestoppt ist«, lautete der abschließende Kommentar.

Da war er, der entscheidende Auslöser. Erinnern Sie sich noch an das Vorwort? Was könnte diese Nachricht von mir wollen? Was soll ich jetzt tun? Na – die Union wählen, natürlich! Es war wie auf einem sturmgebeutelten Schiff, auf dem der Mann im Ausguck kurz vor der Meuterei behauptet, genau auf dem vom Kapitän eingeschlagenen Kurs klare der Himmel bereits auf. Herrgott – nur jetzt nicht meutern! Das war die psychologische Wirkung des plötzlichen Miniwachstums.

Fakt ist: Irgendjemand wollte hier die Rezession einfach absagen. Etwa die FDJ-Propagandasekretärin a. D. und jetzige Bundeskanzlerin Angela Merkel? Nicht doch. Nach all dem Jubelgeschrei aus den Medien hatte sie das gar nicht nötig. Sie konnte jetzt vielmehr die besonnene »Staatsmännin« spielen. Aus dem Fenster gehängt hatten sich schließlich andere. »Wir haben die Talsohle erreicht und vielleicht auch das erste zarte Pflänzchen, dass es aufwärts geht«, lautete daher die bescheidene Sprachregelung der Bundeskanzlerin. Aber die Botschaft an die Adresse der Wählerinnen und Wähler war dieselbe: Sie wollen diese begabte Gärtnerin bei der Bundestagswahl doch nicht etwa feuern?

Bleibt eigentlich nur noch eine Frage offen: Wie kam es eigentlich zu diesem Mini-Wachstum? Oder besser gesagt: Warum riss plötzlich im finstersten Unwetter der Himmel auf?

Gerechnet hatte damit nämlich niemand. Im Gegenteil: Alle erfahrenen Wetterfrösche an Bord des Staats- und Wirtschaftsschiffes fanden diesen plötzlichen Zuwachs in Wirklichkeit »überraschend«: die Nachrichtenagentur AFP ebenso wie *Focus Online*, die Website der *FAZ* genauso wie die Deutsche Welle und sueddeutsche.de. »Unerwartet« kam der plötzliche Stopp der Rezession unter anderem für Reuters, aktienmarkt.net und *Welt Online*. Die deutsche Wirtschaft sei im zweiten Quartal dieses Jahres »wider Erwarten« gegenüber dem Vorquartal gewachsen, konstatierte *Dow Jones Deutschland* (www.dowjones.de).
Alle Fahrensmänner hatten vorher also falsch gelegen. Am 22. April 2009 hatte *Spiegel Online* noch gemeldet: »IWF, Finanzminister Steinbrück und führende Wirtschaftsinstitute sind sich einig: Die Bundesrepublik muss in diesem Jahr einen dramatischen Konjunkturrückgang verkraften, der auch 2010 anhalten wird.« Auch »Kanzlerin Merkel spricht von einem ›schweren Wirtschaftseinbruch‹.« Und auch in Bezug auf das zweite Quartal 2009 waren die Aussagen ziemlich eindeutig: »Der Einbruch soll im zweiten Quartal besonders heftig ausfallen.« Selbst nach dem Ende des zweiten Quartals, am 10. Juli 2009, hatte das Deutsche Institut für Wirtschaftsforschung (DIW) für diesen Zeitraum noch ein Minus von 0,7 Prozent erwartet.
Und nun? April, April! Nach 3,5 Prozent minus im ersten Quartal wie aus dem Nichts ein Wirtschaftswachstum von 0,3 Prozent! Was das bedeutet, sieht man erst so richtig an der Wachstumsgrafik auf Seite 204.
Da erkennt man plötzlich, dass das unerwartete Wirtschaftswachstum von 0,3 Prozent tatsächlich völlig aus der Reihe tanzt. Seit dem zweiten Quartal 2008 ging der Trend nämlich ständig nach unten, und zwar in einer sich beschleunigenden Abwärtsbewegung, wie es ja auch in einer Abwärtsspirale zu erwarten ist. Von –0,6 im zweiten Quartal 2008 auf –0,3 im dritten Quartal, –2,4 im vierten Quartal und schon –3,5 im ersten Quartal 2009. Zeichnete

Wachstum Quartale 01/08 bis 02/09

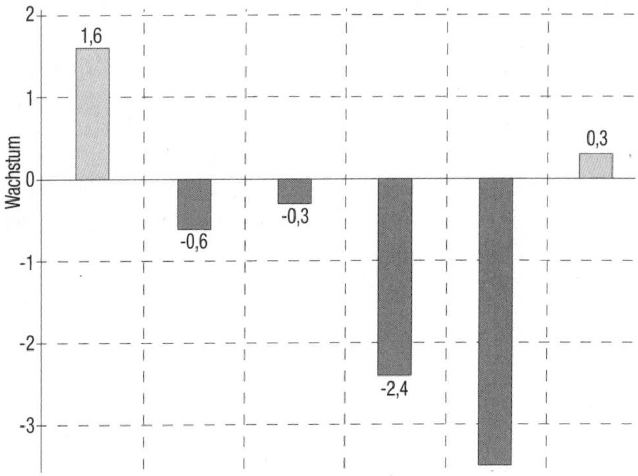

Kurz vor der Bundestagswahl gab es plötzlich ein unerwartetes Wirtschaftswachstum. Quelle: Statist. Bundesamt

man diese Entwicklung mit einer Linie nach und schriebe sie fort, sähe das so aus wie in der Grafik auf Seite 205.

Hoppla, was war denn da passiert? Die Kurve bzw. die Entwicklung schlägt hier einen Haken! Eigentlich hätte man bei dieser Entwicklung eher bei –4 bis –6 landen müssen, doch nun sprang das Wirtschaftswachstum plötzlich auf +0,3! Der Anstieg wirkte wie ein Fremdkörper im sonstigen wirtschaftlichen Geschehen.

Macht nichts. Nach dem »Tagesschau«-Beitrag zwängte sich Sprecher Riwa wieder auf meinen Flachbildschirm. Hinter ihm prangte ein Bild mit sonnenbeschienenen Industrieanlagen und rauchenden Schornsteinen, dazu lächelte ein Mann mit Schutzhelm. Botschaft: Es wird wieder in die Hände gespuckt, die Sonne scheint, die Werktätigen lachen – alles wird gut! Auf der

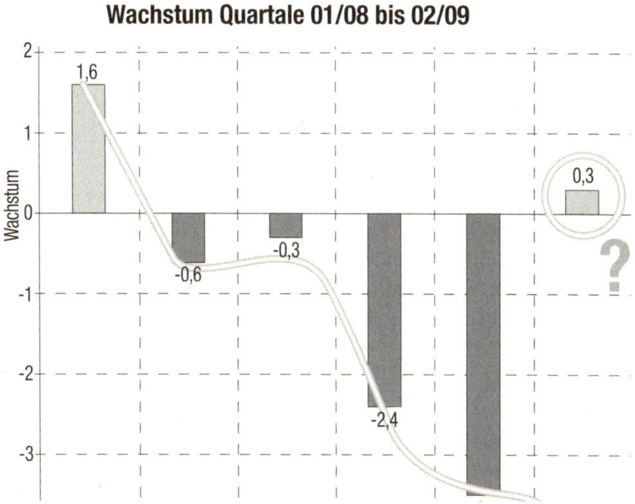

Im zweiten Quartal 2009 wuchs die Wirtschaft überraschend gegen den Trend. Quelle: Statist. Bundesamt

»Tagesschau«-Seite im Internet gebe es mehr Informationen zum Thema, meinte Riwa zum Abschluss. Auch zu der Frage, warum trotz der besseren Wirtschaftsaussichten die Arbeitslosigkeit zunächst wohl steigen werde. Nur damit sich niemand wundert, warum er trotz des erstaunlichen Wirtschaftswunders einfach keinen Job mehr findet.

18. August CO_2-Lagerung: Anschlag auf die Industriegesellschaft

In Zukunft wird in Deutschland jede wissenschaftliche und ökonomische Vernunft unterirdisch endgelagert. Begründung: Vernunft ist zu gefährlich, geschäfts- und etatschädlich und vergiftet außerdem das politisch korrekte Klima. Vernunft und Kreativität werden deshalb schon in den Schulen und Universitäten herausgefiltert und die Gehirne gegen jede Form von Ideen abgedichtet. Während sich das Denken nur noch an der Oberfläche bewegt, haften für die Dichtigkeit der Vernunftlager die Parteien, die dafür zu sorgen haben, dass Vernunft nicht plötzlich und unkontrolliert entweicht.

Spaß beiseite, würde ich jetzt gerne sagen – dabei ist das Ganze gar kein Spaß: An diesem 18. August nimmt Deutschlands größter Energiekonzern RWE im Braunkohlekraftwerk Niederaußem bei Köln eine sogenannte Rauchgaswaschanlage in Betrieb. Na und – Rauchgas reinigen und von Schadstoffen befreien ist doch eine tolle Sache! Oder nicht? Wie man's nimmt. Denn Ziel der politisch korrekten Bemühungen ist überhaupt kein Schadstoff, sondern das natürliche Nährstoffgas Kohlendioxid (CO_2), das lediglich als Schadstoff, genauer: als »Klimakiller«, denunziert wird. Angeblich führt das CO_2 aus menschlichen Abgasen zu einer Erwärmung der Erdatmosphäre, der berühmt-berüchtigten »Klimakatastrophe«. Angeblich soll das CO_2 in der Lage sein, Wärmestrahlung auf der Erde einzuschließen und den Planeten auf diese Weise in ein »Treibhaus« zu verwandeln. Momentan wird das in Niederaußem herausgefilterte CO_2 zwar noch in das Kraftwerk zurückgeleitet, später soll der »Klimakiller« dann jedoch unter Tage gelagert werden. Im März wollte das Bundeskabinett sogar einen Gesetzentwurf zur unterirdischen Endlagerung des angeblichen Klimagases Kohlendioxid verabschieden. Demzufolge sollte der Bund im ganzen Land geeignete Lagerstätten analysieren und in einem Register führen. Für 35 Millionen Euro fingen Wissenschaftler des Geoforschungszentrums Potsdam (GFZ) schon 2008 im Rahmen eines Pilotprojekts damit an, das natürliche Nährstoffgas Kohlendioxid unter die Erde zu pumpen. Dabei kannte man unterirdische Deponien bisher hauptsächlich von Atommüll und extrem giftigen Abfällen. Die Klima-Hysterie macht's möglich.

Beschäftigte man sich vor zehn oder zwanzig Jahren noch mit realen Giftstoffen wie Dioxinen oder PCBPs, hat man nun einem vollkommen natürlichen Gas den Kampf angesagt: Kohlendioxid. Auf diese Weise kann man Milliarden scheffeln, riesige Bürokratien und Verwaltungen aufbauen, Gesetze erlassen und hat nicht einmal die mit Giftstoffen vergleichbaren Sicherheitsprobleme. Die angebliche »Klimaschädlichkeit« beruht auf reiner Fiktion, da CO_2 nicht in der Lage ist, in nennenswertem Maße Wärme auf der Erde zurückzuhalten, und der winzige menschliche Anteil am natürlichen CO_2-Gehalt der Atmosphäre schon gar nicht. Selbst *Wikipedia* weiß: Kohlendioxid absorbiert nur »einige schmale Teile des elektromagnetischen Spektrums im Bereich der Infrarotstrahlung«. Das heißt, mit CO_2 ein Treibhausdach erzeugen zu wollen wäre dasselbe, als wollte man ein Loch in einem Fenster mit zwei oder drei davorgespannten Bindfäden verschließen. Und auch die Vorstellung eines »Treibhausdaches« ist falsch, da CO_2 schwerer ist als Luft und sich mithin am Boden sammelt.

In Wahrheit ist das Gas ein absolut lebensnotwendiger Bestandteil unserer Luft, auf dem die Ernährung allen Lebens auf der Erde basiert. Kohlendioxid ist einer der wichtigsten Pflanzenbausteine und daher der beste und natürlichste Dünger. Für Pflanzen ist der gegenwärtige Kohlendioxidgehalt der Atmosphäre (ca. 0,03 Prozent = drei Zehntausendstel) sogar zu niedrig. Wäre er höher, könnten sie besser wachsen, und das menschliche Hungerproblem ließe sich leichter lösen. Denn zu den Pflanzen gehören ja schließlich nicht nur Zimmerpflanzen, sondern auch Getreide und Gemüse.

An dieser Stelle sei an ein paar Schulweisheiten erinnert: Im Rahmen der Photosynthese erzeugen Pflanzen aus KOHLENdioxid und Wasser KOHLEhydrate (von griech. *Hygros* = Wasser), sprich: Zucker – einen unserer wichtigsten Nährstoffe. Jeden Morgen, Mittag und Abend haben wir also CO_2 bzw. seinen Verwandten Zucker auf dem Teller. Und diese Kohlehydrate spenden

zugegebenermaßen ziemlich viel Energie und schmecken ziemlich lecker, am besten natürlich als naturbelassener Fruchtzucker in Obst und Gemüse. Zucker ist einer unserer wichtigsten Nährstoffe, für das Gehirn sogar der einzige.
Auch deshalb stimmt es nachdenklich, dass seine Vorstufe nun unter der Erde gelagert werden soll, denn seit einem Dreivierteljahr pumpen Brandenburger Wissenschaftler im Rahmen des genannten Testprojekts bis zu 60 000 Tonnen Kohlendioxid unter die Erde, statt mit ihrer Hilfe mal kräftig nachzudenken.
Na und, wird mancher sagen, sollen sie doch – da haben Wissenschaftler schon weit gefährlichere Sachen angestellt. Einverstanden – wenn da nicht die 35 Millionen wären, die das Ganze kostet. Und natürlich die Milliarden, die noch folgen werden, falls der Versuch »gelingt«. Schon jetzt blasen Energieversorger Millionen zum Fenster hinaus, um das bei der Verbrennung in Kraftwerken entstehende Kohlendioxid in die Erde zu »pressen«, Millionen, die natürlich auf der Stromrechnung auftauchen werden.
»Ein wichtiges Kapitel Technologiegeschichte« werde mit der nun in Betrieb genommenen Pilotanlage zur Rauchgaswäsche in Niederaußem geschrieben, behauptete Bundeswirtschaftsminister Karl-Theodor zu Guttenberg (CSU). Falsch: In Wirklichkeit wird ein erfolgreiches Kapitel Technikgeschichte abgeschrieben. Die Abscheidung des CO_2 aus den Kraftwerksabgasen verschlechtert, worum Umweltschützer und Ingenieure gleichermaßen seit Jahrzehnten kämpfen: den Wirkungsgrad der Kraftwerke, das heißt die Energieausbeute pro Einheit des eingesetzten Energieträgers, zum Beispiel pro Tonne Kohle. Während man dabei bisher um jedes Prozent mehr kämpfte, bricht der Wirkungsgrad eines Kraftwerks durch die CO_2-Abscheidung nun dramatisch ein, nämlich um mindestens zehn Prozent. Die Technik der CO_2-Abscheidung »katapultiert damit die Effizienz der Stromerzeugung zurück auf den Stand der Achtzigerjahre«, schrieb in einem lichten Moment die *Zeit* am 4. Juni 2009. Und das heißt: »Für die gleiche Men-

ge Strom muss mehr Kohle verbrannt werden« – also sagen wir: zehn Prozent mehr. Das bedeutet natürlich auch wieder zehn Prozent mehr Kohlendioxid, die eingelagert werden »müssen«. Und natürlich auch zehn Prozent mehr »richtige Schadstoffe«, zum Beispiel Schwefeldioxid und Ruß, die ebenfalls aufwendig aus den Abgasen herausgefiltert werden müssen. Während also in Europa angeblich aus Energiespargründen die Glühbirne verboten wird, verschwendet die CO_2-Abscheidung auf einen Schlag zehn Prozent der Energieausbeute eines Kraftwerks.

Das ist aber noch nicht alles. Denn nun entfaltet sich die ganze innere Logik dieses Irrsinns. Ist man einmal zu dem Schluss gekommen, dass das Gas, das wir täglich ein- und ausatmen und von dessen Abkömmlingen wir uns täglich ernähren, gleichzeitig schädlich ist und unter der Erde eingebunkert werden muss, müssen diese Lagerstätten konsequenterweise jahrzehnte- und jahrhundertelang gewartet werden. Denn entwiche das Kohlendioxid eines Tages unkontrolliert in die Atmosphäre, wäre das erstens ja angeblich schädlich und zweitens der ganze Aufwand für die Katz gewesen. Nach dem Gesetzentwurf des Bundeskabinetts vom 11. März 2009 sollen die Betreiber der unterirdischen Lager daher für eine vierzigjährige Betriebsdauer und anschließend weitere dreißig Jahre haften, also zusammen siebzig Jahre. Nun weiß aber jeder leidgeprüfte Häuslebauer, dass viele Baufirmen nicht einmal die Gewährleistungsfrist von fünf Jahren überleben. Insbesondere in der gegenwärtigen Krise weiß kein Mensch, ob es all die RWEs, Vattenfalls oder E.ONs in zehn oder zwanzig Jahren noch geben wird. Dann würden die CO_2-Speicher entweder verrotten, oder der Steuerzahler müsste außer für den Strom auch noch verstärkt für die »Altlasten« aufkommen – ganz nach dem Beispiel der »Bankenrettung«.

Spannend ist auch die Gespensterdiskussion, die sich prompt um den Pilotversuch zur CO_2-Endlagerung in Brandenburg entwickelte. Ohne eine Sekunde nachzudenken, entfalteten Umweltverbände und Politiker das ganze Spektrum Pawlowscher Reaktionen. CO_2 unter der Erde? Hm, hm, runzelte Greenpeace die Stirn, da könnte ja der Grund versauern: »Das im Sandstein vorhandene Salzwasser könnte vom Kohlendioxid verdrängt werden«, meinte eine gewisse Gabriela von Goerne von der Umweltschutzorganisation. Was sich wie Kritik anhörte, zementierte in Wirklichkeit den offiziell gepredigten Irrsinn. Denn wenn Greenpeace bereits über Details diskutiert, muss das Vorhaben an sich ja wohl sinnvoll sein.

Davon abgesehen spielt es bei den weltweit etwa 36 Milliarden Tonnen von Menschen erzeugten Kohlendioxids pro Jahr überhaupt keine Rolle, wie viele Fingerhüte davon nun irgendwer in den Boden leitet. Denn diese angeblich 36 Milliarden Tonnen sind nur ein Bruchteil des natürlichen Kohlendioxids in der Luft. CO_2-Abscheidung und -Endlagerung bedeutet, mit ein paar Hundert goldenen Fingerhüten Wasser aus dem Meer zu löffeln, um es direkt am Strand zu verbuddeln und für die nächsten Jahrzehnte und Jahrhunderte zu bewachen, damit es nur ja nicht ins Meer zurücksickert.

Einen Schildbürgerstreich im Schildbürgerstreich plant die RWE. Da »natürliche unterirdische Hohlräume« vor allem im Norden Deutschlands vermutet werden, will der Stromversorger das abgeschiedene CO_2 in einer 530 Kilometer langen »Klimaschutzpipeline« von Köln nach Schleswig-Holstein schaffen. Ein entlarvendes Projekt: Denn ob man das bei der Verbrennung in Kraftwerken anfallende Kohlendioxid nun irgendwo anders hintransportiert oder ob man es am Ort des »Endlagers« direkt der Luft entzieht, ist, was den Stoff betrifft, vollkommen gleichgültig. Denn Kohlendioxid bleibt Kohlendioxid. Nichts stellt den Klimaschutzwahn so bloß wie dieses Vorhaben. Wenn schon irrsinnig, wäre es viel billiger, das CO_2 in Schleswig-Holstein direkt aus der Luft zu ziehen.

Tatsächlich werden solche Geräte bereits geplant, und zwar von der britischen Gesellschaft der Mechanischen Ingenieure. Diese Organisation will die Landschaft nicht nur mit Windkrafträdern, sondern auch mit »künstlichen oder mechanischen Bäumen« zustellen. So könnten beispielsweise Autobahnen nicht nur von einem Saum aus Windrädern, sondern auch durch künstliche Bäume begrenzt werden: »Dies ist das bevorzugte Konzept des Instituts auf dem Gebiet des Geoengineering«, heißt es in einer Presseerklärung der Gesellschaft vom 27. August 2009. »Es funktioniert ähnlich wie natürliche Bäume, die CO_2 absorbieren, aber tausendfach effektiver.« Ein 20 000 Dollar teurer »Baum« soll pro Tag zehn Tonnen CO_2 aus der Atmosphäre filtern. Ein Wald aus 100 000 künstlichen Bäumen soll ausreichen, um die Emissionen aller mobilen Verschmutzer (z. B. Fahrzeuge) in Großbritannien zu kompensieren. Kosten: zwei Milliarden Dollar. Von den »Bäumen« aus soll das Kohlendioxid zu unterirdischen Lagerstätten weitergeleitet werden. Dieser Wald würde demnach nicht nur zwei Milliarden Dollar kosten (was gut wäre für die Gesellschaft der Mechanischen Ingenieure), sondern auch eine Million Tonnen Kohlendioxid abwerfen – und zwar pro Tag, pro Jahr also 365 Millionen Tonnen. Und deshalb wären die zwei Milliarden Dollar auch eine Milchmädchenrechnung. Denn die unterirdische Infrastruktur zur Sammlung und Lagerung von Milliarden Tonnen Kohlendioxid würde sicherlich noch einmal dasselbe kosten – wenn nicht mehr.

Ergebnis: Die Abscheidung von CO_2 ist ein Anschlag auf den Wirkungsgrad unserer Kraftwerke, auf unsere gesamte Energieversorgung und auf den Strom- und Steuerzahler. Eine negative Kosten-, Bürokratie- und Aufwandsspirale wird in Gang gesetzt, an deren Ende eine explosionsartige Steigerung der Stromkosten und der Zusammenbruch des Versorgungssystems stehen könnten. Exakt solche Negativspiralen wurden vor Jahren auch im Finanzsystem gestartet – mit dem bekannten Ergebnis. Schildbürgerprojekte wie eine »Klimaschutzpipeline« oder »künstliche

Bäume« samt unterirdischer Infrastruktur würden Wirtschaft und Verkehr mit derartigen Kosten belasten, dass sie zum Erliegen kommen müssten. Die Folgekosten von Energieerzeugung, Verkehr und Produktion würden ins Unermessliche steigen. Am Ende stünde die Zerstörung der modernen Industriegesellschaft.

Das Gesetz zur CO_2-Endlagerung wurde schließlich doch (noch) nicht verabschiedet. Neue Technologien könne man nur anwenden, so Peter-Harry Carstensen, CDU-Ministerpräsident von Schleswig-Holstein, wenn es eine »breite Akzeptanz dafür in der Bevölkerung gibt«. Die aber gebe es in Schleswig-Holstein nicht. Übersetzt heißt das: Der vorläufige Stopp für die das Gesetz hatte nichts mit einem unkontrollierten Entweichen von Vernunft aus Regierung und Parlament, sondern aus der Bevölkerung zu tun.

30. August Eine bemannte Verschwörung

Da wir gerade von Bäumen reden: Da soll noch mal einer sagen, die Bäume wüchsen nicht in den Himmel. Am 30. August meldete die Website der *Bild*-Zeitung, Geologen der Universität Amsterdam hätten ein Stück Mondgestein aus dem Amsterdamer Rijksmuseum als versteinerten Baum identifiziert. Entweder wachsen auf dem Mond also tatsächlich Bäume, oder aber mit der ganzen Geschichte der Mondlandung kann wirklich etwas nicht stimmen.

Nachdem anlässlich des vierzigjährigen Jubiläums der Apollo-11-Mission bereits ein russischer Kosmonaut und intimer Kenner der Raumfahrt erklärt hatte, »Teile« der Mondaufnahmen seien in Hollywood gedreht worden (siehe 20. Juli), schaffte es der nächste Schocker ausnahmsweise in ein Massenmedium – allerdings nur, um vom Rest der Medienwelt ignoriert zu werden. War die Mondlandung etwa gar keine bemannte Mondlandung, sondern nur eine bemannte Verschwörung?

»Mit Grüßen des Botschafters der Vereinigten Staaten von Amerika, J. William Middendorf II, zur Erinnerung an den Besuch der

Apollo-11-Astronauten Neil A. Armstrong, Michael Collins, Edwin E. Aldrin jr. in den Niederlanden«, stand in schwarzer Schrift auf einem goldfarbenen Schild unter dem kleinen braunen Brocken im Amsterdamer Rijksmuseum. Im Jahr 1969 hatte der damalige US-Botschafter in den Niederlanden, J. William Middendorf II, den Stein anlässlich einer Besuchstour der »Astronauten« von Apollo 11 dem ehemaligen niederländischen Ministerpräsidenten Willem Drees geschenkt.

Unzählige Besucher des Amsterdamer Rijksmuseums hatten ehrfurchtsvolle Blicke auf den kleinen Stein geworfen, und das Museum hatte ihn für eine halbe Million Euro versichert.

»Heute behauptet der ehemalige Botschafter, er habe den Stein vom US-Außenministerium erhalten, könne sich aber an keine Details erinnern«, berichtete die Website der *Bild*-Zeitung: »Die Geologen sagen, sie hätten ihn auf den ersten Blick als Fälschung erkannt.«

Wer nun erwartet hätte, ein Aufschrei ginge durch die Medien, sah sich getäuscht. Schon in der auflagenstarken Print-Ausgabe der *Bild*-Zeitung vom 31. August suchte ich die Geschichte vergeblich. *Google News* fand unter dem Stichwort »Mondgestein« um diese Zeit gerade mal neun Artikel, wo man sonst bei anderen Stichworten auf Hunderte von Berichten stößt. Zum Thema »Landtagswahlen«, die ebenfalls an diesem Wochenende stattgefunden hatten, zählte *Google News* etwa 3500 Artikel auf. Neun Artikel über den gefälschten Mondstein waren demgegenüber also praktisch nichts. Außer der *Bild*-Website erschien die Meldung nur in einer Schweizer und in einer österreichischen Zeitung sowie in eher unbedeutenden Medien. Und Fragen in Bezug auf die Mondlandung wurden schon gar keine gestellt.

Merkwürdig, nicht wahr? Nur fünf Wochen zuvor waren sämtliche Medien voll gewesen von der Mondlandung. Egal ob »Tagesschau«, »Tagesthemen« oder »heute«: Alle großen Nachrichtensendungen erinnerten an den Jahrestag. Zusätzlich liefen in allen

wichtigen Sendern Dokumentationen über die Mondlandung. Von den gedruckten Medien ganz zu schweigen: Tausende von Artikeln, Erinnerungen und Berichten über diese angebliche Heldentat, die jedes Detail der Geschichte ausleuchteten, wurden da veröffentlicht. Im Vergleich zu diesem medialen Rummel wurde der gefälschte Mondstein regelrecht totgeschwiegen. Über die Sensation, dass ein angeblicher Mondstein aus offensichtlich irdischem Material bestand, verloren dieselben Jubel-Medien kein Wort. Eine Suche nach dem Stichwort »Mondlandung« auf der Website der »Tagesschau« am 31. August 2009 ergab 71 Treffer, die Suche nach dem Schwindel mit dem Gestein keine einzige. Zufall? Oder konnte man einfach nicht zugeben, dass in unseren Museen gefälschtes Mondgestein ausgestellt wird?
Längst vergessen ist natürlich, dass es schon früher deutliche Anzeichen dafür gegeben hatte, dass mit dem »Mondgestein» etwas nicht stimmt. Dabei ist »vergessen« das falsche Wort. Vielmehr verloren die Medien hierzulande kein Wort über die allzu irdischen Merkmale des Mondgesteins. Zum Beispiel über die Geschichte des Astrobiologen Andrew Steele von der Universität Portsmouth in Großbritannien, der Anfang des 21. Jahrhunderts auszog, den kostbaren Mondproben einmal mit schärferen optischen Instrumenten zu Leibe zu rücken. Und siehe da: Erst da schien das Mondgestein seine wirklichen Geheimnisse zu offenbaren. Was Steele sah, könnte unser Verständnis von der Erde und ihrem Trabanten, insbesondere aber vom Mondgestein, revolutionieren. Denn der Wissenschaftler war in höchstem Maße überrascht, als er in den angeblich hermetisch abgeschlossen gelagerten Mondproben etwas entdeckte, das dort beim besten Willen nicht hineingehörte: die Faser einer Bürste zum Beispiel. Bei näherem Hinsehen förderte Steele ein ganzes Sammelsurium von Dingen zutage, die nicht vom Mond stammen konnten. Neben Plastik-, Nylon- und Teflonteilen sogar irdische Organismen, die sich in den Proben vom Mond offenbar ganz wohl gefühlt hatten.

Wie war das alles da hineingekommen? Wie können die Proben in all den ultrasauberen Räumen, trotz sorgfältigstem Umgang, derartig mit irdischem Material verschmutzt worden sein? Und wenn die Lagerung wirklich so sorgfältig war, wie behauptet, kann das dann nicht einzig und allein heißen, dass die irdischen Spuren bereits in den Proben enthalten waren, bevor diese eingelagert wurden? Zum Beispiel schon zu dem Zeitpunkt, als sie gesammelt wurden? »Wir müssen wirklich genau herausfinden, wo sie eigentlich herkommen«, meinte Steele. Wer? Die Mondproben? Nicht doch: »die Verschmutzungen«. Natürlich.

»Dirty little secrets«, »schmutzige kleine Geheimnisse«, sah der renommierte Internetfachdienst space.com am 26. März 2001 in den »verschmutzten« Mondproben der NASA. Kann sein. Kann aber auch sein, dass die schmutzigen Geheimnisse doch wesentlich größer sind, als der NASA lieb sein kann.

September 2009

Thema des Monats: *1. 9.: Schwindel über den Zweiten Weltkrieg*

1. 9. Geschichtsfälschungen über die Deutschen und den Zweiten Weltkrieg/EU-Herstellungsverbot für Glühlampen tritt in Kraft ***4. 9. Bundeswehr lässt Tanklastwagen in Afghanistan bombardieren 11. 9. Neue Beweise für die Sprengung des World Trade Center*** **13. 9.** TV-Duell zwischen Frank-Walter Steinmeier (SPD) und Angela Merkel (CDU) **17. 9.** Elf Verletzte bei einem Amoklauf am Gymnasium Carolinum in Ansbach **23. 9.** Bundespräsident Horst Köhler unterschreibt den umstrittenen Vertrag von Lissabon (»EU-Reformvertrag«) ***27. 9. Bei den Bundestagswahlen erlebt die SPD ihre schwerste Niederlage seit Bestehen der Bundesrepublik Deutschland***

1. September Volksverhetzung einmal andersherum

Ich bin böse, Sie sind böse, wir alle sind böse. Das glauben Sie nicht? Doch, das steht dieser Tage überall. »Das Reich des Bösen«, »die Achse des Bösen« – wer glaubte, damit seien immer nur die anderen gemeint, zum Beispiel die frühere Sowjetunion oder Iran und Irak, der wurde am 1. September 2009 wieder mal eines Besseren belehrt. Denn vor siebzig Jahren waren das Reich des Bösen niemand anderer als wir, und die Achse des Bösen hieß damals Deutschland–Italien–Japan. Da sage noch einer, Geschichte wiederhole sich nicht. Wobei er ja recht hat: Geschichte wiederholt sich wirklich nicht – sie wird nur wiederholt.

Am 1. September vor siebzig Jahren, also am 1. September 1939, begann der Zweite Weltkrieg. Und an diesem Zweiten Weltkrieg, so werden Bundeskanzler, Politiker, Medien, aber auch Schulbücher nicht müde zu behaupten, war niemand anderer schuld als Deutschland.

Nun hatte ich nicht vor, das in Abrede zu stellen, möchte ich mir doch keinesfalls den Vorwurf einhandeln, ein »Geschichts-Revisionist« zu sein. »Revisionist« – klingt das nicht übel? Fast so wie »Terrorist«, »Anarchist«, »Marxist«. Dabei heißt Revision nichts weiter als »Wiederbetrachtung« oder auch – in der Wirtschaft – »Überprüfung«. Und obwohl wir angeblich in einer Demokratie leben, ist die Wiederbetrachtung der deutschen Geschichte zumindest anrüchig, zum Teil sogar per Gesetz regelrecht verboten. Das ist seltsam. Denn wird mir nicht jedermann zustimmen, wenn ich sage, dass man aus der Geschichte nichts lernen kann, wenn man sie nicht immer wieder betrachtet und sich dabei so seine Gedanken macht? Über (fast) jeden Gegenstand der Welt darf man, ohne Nachteile fürchten zu müssen, nachdenken, diskutieren und publizieren – nur nicht über die eigene Geschichte? Gehört diese Geschichte etwa nicht uns? Und wenn nicht, wem gehört sie dann?

Wie gesagt, ich will hier nicht in die »Kriegsschuldfrage« einsteigen. Es geht mir nicht um »Revision« oder um die Frage, wer nun schuld war am Zweiten Weltkrieg oder auch nicht. Ich möchte lediglich beobachten. Und zwar den Versuch, ein ganzes Volk als einmalig böse hinzustellen. Bemühungen, die so ähnlich auch in Bezug auf andere Länder stattfinden, aber eben nur so ähnlich. Der wichtigste Unterschied: In den modernen Vergleichsfällen wird das Volk außen vor gelassen. Verteufelt werden ausschließlich die Führer. Zum Beispiel im Fall Osama bin Laden/Afghanistan, Saddam Hussein/Irak oder Ahmadinedschad/Iran. Ob berechtigt oder nicht – es ist immer dasselbe Schnittmuster, nach dem bestimmte Führer verteufelt werden:

- Sie sind einmalig böse.
- Während die einen versuchen, den Frieden zu retten, sind die anderen immer und ausschließlich bösartig.
- Trotz ständigen Entgegenkommens zeigen sie sich ausschließlich uneinsichtig und brutal.
- Die »Bösen« sind immer allein an allem schuld.

Natürlich stellt sich die Frage, wie zutreffend ein derartiges Primitiv-Weltbild die Wirklichkeit beschreiben kann. Die Schwarz-Weiß-Dichotomie von Gut und Böse findet sich in Reinkultur weniger in der Wirklichkeit als vielmehr in der Religion – zugespitzt und verbildlicht als Gott und der Teufel. Tauchen Gott und der Teufel in der Wirklichkeit auf, sollte man misstrauisch werden.
Zur Behandlung Deutschlands im Vergleich zu Irak, Iran oder Afghanistan gibt es aber, wie gesagt, einen wichtigen Unterschied, der die Einbindung des Volkes betrifft. Anders als die Iraker Saddam Hussein, die Iraner Mahmud Ahmadinedschad oder die Afghanen Osama bin Laden muss das deutsche Volk Hitler unbedingt mitgetragen, bejubelt und gut gefunden haben, und zwar das gesamte deutsche Volk. Auf dem Titelblatt des *Spiegel* vom

24. August 2009 heißt es nicht »Als 1939 ein Diktator die Welt überfiel«, sondern »Als 1939 ein Volk die Welt überfiel«. Laut *Spiegel* war dies allein »Der Krieg der Deutschen«. Dazu zeigte das Titelbild nicht Hitler in einer seiner aggressiven Posen, sondern offensichtlich einfache Wehrmachtssoldaten. Auf der einen Seite stand also die ebenso harmlose wie hilflose Welt und auf der anderen Seite der Unhold in Gestalt des deutschen Volkes, der prompt über die wehrlose Welt herfiel.

»Kann ein Mensch«, fragt der Autor der *Spiegel*-Titelgeschichte, Klaus Wiegrefe, »und sei er als Diktator noch so mächtig, ganz allein die Welt in Flammen aufgehen lassen?« Dumme Frage: natürlich nicht. Zum einen braucht er dazu Militärs, »zum anderen half, mit Leibeskräften, die deutsche Bevölkerung ... Erst in dem Wechselspiel zwischen ›Führer‹ und Volk bildete sich jene Hybris, die dann in den Untergang führte.«

Aber was war zuerst da – die Henne oder das Ei bzw. Hitler oder das blutrünstige Volk? Ebenfalls eine dumme Frage: Am Anfang waren »freilich« die Deutschen, so Wiegrefe. »Die Deutschen«, schreibt er, »feierten ihren ›Führer‹ wie einen Messias.« Und dafür hat er auch einen Beweis: Bei den Reichstagswahlen »sprachen sich am 29. März 1936 fast 99 Prozent der Wähler für die NSDAP aus«. Und diese 99-Prozent-Wahl sei »nur mäßig manipuliert« gewesen, so der *Spiegel*-Autor. Soll heißen: Im Prinzip standen alle Deutschen wie ein Mann hinter Hitler und der NSDAP.

Doch leider hat man beim *Spiegel* diesmal nicht, wie das sonst bisweilen geschieht, bei *Wikipedia* abgeschrieben. Legt man nämlich den Maßstab demokratischer Wahlen zugrunde, dann kam die NSDAP niemals auf 99 Prozent, auch nicht auf 90, 60 oder 50 Prozent, sondern auf lediglich 37,4 Prozent, und zwar bei den Reichstagswahlen am 31. Juli 1932. Und am 6. November 1932 schaffte sie sogar nur noch 33,1 Prozent – ein Verlust von 4,2 Prozent. Erst nach der »Machtergreifung« vom 31. Januar 1933, also nach der Übertragung der Reichskanzlerschaft an

Hitler und der Errichtung einer Diktatur, wendete sich plötzlich das Blatt. Bei den Reichstagswahlen vom 5. März 1933, nur vier Monate nach der Reichstagswahl vom November 1932, konnte die NSDAP plötzlich um zehn Prozent zulegen – von 33,1 auf 43,9 Prozent.
Schon diese Wahl vom 5. März 1933, so hätte der promovierte Historiker Wiegrefe in jenem Lexikon nachlesen können, das *Der Spiegel* selbst in seine Website einbindet, »kann nur noch eingeschränkt als freie und demokratische Wahl bezeichnet werden. Die freie politische Betätigung der Linksparteien war durch eine Vielzahl von Notverordnungen eingeschränkt, Funktionäre von KPD und SPD befanden sich schon in Schutzhaft, der Wahlkampf fand unter dem Terror der SA statt.« Unter diesen Bedingungen waren selbst 43,9 Prozent ein mäßiges Ergebnis für die NSDAP.
Im Laufe des Jahres 1933 schufen die nationalsozialistischen Machthaber in Deutschland die Grundlagen für den Einparteienstaat und erließen laut *Wikipedia*

- ein Betätigungsverbot für die SPD als »staats- und volksfeindliche Partei« (22. Juni 1933),
- verfügten die Selbstauflösung sämtlicher Parteien (bis auf die NSDAP, versteht sich)
- und erließen ein Gesetz gegen die Neubildung von Parteien (14. Juli 1933).

Der erste Wahlgang im Einparteienstaat war dann »die Reichstagswahl vom 12. November 1933, kombiniert mit einer Volksabstimmung über den Austritt des Deutschen Reiches aus dem Völkerbund: Da sämtliche anderen Parteien verboten waren oder sich selbst aufgelöst hatten, trat nur noch die NSDAP an«, schreibt Frank Omland vom Arbeitskreis zur Erforschung des Nationalsozialismus in Schleswig-Holstein (AKENS), der auch Führungen in der KZ-Gedenkstätte Neuengamme veranstaltet. Wahlmanipulationen, Bruch des Wahlgeheimnisses, verordnete Wahlfälschung und »Jagd auf Nichtwähler« zählt Omland zu den Zutaten der laut *Spiegel* »mäßig manipulierten« NS-Wahlen:

> »Gerade Beamten drohten bei Stimmenthaltung Sanktionen, wie das Beispiel eines Bad Oldesloer Zeugen Jehovas zeigt, der 1933 seinen Arbeitsplatz bei der Landwirtschaftskammer in Kiel verlor. Zwei weitere Beispiele aus dem Jahr 1938 zeigen ebenfalls das Risiko von Wahlenthaltungen auf: In Havetoft/Kreis Schleswig wurde dem Pastor ein Plakat mit der Aufschrift ›Hier wohnt ein Volksverräter‹ ans Haus geklebt, und in Reinfeld/Kreis Stormarn zwang eine Menschenmenge unter Rufen wie ›Hängt sie auf‹ und ›Werft sie in den Teich‹ Mutter und Tochter der Familie G. zu einem 40-minütigen Fußmarsch zum Rathaus, weil sie des Nichtwählens verdächtigt wurden.« (Frank Omland: *»Du wählst mi nich Hitler!« Reichstagswahlen und Volksabstimmungen in Schleswig-Holstein 1933–1938*, Hamburg 2006, S. 179)

Die Folgen waren absehbar. So erreichte die NSDAP bei den Reichstagswahlen am 12. November 1933 bereits 92,2 Prozent. Bei den »mäßig manipulierten« Reichstagswahlen am 29. März 1936 und 10. April 1938 erhielt sie schließlich offiziell 99 Prozent der Stimmen. Mit diesen 99 Prozent im Rücken begann Hitler am 1. September 1939 den Krieg. Diese Wahlen waren also genauso verlogen wie heutzutage der eine oder andere Magazinartikel. Aber das ist noch nicht einmal das eigentlich Erstaunliche. Das Erstaunliche ist, dass diese ebenso dreiste wie dumme Geschichtsfälschung des *Spiegel* von niemandem zur Kenntnis genommen wurde. Statt eines Sturms der Entrüstung fanden sich im Internet gerade mal zwei kritische Erwähnungen des »99-Prozent-Zitats« des *Spiegel*: eine in der linken Tageszeitung *Junge Welt*, die praktisch unter Ausschluss der Öffentlichkeit erscheint. Dort bezeichnete der Autor Winfried Wolf die *Spiegel*-Fälschung als »Ungeheuerlichkeit«. Und eine zweite unter »ferner liefen« auf den »Nachdenkseiten« des kritischen Autors Albrecht Müller, wo das *Spiegel*-Zitat ganz am Rande als »das Allerletzte« bezeichnet wurde. Das war's. Volksverhetzung einmal andersherum: Das einzige Volk, gegen das man hierzulande ungestraft hetzen darf, ist eben das deutsche.

4. September Endlich Kriegsverbrecher!

Anfang September 2009 war ich wahnsinnig erleichtert. Endlich sind wir wieder wer! Am 4. September hatte die Bundeswehr in Afghanistan zwei Tanklastzüge bombardieren lassen, wobei angeblich auch zahlreiche Zivilisten den Tod fanden. Endlich, dachte ich, übernehmen auch wir mehr »internationale Verantwortung«! Endlich sind auch wir Kriegsverbrecher.

Erst human, dann inhuman

Dass die Aktion der Bundeswehr und die Toten an den beiden Tanklastzügen der vorläufige Höhepunkt einer jahrzehntelangen strategisch geplanten Entwicklung sind, ist natürlich längst vergessen. Nach dem Zweiten Weltkrieg durften wir nämlich viele Jahre lang im Ausland gar nicht mehr »mitmachen«. Dann, in den Neunzigerjahren, nach dem Fall der Mauer, wurde klar, dass die Bundeswehr bei der Expansion des US-Imperiums gebraucht würde. Die Ausdehnung des US-amerikanischen Machtbereichs nach dem Zusammenbruch des Warschauer Pakts verlangte dringend nach Hilfstruppen. Allerdings konnten die Deutschen nicht von heute auf morgen an Kampfeinsätzen im Ausland teilnehmen. Vielmehr musste das Publikum erst an »die neue Rolle der Bundeswehr« gewöhnt werden.

Die Gewöhnung an militärische Auslandseinsätze erfolgte in zwei Schritten. Der erste Schritt waren rein humanitäre Vorzeigemissionen unter dem Verteidigungsminister Volker Rühe (CDU).

Den zweiten Schritt stellte die Beteiligung der Bundeswehr an völkerrechtswidrigen Kriegen dar, wie 1999 im Kosovo unter dem Verteidigungsminister Rudolf Scharping (SPD).

Verteidigungsminister Rühe oblag die Aufgabe, die Deutschen an das Wort und den Gedanken des »Auslandseinsatzes«, oder genauer: des Einsatzes außerhalb des NATO-Einsatzgebietes (out-of-area), zu gewöhnen. Dies gelang praktisch ohne nennenswerte Gegenwehr, da dafür ausschließlich sogenannte »humanitäre Missionen« gewählt wurden. Der Verteidigungsminister spielte dann regelmäßig den »Philanthropen« und ließ sich zum Beispiel gerne irgendwo auf der Welt vor Transall-Maschinen ablichten, aus denen gerade Hilfsgüter entladen wurden. Zum Beispiel:

- April 1992: Entsendung von 140 Sanitätssoldaten nach Phnom Penh zur medizinischen Betreuung von Angehörigen der »United Nations Transitional Authority in Cambodia« (UNTAC)
- ab 1993: Teilnahme an einer UN-Friedensmission in Somalia
- 1994: Beteiligung an einer Luftbrücke zur Versorgung ruandischer Flüchtlinge

Versorgung von Flüchtlingen: Wer wollte da schon widersprechen? Natürlich niemand. Und so gab der Minister in den Krisengebieten ein treuherziges Interview nach dem anderen – nach dem Motto: Was wollen Sie eigentlich? Hätten wir hier etwa nicht helfen sollen?

Eine Befreiung in Baumholder

Das Thema »Out-of-area-Einsatz der Bundeswehr« war damit innerhalb weniger Jahre publizistisch und psychologisch vom Tisch. Auf dieselbe Weise konnte Verteidigungsminister Rühe das Kommando Spezialkräfte (KSK) der Bundeswehr aufbauen. Nachdem 1994 in Ruanda deutsche Staatsbürger von belgischen Truppen befreit werden mussten, gründete Rühe das KSK. Allerdings befreite die Spezialeinheit bis heute keinen einzigen deutschen Staatsbürger aus der Gewalt finsterer Entführer. Keinen einzigen? Nicht ganz. In dem Kleinstaat Baumholder befreite das KSK schon bei seiner Indienststellung 1997 mehrere deutsche Geiseln aus Terroristenhand. Baumholder – nie gehört? Kein Wunder, denn Baumholder war nur ein Truppenübungsplatz, die Befreiung nur ein Manöver. In Wirklichkeit hat das KSK nicht ein einziges Mal das getan, wofür es angeblich gegründet worden war – jedenfalls nicht öffentlich, denn die Einsätze sind geheim. 1100 Mann mit Spezialausrüstung, um alle paar Jahre den einen oder anderen Deutschen zu befreien, wäre in der Tat des Aufwands ein bisschen zu viel. In Wirklichkeit wurde die Truppe mitten in der Entspannungsphase der Neunzigerjahre bereits im Hinblick auf die expansiven US-Einsätze nach dem 11. September 2001 aufgestellt. Danach führte sie in Afghanistan einen geheimen Krieg. Über die Einsätze dringt praktisch nichts an die Öffentlichkeit.

Trotz des Regierungswechsels von 1998 änderte sich an der »Out-of-area«-Politik interessanterweise nichts. Im Gegenteil: Von den »humanitären« Auslandseinsätzen Rühes (CDU) unter einer von CDU/CSU geführten Bundesregierung führt ein direkter roter Faden zu den weniger humanitären Kriegseinsätzen eines Scharping (SPD) als Verteidigungsminister der neuen rot-grünen Koalition und später natürlich eines Struck (SPD) oder Jung (CDU). Nach einer ausreichenden Anzahl »humanitärer Missionen« waren Bundeswehr und Öffentlichkeit auf die nächste Stufe vorbereitet, den sogenannten »Kampfeinsatz«. Ja, die »humanitären Missionen« eines Volker Rühe waren die Voraussetzung für die Kriegseinsätze eines Scharping. Die Machenschaften des SPD-Verteidigungsministers bauten systematisch auf denen seines Vorgängers Rühe auf. Was einmal mehr beweist, dass überhaupt keine Rolle spielt, welche Parteien gerade die Bundesregierung stellen – was zählt, ist vor allem die strategische Agenda des US-Imperiums.

Als Nächstes waren die ersten deutschen Toten zu beklagen. In den Anfangsjahren der deutschen Auslandseinsätze starben Soldaten praktisch nur durch Unfälle, Selbstmorde oder eines natürlichen Todes. Verluste durch gezielte Angriffe haben aber eine ganz andere, auch psychologische Qualität. Abgesehen von einem erschossenen deutschen Sanitätssoldaten 1993 in Phnom Penh erlitten die Deutschen die ersten »wirklichen« Verluste erst im Frühsommer 2003, als in Afghanistan ein Soldat durch eine Mine starb, mehrere weitere durch eine Explosion in der Nähe ihres Busses ums Leben kamen. Zwei weitere Bombenattentate forderten zwei Jahre später insgesamt drei deutsche Todesopfer. 2008 gab es zwei Selbstmordattentate mit Todesopfern, 2009 einen Überfall auf einen Konvoi, bei dem ein deutscher Soldat getötet wurde.

Die Antihelden der Bundeswehr

Am 6. Juli 2009 vollzog die Bundeswehr einen weiteren Schritt auf dem Weg zurück zu einer Kriegsarmee. Dieser Schritt bestand in der ersten Verleihung von Tapferkeitsmedaillen an Soldaten seit dem Zweiten Weltkrieg.

Vier Soldaten wurden für ihr mutiges Verhalten bei der Rettung von verwundeten Kameraden und Zivilisten ausgezeichnet. »Allerdings«, so berichtete die Website der »Tagesschau« vom 6. Juli 2009, »fühlen sich viele Soldaten gerade in Afghanistan im Stich gelassen – von der Politik, aber auch von der Gesellschaft.« So habe der Wehrbeauftragte Reinhold Robbe geklagt: »Was die Soldaten belastet, ist, dass mit Blick auf das, was sie tun, wenig an Anteilnahme, an menschlicher Zuwendung hier in Deutschland zu erkennen ist.« – »Die Leistungen und Belastungen der Bundeswehr müssten in der Bevölkerung stärker gewürdigt werden«, habe die Kanzlerin anlässlich der Auszeichnung gefordert, so *Spiegel Online* am selben Tag. »Das Land müsse stolz sein auf die Leistung der Bundeswehr.«

Bei aller Anerkennung für die Leistungen einzelner Soldaten ist diese Forderung natürlich absurd – denn schließlich löst die Bundeswehr ständig Probleme, die sie selbst geschaffen hat. Was tut sie in Afghanistan? Warum erledigt sie Söldnerdienste für einen anderen Staat? Warum bewacht sie die größte Drogenplantage des Planeten (siehe *Kritischer Jahresrückblick 2007*), mit deren Produkten auch deutsche Jugendliche ins Unglück gestürzt werden? Kurz: Der Bundeswehreinsatz in Afghanistan ist durch und durch verlogen, und die Verleihung der Tapferkeitsmedaillen ein Witz. Der Begriff der Tapferkeit oder des »Helden« verliert jede Legitimation, denn der moderne Held kämpft nicht mehr für sein Volk, sondern dagegen:

- Als Kämpfer für fremde Interessen kann er wohl kaum deutschen Interessen dienen.
- Als Kämpfer für fremde Staaten zieht er die Feindschaft von deren Gegnern auf Deutschland.
- Als Kämpfer in einem für Deutschland sinnlosen »Kampf« verschwendet er Steuergelder und schadet damit dem deutschen Steuerzahler.

Das heißt: Der deutsche Soldat in Afghanistan verstößt permanent gegen deutsche Interessen und wird dafür nun auch noch ausgezeichnet.

Das Ende der Edel-Armee

Doch zurück zu dem bombardierten Tanklastwagen. Zunächst sah alles nach einem heldenhaften Kampfeinsatz gegen die Taliban aus: »Bei einem von der Bundeswehr angeforderten Luftangriff der NATO-Truppe ISAF auf zwei von Aufständischen entführte Tanklastwagen sind in Nordafghanistan viele Menschen getötet worden«, berichtete die *Märkische Allgemeine* am 5. September 2009. »Die Bundeswehr spricht von rund 50 Toten und hält es für unwahrscheinlich, dass es zivile Opfer gegeben habe.« – »Das Verteidigungsministerium in Berlin sprach von mehr als 50 getöteten Aufständischen«, schrieb auch die *Berliner Morgenpost* an diesem Tag und zitierte das Ministerium weiter: »Unbeteiligte sind nach derzeitigem Kenntnisstand nicht zu Schaden gekommen.«

Aber während insbesondere Militärs normalerweise vertuschen, was das Zeug hält, wurde diesmal anscheinend nichts »verheimlicht, vertuscht, vergessen«. Plötzlich spielten die NATO- und US-Verbündeten den »Whistleblower« (»Zuträger«) und stellten die Bundeswehr als Zivilistenkiller bloß. Und dafür musste es ja einen Grund geben.

Der afghanische Präsident und US-Freund Hamid Karsai »äußerte sich in der Zeitung ›Le Figaro‹ kritisch über den von der Bundeswehr befohlenen Angriff«, berichtete das *Handelsblatt* am 7. September 2009: »Karsai sprach von einer Fehleinschätzung. Es habe mehr als 90 Tote für einen einfachen Tanklaster gegeben, der obendrein in einem Flussbett festgesteckt habe … Der Gouverneur von Char Darah, Abdul Wahid Omarkhel, sagte, es sei unklar, wie viele der Toten Zivilisten sind. Unter den Opfern sei aber eine große Anzahl Kinder.«

»Kinder« – da war es wieder, das Lieblingsreizwort der Propaganda. Hatte es nachts um halb drei in jenem Flussbett wirklich auch viele tote Kinder gegeben? Wer weiß. »Taliban nutzen Luftangriff für ihre Propaganda«, schrieb *Spiegel Online* am 8. September. Aber nicht nur die Taliban, auch der luxemburgische Außenminister Jean Asselborn, der französische Außenminister Bernard Kouchner und die EU-Außenkommissarin Benita Ferrero-Waldner hackten auf den Deutschen herum. Letztere sprach von einer »großen Tragödie«. Sollte es wirklich ein solches Massaker gegeben haben, waren solche Worte zwar nur zu gerechtfertigt, allerdings ist »Gerechtigkeit« bei diesem Einsatz überhaupt kein Kriterium. Die Frage ist allein, warum die Bundeswehr auf diese

Weise von den eigenen Verbündeten bloßgestellt wurde: »Die amerikanische NATO-Spitze nutzt die Zeit seit Freitag, um den europäischen Kriegspartner zu kritisieren«, stellte die Website des *Zürcher Tagesanzeigers* am 7. September fest: »Gregory Smith, Sprecher von NATO-Kommandeur Stanley McChrystal, wirft der deutschen Bundeswehr vor, schwere Fehler gemacht zu haben. Die Kommandeure hätten auf Luftbildern rund 120 Menschen sehen können, die sie für Militante hielten. Sie hätten daraufhin den Luftangriff angeordnet, obwohl die Bilder sehr grobkörnig gewesen seien, sagte Sprecher Smith. Obwohl auch die Piloten – Amerikaner – den Befehl hätten zurückweisen können, liege die letzte Entscheidung immer beim Kommandeur.«
Die Frage lautet: Warum hängen Medien und Verbündete den verwerflichen Gewaltakt so hoch, statt ihn, wie sonst, zu vertuschen?
Zusätzlich angeheizt worden sei der »Schlagabtausch« durch einen Bericht der *Washington Post*, »wonach die Bundeswehr in Kunduz ihren Angriff auf der Basis von nur einer Informationsquelle getroffen habe«, so der *Tages-Anzeiger*. »Dies würde klar gegen die Vorgaben der NATO verstoßen.« Offiziere der Bundeswehr hätten den *Washington Post*-Bericht als »bodenlose Frechheit« bezeichnet. NATO-Kommandeur McChrystal habe sogar persönlich »den amerikanischen Journalisten in die Ermittlungen eingeschleust«. Die *Neue Osnabrücker Zeitung* sprach von »offenbar von den USA gezielt gestreuten Fehlinformationen in einem laufenden Untersuchungsverfahren«. Es gehe ganz klar darum, »das deutsche Engagement in Afghanistan zu diskreditieren«.
Sieh an – aber warum? Um Deutschland aus Afghanistan herauszutreiben? Wohl kaum. Viel eher geht es darum, die Armee und das deutsche Publikum weiter abzuhärten. Genau wie einst an Rühes »humanitäre« Aktionen sollen die Deutschen nun auch an die »inhumanitären« Aktionen gewöhnt werden. Die Bundeswehr soll nicht die Edel- und Samariter-Armee bleiben, als die sie sich bis-

her gern dargestellt hat – nach dem Motto: Hochzeitsgesellschaften werden ausschließlich von den Amerikanern niedergemetzelt. Vielmehr soll die Bundeswehr eine »richtige Kriegsarmee« mit Gefallenen, Orden und Massakern werden. Nochmals: Warum? Ganz einfach: Weil man die Bundeswehr in einem richtigen Krieg brauchen wird, und zwar gegen Iran, das Nachbarland Afghanistans und Iraks. Nur deshalb sollen dort die Truppen demnächst massiv aufgestockt werden. Da ist es gut, wenn die Deutschen schon mal an den Horror und die Rituale eines »echten Krieges« gewöhnt werden. In dem Kapitel über den Friedensnobelpreisträger Barack Obama komme ich darauf zurück.

11. September **Ein Stahlträger erzählt**

New York, Ground Zero, 11. September 2001. Schwerer, zäher Staub hängt über dem Gelände, wo noch wenige Stunden zuvor die Zwillingstürme des World Trade Center standen. Vereinzelt qualmen noch kleinere Brandherde vor sich hin. Mitten in den Trümmern ragt stumm und stoisch wie ein Mahnmal ein einzelner Stahlträger hervor. Dass niemand auf ihn achtet, scheint ihn völlig kalt zu lassen. Ohne dass ihn irgendjemand zur Kenntnis nimmt, besteht er stur auf seiner Geschichte. Während die Propagandamaschine der USA ihre Version der Attentate herausschreit, ist der Schrei dieses Stahlträgers nur für Leute zu hören, die hören wollen und können. Dann aber ist er unendlich laut – viel lauter als das Kriegsgeheul der US-Regierung.
Leute, die sich auskennen, wissen, was der Träger sagen will. Und diese Botschaft zu entschlüsseln ist auch für andere gar nicht so schwierig. Ein bisschen Recherche würde schon reichen. Ja, sogar eine Erinnerung an die eine oder andere Fernsehdokumentation. Aber niemand will recherchieren, und niemand will sich erinnern. So wird der Träger, wie alle anderen auch, hurtig entsorgt. Derart brisant sind die Erzählungen der Träger, dass man den Stahlschrott nicht einmal in den USA weiterverarbeiten will.

Eilig werden sie zum Einschmelzen verschifft – weit weg nach China. Nur das Foto des Trägers legt noch Zeugnis ab von seiner Botschaft.

Das Ende der Geschichte von Osama und den 19 Räubern

Und diese Botschaft ist das Ende der Geschichte – das Ende der Geschichte von Osama und den 19 Räubern. Das Ende der Geschichte vom »Versagen« der US-Geheimdienste. Das Ende der Geschichte vom Überraschungsangriff auf die USA. Und der Anfang der Geschichte von einer gewaltigen Verschwörung gegen das eigene Land. Der Anfang der Geschichte von Hochverrat und tausendfachem Mord an Landsleuten. Der Anfang der Geschichte vom Betrug an der ganzen Welt.
Wie all das aus einem Stahlträger hervorgehen kann? Ganz einfach:

- Sein oberes Ende wurde sauber abgeschnitten, und zwar im Winkel von 45 Grad.

Aus urheberrechtlichen Gründen sehen Sie hier nur eine Zeichung.

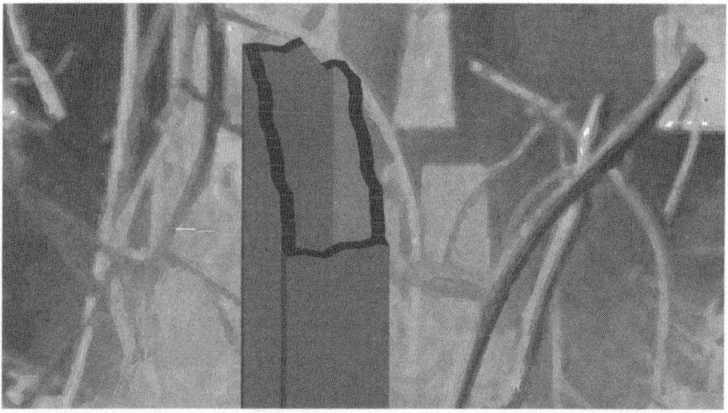

Schräg durchgehauener Stahlträger an Ground Zero.

Es gibt an diesem Träger nicht nur einen, sondern zwei Artefakte, nämlich:

- die glatte Schnittkante
- den Winkel von etwa 45 Grad.

»Artefakt« heißt: künstlich herbeigeführt, also nicht durch ein willkürliches Ereignis zu erklären. Allein schon der saubere Schnitt ist verdächtig. Denn wenn man sich einmal einen solchen Gebäudezusammenbruch gedanklich vorstellt: Wo wäre da eine gewaltige Klinge, die einen solchen Stahlträger durchhauen könnte, ohne ihn dabei zum Beispiel an den Enden zu verbiegen? Aber erst zusammen mit dem schrägen Winkel ergibt sich ein schlüssiges Bild. Zwar führt einen schon die glatte Schnittkante zu dem Schluss, dass der Träger durchgehauen wurde, aber erst die 45 Grad zeigen, warum und wozu das geschah, und bestätigen damit auch wieder die erste Schlussfolgerung.

Wie sprengt man einen senkrechten Stahlträger?

Nehmen wir an, es gäbe eine Sprengladung, mit der man einen Stahlträger einfach durchhauen könnte – wie würde man das bei einem senkrecht stehenden Stahlträger wohl anfangen? Spontane Antwort: Man würde ihn einfach waagerecht kappen. Aber was würde dann passieren? Nun, die beiden Enden des Trägers würden immer noch aufeinanderstehen. Natürlich sind sie nicht mehr miteinander verbunden, aber sie könnten sich immer noch verkanten und den Zusammenbruch verzögern oder sogar stoppen. Also sprengt man den Träger nicht waagerecht, sondern in einem schrägen Winkel von, sagen wir, etwa 45 Grad. Wird der Träger jetzt durchgehauen, gibt es kein Halten mehr. Die abgeschnittenen Enden können nicht mehr aufeinanderstehen. Vielmehr rutscht der obere Teil des Trägers sofort ab.

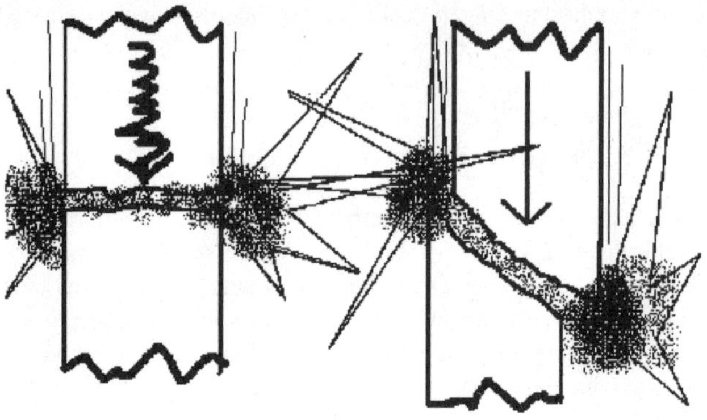

Bei einer waagerechten Sprengung (links) würde der Träger verkanten, vielleicht sogar stehenbleiben. Nur bei einer schrägen Sprengung (rechts) rutscht der Träger sofort ab, das Gebäude bricht zusammen.

Natürlich gibt es tatsächlich Sprengkörper, die Stahlträger einfach durchhauen können – man nennt sie Schneidladungen. Sie sind so ziemlich das Zerstörerischste, was die Sprengbranche zu bieten hat. Dabei wird in eine nach einer Seite offene Metallschiene Sprengstoff eingefüllt. Die offene Seite wird mit einem V-förmigen Metallprofil abgedeckt: die mit Sprengstoff beladene Metallschiene wird mit dieser Seite an dem Träger angebracht.
Explodiert der Sprengstoff, wird das V-förmige Profil umgestülpt und nach außen geschossen und verwandelt sich in eine äußerst wirksame Klinge, die den Stahlträger wie eine Guillotine mit astronomischer Geschwindigkeit durchschlägt. Die Detonationsgeschwindigkeit (also die Geschwindigkeit, mit der sich die chemische Reaktion im Sprengstoff fortbewegt), mit der schließlich auch annähernd die Klinge in den Träger geschossen wird, liegt bei bis zu zehn Kilometern pro Sekunde, also bei 36 000 Stun-

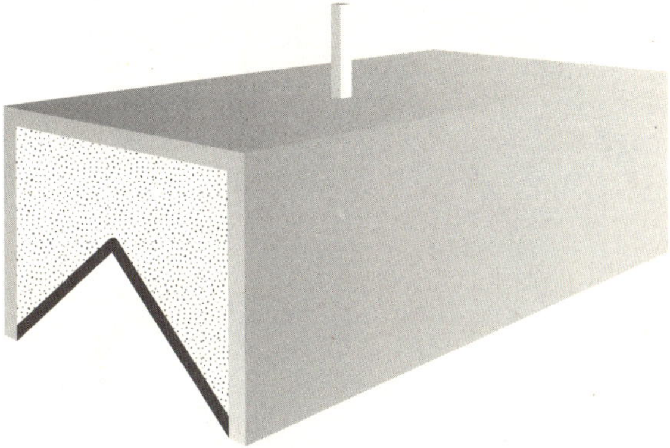

Prinzip einer Schneidladung für Stahlträger: Wenn der Sprengstoff explodiert, wird die V-förmige Metallummantelung (»Liner«) mit hoher Geschwindigkeit nach außen getrieben und schneidet den Stahlträger wie eine Klinge durch. Quelle: Wikipedia

denkilometern. Handelsnamen für derartige Sprengladungen sind etwa *Blade* (Klinge) von Royal Ordnance (»Königliches Wehrmaterial«; Großbritannien) oder *Semtex Razor* (»Semtex Rasierer«; Tschechien). Letztere sind ganz einfach aufgebaut und bestehen aus zwei flexiblen, hintereinanderliegenden V-förmigen Profilen, deren Zwischenraum mit Sprengstoff gefüllt wird. Das Ganze erinnert dann an einen V-förmigen Schlauch. Von Razor 6 bis Razor 40 stehen je nach Anforderungen fünf unterschiedlich dicke Sprengprofile zur Verfügung. Die flexiblen »Schläuche« passen sich dem Sprengobjekt an und können auch einfach abgeschnitten werden (siehe *Sprenginfo: Mitteilungsblatt des Deutschen Sprengverbandes* 1/2007, S. 9 f.).

Das ist also die Geschichte, die unser Stahlträger zu erzählen hat. Und dabei ist er nicht der einzige. An Ground Zero sah man noch jede Menge davon herumstehen (siehe auch den sehr informati-

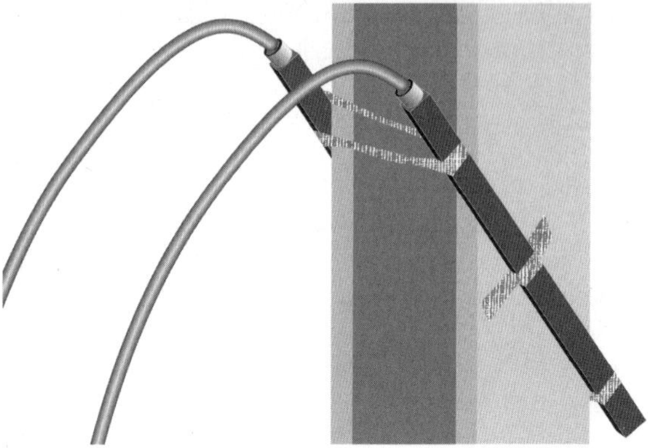

An einem Stahlträger fixierte Schneidladung.

ven Artikel zum Thema auf whatreallyhappened.com: »Shaped Charges and the World Trade Center Collapses«, ohne Datum). Allerdings nur, wenn man sie auch sehen wollte.

Die verschwiegene Untersuchung

Nun kann ich Ihnen ja viel erzählen. Wo sind die Experten? Journalisten dürfen ja nicht selbständig denken, sondern sollen sich immer auf Experten berufen. Und schon hat man sie wieder unter Kontrolle. Denn merke: Wer die Experten kontrolliert, kontrolliert auch die Journalisten. Und wer die Journalisten kontrolliert, kontrolliert die Öffentlichkeit. Auf besondere Wut stoßen deshalb Journalisten, die sich nicht nur auf Experten verlassen, sondern auch ihr eigenes Gehirn benutzen und so frei sind, unabhängige Schlussfolgerungen zu ziehen.

In Sachen Sprengung des World Trade Center herrscht indes an Experten kein Mangel. In den USA haben sich Hunderte von Wissenschaftlern in dem Verein »Scholars for 9/11 Truth« (»Wissenschaftler für die Wahrheit über den 11. 9.«) zusammengeschlossen. Einer von ihnen, der Physikprofessor Steven Jones, hat inzwischen mit seiner Untersuchung über die Sprengung der beiden Türme einen gewissen Bekanntheitsgrad erlangt. Ein anderer ist der Insider Kevin Ryan, früher Ingenieur bei Underwriter Laboratories, der Firma, die den Stahl des WTC vor dem Bau zertifizierte und nach dem Zusammenbruch auf der Suche nach der Ursache zahlreiche Versuche anstellte. Sein Fazit: Die Türme können nicht, wie offiziell behauptet, durch Feuer zusammengebrochen sein. Auch der Hausmeister des WTC, William Rodriguez, der in letzter Sekunde noch zahlreiche Menschen rettete, behauptet, sowohl vor als auch nach den Flugzeugeinschlägen habe es zahlreiche Explosionen in den Türmen gegeben.

Und, und, und. Wäre der Zusammenbruch des World Trade Center ein Autodiebstahl, wäre der Fall längst abgeschlossen, und die Täter säßen im Gefängnis.

Kurz und gut: Kaum etwas ist so gut untersucht und wissenschaftlich bewiesen wie die Sprengung des World Trade Center. Die Öffentlichkeit erfährt nur nichts davon. Nehmen wir zum Beispiel den Februar 2009. Da veröffentlichten Wissenschaftler der Universität Kopenhagen einen Artikel, in dem sie das Vorhandensein von Sprengstoff in Staubproben der zusammengebrochenen Zwillingstürme minutiös nachwiesen (Harrit, Niels H. u. a.: »Active Thermitic Material Discovered in Dust from the 9/11 World Trade Center Catastrophe«, in: *The Open Chemical Physics Journal*, 2009, 2, S. 7–31). Nie davon gehört? Kein Wunder. Die Sache wurde von den deutschen Medien totgeschwiegen. Sucht man bei Google News (Archivsuche) das Jahr 2009 nach dem Namen Harrit ab, erhält man keine einzige Medien-Fundstelle. »Die Suche nach ›Harrit‹ war leider erfolglos. Bitte überprüfen Sie Ihre Eingaben«, wird man auch von der Website der »Tagesschau« aufgefordert, wenn man nach dem Wissenschaftler sucht. Auch auf der Website des ZDF heißt es bei dem Suchbegriff »Niels Harrit«: Fehlanzeige.

Erstaunlich, nicht wahr? Zwar tauchte der Untersuchungsführer Niels H. Harrit in einer Hauptnachrichtensendung auf – allerdings nur im dänischen Fernsehen. Und dieses Interview findet man weder beim ZDF noch in der ARD, sondern nur bei youtube: »Internationale Forscher haben Spuren von Sprengstoffen in den Trümmern des World Trade Center gefunden«, hieß es in dem dänischen TV-Sender TV2 am 10. April 2009. »Ein neuer wissenschaftlicher Artikel schließt aus, dass die zwei entführten Flugzeuge die Einstürze 2001 verursachten … Forscher fanden den Sprengstoff Nanothermite in den Trümmern … sie glauben, dass mehrere Tonnen Sprengstoff im Voraus in den Gebäuden platziert worden waren.«

»Abriss ist kristallklar«

»Sie fanden diese Substanz im WTC. Warum denken Sie, dass es die Gebäudeeinstürze verursachte?«, will der TV2-Moderator von Harrit wissen.
»Nun, es ist ein Sprengstoff. Warum sollte er sonst dort sein?«, fragt Harrit zurück.
»Sie glauben, dass die intensive Hitze die Baustahlstruktur schmolz und das Gebäude veranlasste, wie ein Kartenhaus zusammenzubrechen?«, fragt der TV2-Mann.
»Ich kann es nicht genau sagen, weil diese Substanz beiden Zwecken dienen kann. Sie kann Dinge sprengen, und sie kann Dinge schmelzen. Beide Eigenschaften wurden wahrscheinlich verwendet, so wie ich es sehe. Geschmolzenes Metall strömte aus dem Südturm einige Minuten vor dem Zusammenbruch. Das zeigt, dass die ganze Struktur im Voraus geschwächt wurde. Dann kommen die gewöhnlichen Sprengstoffe ins Spiel. Die eigentliche Sprengsequenz musste den ganzen Weg nach unten zeitlich perfekt abgestimmt werden.«
»Über welche Mengen Sprengstoff sprechen wir?«
»Eine Menge. Es gab nur zwei Flugzeuge, aber drei Wolkenkrat-

zer brachen zusammen [WTC 1, WTC 2 und nachmittags WTC 7; G.W.]. Wir wissen ungefähr, wie viel Staub entstanden ist. Die Bilder zeigen riesige Mengen. Alles außer dem Stahl wurde pulverisiert. Und wir wissen ungefähr, wie viel nicht reagiertes Thermit wir gefunden haben. Das ist die ›geladene Pistole‹. Material, das sich aus irgendeinem Grund nicht entzündete. Wir sprechen von Tonnen. Mehr als zehn Tonnen. Vielleicht hundert Tonnen.«

»Zehn Tonnen? Vielleicht hundert Tonnen in drei Gebäuden?«, staunt der Fernsehmoderator: »Und diese Substanzen werden in solchen Gebäuden normalerweise nicht gefunden?«

»Nein. Diese Materialien sind äußerst hoch entwickelt.«

»Wie platzieren Sie solches Material in einem Wolkenkratzer auf allen Etagen?«, stellt der TV-Mann eine naheliegende Frage.

»Wie Sie es hineinbringen würden?«

»Ja.«

»Auf Paletten«, kommt die trockene Antwort: »Wenn ich es in diesem Mengen transportieren müsste, würde ich Paletten verwenden. Nehmen Sie einen Lastwagen und transportieren Sie es auf Paletten hinein.«

»Warum ist das nicht früher entdeckt worden?«

»Als Journalist sollten Sie diese Frage an die Firma richten, welche für die Sicherheit des WTC verantwortlich war«, antwortet Harrit.

»Es gibt also keinen Zweifel, dass dieses Material da war?«

»Sie können dieser Art Wissenschaft nicht aus dem Weg gehen. Wir haben es gefunden. Unreagiertes Thermit.« Welche Reaktionen bislang auf diese Untersuchung erfolgt seien, will der Moderator sodann wissen.

»Der Artikel kann nicht so erschütternd sein, wie Sie denken«, antwortet Harrit. »Hunderttausende Leute weltweit haben schon lange gewusst, dass die drei Gebäude abgerissen wurden. Das ist kristallklar gewesen.«

Womit wir wieder bei unserem Stahlträger angekommen wären. »Unsere Forschung ist nur der letzte Nagel am Sarg … Jeden Tag begreifen Tausende Menschen, dass das World Trade Center absichtlich zerstört wurde. Das ist etwas Unaufhaltsames«, sagte Harrit.

Bleibt nur noch die Frage, wie der Sprengstoff in die Gebäude transportiert wurde.

Die Geheimnisse von Securacom

Auch da gibt es einen Verdacht: Ein merkwürdiger Zufall wollte es, dass im World Trade Center (das gesprengt wurde), am Flughafen Washington-Dulles (wo Flug American Airlines 77 entführt wurde) und bei United Airlines (deren Flug Nr. 93 entführt wurde) ein und derselbe Sicherheitsdienst tätig war. Und ebenso zufällig war eines der Aufgabengebiete dieses Unternehmens, die »access control«, also die Zugangskontrolle zu Gebäuden, Einrichtungen und Flughäfen. Das Unternehmen hieß Securacom, später Stratesec. Leider hat es sich in Luft aufgelöst, und zwar bereits im Jahr 2003. In jenem Jahr endeten die Kursnotierungen der Unternehmensaktien. Zum Glück hat die Firma andere Spuren hinterlassen, und wenn man sie aufnimmt, staunt man nicht schlecht. Denn da findet man als Geschäftsführer und Vorstandsvorsitzenden bis 2002 einen entfernten Verwandten von George W. Bush, einen gewissen Wirt D. Walker III. Wobei man sich mit entfernten Verwandten gar nicht aufhalten muss. Mit dabei war nämlich auch Marvin P. Bush, ein Bruder des damaligen US-Präsidenten (siehe auch Gerhard Wisnewski: *Verschlusssache Terror. Wer die Welt mit Angst regiert*, München 2007, S. 136 ff.). Erst kurz vor den Anschlägen vom 11. September 2001 soll er aus der Firma ausgestiegen sein.

Die merkwürdigen Verbindungen der Familie Bush zu diesem Unternehmen hat die amerikanische Reporterin Margie Burns beschrieben (Margie Burns: »Secrecy surrounds a Bush Brother's

Role in 9/11«, in: *Security*, Bd. 9, Nr. 2021 – *The American Reporter*, 20. Januar 2003).

Interessanterweise entfaltete die Firma Securacom mannigfaltige Aktivitäten im World Trade Center. »Von 1996 bis 2000 installierte die Firma Securacom ein neues Sicherheitssystem im WTC«, heißt es in dem Dokumentarfilm *9/11 Mysteries – Die Zerstörung des World Trade Center*: »Wurde damals nur ein neues Sicherheitssystem installiert, oder wurden auch die Kabel für ein langfristiges Projekt verlegt?«

Vorbereitungen für eine Sprengung

Eine gute Frage. Auch noch kurz vor den Anschlägen wurde in den Türmen fieberhaft gearbeitet. So sagte der Computerspezialist Scott Forbes aus den oberen Etagen des Südturms, der am 11. September 2001 frei hatte, in der Dokumentation: »Es ging etwa vier bis sechs Wochen vor dem 11. September los. Es hörte sich an wie Bauarbeiten. Die Mieter, die Leute von … [unverständlich] … wurden umquartiert, die Büros standen leer, und trotzdem wurde mit schwerem Gerät gearbeitet; es hörte sich an wie Presslufthämmer. Bei uns haben die Wände gezittert, irgendetwas Schweres muss bewegt worden sein, dann wurden die Räder abmontiert, und es tat einen Schlag, unsere Etage wurde regelrecht durchgeschüttelt, man konnte das Gewicht da oben spüren, so schwer war das. Bei einer Gelegenheit öffnete ich die Tür, aber der ganze Büroraum war leer, da gab es überhaupt nichts, das war komisch, es war leer, völlig leer. Nichts, null. Nicht mal Kabel hingen von der Decke, aber da gab es diese Geräusche und Erschütterungen. Es war wahrscheinlich in der Woche vor dem 11. September … Ich kam jeden Morgen um sieben, es war unglaublich, es war alles verdreckt, als sei nicht geputzt worden, an der Fensterbank waren die Heizkörper angebracht. Und ich war todkrank wegen des Staubs auf der Fensterbank. Er war schmutzig grau und während dieser Woche wirklich überall. Aber wo kam der Staub her?«

Ja, woher nur? Der Staub spricht dafür, dass hier Beton bearbeitet wurde, zum Beispiel durch Bohrungen. Aber wozu? Am Wochenende vor den Anschlägen sei der Strom abgeschaltet worden, so Forbes. »Die Hafenbehörde hatte uns drei Wochen vorher Bescheid gesagt, dass der Strom abgestellt wird. Wir hatten sehr wenig Zeit, um all unsere Banksysteme herunterzufahren. Das war eine große Sache und völlig beispiellos. Der Stromausfall bedeutete, dass es keine Sicherheitsüberwachung gab, alle Türen waren geöffnet und die Kameras abgeschaltet. Das ganze Wochenende über liefen dort Männer in Arbeitsanzügen herum, mit riesigen Werkzeugkästen und Kabeltrommeln. So viele ›Fremde' im World Trade Center zu sehen war ungewöhnlich.« – »Den Mitarbeitern wurde gesagt, dass neue Internetkabel verlegt würden«, so die Dokumentation. »Aber wer waren die Arbeiter, und was taten sie wirklich?«

Auch der inzwischen ziemlich bekannte damalige Hausmeister des World Trade Center, William Rodriguez, erinnert sich an dieses gespenstische Wochenende: »Der ganze Strom war abgeschaltet, es gab keine Sicherheitsüberwachung, keine Eingangskontrollen, jeder konnte ein und aus gehen und machen, wie er wollte.«

Fünf Tage vor den Anschlägen seien auch die Bombensuchhunde abgezogen worden, heißt es in dem Film: Als Scott Forbes am 11. September von New Jersey aus die Türme zusammenbrechen sah, »war er sich sicher, dass dies das Ergebnis der mysteriösen Wochenendarbeiten war«.

Natürlich wäre es interessant zu erfahren, was zum Beispiel der Bush-Bruder Marvin P. Bush dazu zu sagen hätte. Aber auf Fragen nach den Hintergründen seiner Mitarbeit bei der dubiosen Sicherheitsfirma Stratesec/Securacom erhält man von ihm keine Antwort, wie Leute bezeugen, die es versucht haben: »Marvin Bush hat auf wiederholte Telefonanrufe und E-Mail-Anfragen nicht reagiert«, erklärte zum Beispiel die Reporterin Margie Burns.

27. September Das Desaster der Sozialdemokraten

Scheinkandidat? Schlaftablette? Pro-forma-Wahlkampf? Nicht doch. Frank-Walter Steinmeier ist der Sieger dieser Bundestagswahl. Als der Kandidat zusammen mit SPD-Parteichef Franz Müntefering am 27. September kurz nach den ersten Hochrechnungen im Willy-Brandt-Haus ans Rednerpult tritt, herrschen Jubel, Trubel, Heiterkeit. Die TV-Kommentatorin Sabine Rau, die sich nur mit erhobener Stimme gegen die lautstarke Begeisterung durchsetzen kann und irgendetwas von »Enttäuschung« erzählt, redet ganz offensichtlich von der falschen Veranstaltung. Die Wahlparty der SPD im Willy-Brandt-Haus kann sie nicht meinen. Das Publikum tobt; ein lächelnder Kanzlerkandidat Steinmeier nimmt im Blitzlichtgewitter die Ovationen seiner Anhänger entgegen.

Kein Zweifel: So wird ein Held gefeiert. Ganz offenbar hat er doch noch das Wunder vollbracht, Angela Merkel links zu überholen und ihr den Kanzlersessel abzujagen. Wenn da nur nicht diese Fernseh-Frau wäre, die immer irgendetwas von einer »historischen, einer schweren Niederlage« reden würde. Ganz offensichtlich leben sie und die SPD in verschiedenen Welten. Da aber die Wahlergebnisse eindeutig sind und ein nie da gewesenes Desaster für die Sozialdemokraten anzeigen, kann das nur heißen: Es ist die SPD, die nicht mehr von dieser Welt ist.

Die bunte Revolution der SPD

Die Groteske, die sie an diesem traurigen Abend inszeniert, an dem das Erbe von Willy Brandt, Egon Bahr und anderen verspielt wurde, haben die Wähler nicht verdient: Künstlich begeisterte Claqueure jubeln das Ende der Volkspartei SPD zum Sieg hoch. Wie kann, wie soll man das verstehen? War das etwa genau das, was man wirklich wollte? Nach dem Motto: Operation geglückt,

Patient tot? Doch in Wirklichkeit ist das nur das neueste Beispiel für den Realitätsverlust der SPD. Schon bei den Wahlveranstaltungen der wirksamsten Schlaftablette, welche die SPD jemals unter die Leute gebracht hatte, brandete regelmäßig befremdlicher Jubel auf, wie zum Beispiel am 17. September 2009 auf dem Münchner Marienplatz. Und auch am Abend des 27. September bedankt sich Frank-Walter Steinmeier ausdrücklich bei den »Jungen Teams« in den roten T-Shirts, »die mich überall begleitet haben«.

Und das ist denn auch des Rätsels Lösung. Der Dank an die Jungen Teams ist nicht etwa ein allgemeiner Dank an begeisterte Junganhänger der SPD.

Vielmehr hatten die Jusos, die Jugendorganisation der guten alten und inzwischen moribunden Tante SPD, eine Armee von Claqueuren aufgestellt. Die Jungen Teams waren so etwas wie die Wahlkampffeuerwehr der SPD. Ausgerüstet mit roten T-Shirts, traten bundesweit über 257 Junge Teams an, um Aktionen durchzuführen und die Wahlveranstaltungen der SPD zu umrahmen, fast für jeden der insgesamt 299 Wahlkreise eines. Generalstabsmäßig über das Internet organisiert, sollte eine Welle künstlicher Begeisterung und Unterstützung die personellen Ladenhüter der SPD bei ihrem Wahlkampf begleiten. »Für die Bundestagswahl 2009 wurde das Konzept der ›Jungen Teams‹ ja entwickelt, die vor Ort überzeugt sozialdemokratische Werte vertreten und die Kandidaten(innen) tatkräftig unterstützen werden«, heißt es auf einer Seite der Jusos in Baden-Württemberg. »Auf der unten stehenden Google Map sind alle SPD-Kandidaten(innen) zur Bundestagswahl verlinkt.«

Bei einem Klick auf das Junge Team zeigte die Google-Karte nicht nur den räumlichen Standort des Jungen Teams an, sondern auch die E-Mail-Adressen der Ansprechpartner. In Stuttgart gab es zum Beispiel ein Junges Team I (Wahlkreis 258) und ein Junges Team II (Wahlkreis 259).

Kein Zweifel: Die SPD hatte das Konzept der »bunten Revolutionen« für sich entdeckt; jener bunten Revolutionen, die in den vergangenen Jahren mittels moderner Kommunikationsmittel wie Handy, SMS, Internet und Twitter an der Peripherie Russlands und zuletzt in Iran organisiert worden waren. Aber anders als in Iran war es in Deutschland nicht die Farbe Grün, sondern Rot. Für die Jungen Teams hatte die Juso-Zentrale ein eigenes, sechzig Seiten starkes Handbuch mit dem Titel »Junge Teams 09« herausgegeben: »Baut eine interne Kommunikationsstruktur auf für Informationen und Entscheidungen«, heißt es da zum Beispiel. »Dafür geeignet sind Mailinglisten, die ihr zum Beispiel auf de.groups.yahoo.com oder groups.google.com anlegen könnt. Oder legt eine eigene Gruppe auf Facebook oder StudiVZ an, falls alle Team-Mitglieder dort ein Profil haben. Dort habt ihr ein internes Forum, in dem ihr diskutieren und Aktionen abstimmen könnt. Auf Facebook könnt ihr außerdem Events anlegen, zu denen ihr gezielt Leute einladen könnt.« Auch die Freizeit sollte dem Jungen Team geopfert werden: »Führt auch eigene Workshops für euer Junges Team durch!«, hieß es da. »Haltet regelmäßige Teambesprechungen ab.« – »Motiviert euch mit einer Party oder gemeinsamer Freizeitgestaltung!«

Der eigentliche Wahlkampf nannte sich »Aktionsphase«: »Begleitet eure/euren Kandidaten(in) zu Veranstaltungen, zeigt Präsenz und macht euch z. B. mit Junge-Teams-T-Shirts kenntlich.« Das Handbuch listet außerdem einen ganzen Aktionskatalog auf – bis hin zum »Flashmob«, einem mit modernen Kommunikationsmitteln organisierten künstlichen Menschenauflauf. Dieser, so lehrt das Juso-Handbuch, »beginnt scheinbar spontan und löst sich auch spontan wieder auf.«. Was also nach spontaner Begeisterung aussah, war in Wirklichkeit bis ins Detail durchorganisiert. Am Wahlabend lief die künstliche Begeisterung allerdings etwas aus dem Ruder, als hätte man den Jungen Teams nicht gesagt, dass die Wahl verlorengegangen war. Aber auch nach dem Ende des

Vietnam-Krieges kämpften schließlich einige GIs noch jahrelang im Dschungel weiter.
Genau wie die großen Medien haben offenbar auch die »großen Parteien« noch nicht mitbekommen, dass das beste Marketing nichts nützt, wenn die Inhalte nicht stimmen und die Glaubwürdigkeit nicht gegeben ist. Nach dem Motto: Wir müssen den Schrott nicht etwa Schrott nennen und ihn endlich auf den Müllhaufen der Geschichte werfen – wir müssen den Schrott nur besser verkaufen!

Das Ende der »Volksparteien«

Doch Täuschen, Tricksen und Tarnen war an diesem für die »Volksparteien« so verheerenden Abend das Gebot der Stunde. Die SPD kam regelrecht unter die Räder. Gegenüber 2005 hatte sie bei der Bundestagswahl 2009 11,2 Prozent der Zweitstimmen verloren. Seit 1998 sind der Partei von ihren damals zwanzig Millionen Wählern zehn Millionen davongelaufen, hat sich ihre Wählerschaft also glatt halbiert. Der Grund ist, dass die SPD seit 1998 schon viele Totengräber hatte. Der Erste, der nachdrücklich den Spaten ansetzte, war Gerhard Schröder mit dem Kosovo-Krieg und seiner »Agenda 2010«. Aber keiner fuhr die Partei so emotionslos an die Wand wie ihr jüngster Vorsitzender Franz Müntefering und Kanzlerkandidat Frank-Walter Steinmeier. Am Wahlabend des 27. September perlte das Alptraumergebnis der SPD genauso an ihm ab wie alles andere vorher auch. Der Mann verkündete sogar, die Partei weiter führen zu wollen, und äußerte eine wüste Drohung, die von den anwesenden Claqueuren jedoch frenetisch bejubelt wurde: »Ich werde als Oppositionsführer weiter für die SPD kämpfen.« Wenn man jetzt »für« durch »gegen« ersetzen würde, wäre es wieder richtig.
Zurück zur Realität. Gegenüber 2005 hatten beide angeblichen »Volksparteien« massiv an Wählerstimmen verloren. Die bunten Balkengrafiken der TV-Sender sprachen eine deutliche Sprache:

Das Volk war Hals über Kopf zu den kleinen Parteien übergelaufen. Linke (+3,2), Grüne (+2,6) und FDP (+4,8) legten massiv zu; die FDP konnte Koalitionsverhandlungen mit der Union (–1,4) aufnehmen. Wieder andere Wähler waren gleich daheim geblieben. Auch die rührend umworbenen geistig Behinderten konnten offenbar einen Trend nicht umkehren, der seit Jahren zu beobachten ist und jetzt einen neuen Höhe- bzw. Tiefpunkt erreichte hatte: Die Wahlbeteiligung stürzte um sagenhafte 6,9 Prozent ab. Deswegen war es auch äußerst kühn, was Roland Koch am Wahlabend behauptete: dass »eine Mehrheit der Bürger Deutschlands für Angela Merkel« gewesen sei (ZDF »heute«, 27.9.2009). In Wirklichkeit erhielt Merkels CDU etwas mehr als ein Viertel, und zwar nicht der Stimmen »der Bürger Deutschlands«, ja nicht einmal der Wahlberechtigten, sondern nur der abgegebenen Stimmen. Da diese Zahl (nämlich 44 Millionen) etwas mehr als der Hälfte »der Bürger Deutschlands« (75 Millionen) entsprach, hatte also nicht einmal ein Fünftel aller Deutschen, nämlich nur etwa 18 Prozent, Angela Merkels CDU gewählt. Die Zweitstimmenanteile der CDU waren zwar nur um 0,5 Prozent (von 27,8 % 2005 auf 27,3 % 2009) geschrumpft, aber in absoluten Zahlen ausgedrückt waren der CDU seit den Bundestagswahlen 2005 1,3 Millionen Wähler abhandengekommen. Bei der CSU sah es (maßstabsgerecht) ähnlich aus. Demgegenüber ist Kochs Behauptung, »eine Mehrheit der Bürger Deutschlands« sei für Angela Merkel gewesen, doch ziemlich irreführend.

Der Schwarze Riese Roland Koch

Apropos Koch: Eine Woche nach der Bundestagswahl vom 27. September, am 4. Oktober 2009, schien sich eins zum anderen zu fügen: »Merkel will Koch nach Berlin holen«, titelte *Welt Online:* »Kanzlerin Angela Merkel (CDU) wünscht sich Hessens Ministerpräsident Roland Koch als Finanzminister. Sie wolle in den Koalitionsgesprächen mit der FDP durchsetzen, dass die

CDU künftig das Ressort führt, heißt es aus der Unionsspitze.« Wie *Bild am Sonntag* unter Berufung auf Informationen aus der Unionsspitze berichtete, »soll dann der hessische Ministerpräsident Roland Koch entgegen allen Dementis ins Bundesfinanzministerium wechseln. Der bisherige Verteidigungsminister Franz Josef Jung (CDU) solle dann Ministerpräsident in Wiesbaden werden.«

Nicht zu glauben: Tatsächlich schien der »Bilderberger« Koch nun nach der Macht in Berlin zu greifen – genau wie Angela Merkel nach ihrem Besuch bei der Bilderberger-Konferenz im Mai 2005. Immerhin ist Koch stellvertretender CDU-Bundesvorsitzender, also die Nummer zwei in der Union. Und damit ist er auch die Nummer zwei in der politischen Nomenklatur Deutschlands. Die Membran zur Macht ist also ziemlich dünn, und es gibt für Koch gar keinen Grund, bis zum Sankt-Nimmerleins-Tag in Hessen auszuharren. Seine angebliche Nominierung für das Finanzministerium konnte man in diesem Kontext durchaus auch als Einstimmung auf das Amt des Bundeskanzlers verstehen. Schließlich konnte man dem Volk nach dem Merkel-zentrierten Wahlkampf nicht gleich einen Bundeskanzler Koch servieren. Und dass Merkel Bundeskanzlerin werden oder bleiben würde, hatte man dem Wahlvolk keinesfalls versprochen. Ein Wechsel von Verteidigungsminister Franz Josef Jung als Ministerpräsident nach Wiesbaden wäre außerdem so abseitig nicht gewesen, schließlich kommt der Mann da her. Genau wie Bundesinnenminister Wolfgang Schäuble war auch Jung in die CDU-Parteispendenaffäre verstrickt, allerdings in ihre hessische Variante. Genau wie Schäuble musste auch er deswegen zurücktreten, und zwar als hessischer Minister für Bundes- und Europa-Angelegenheiten und Chef der Staatskanzlei (September 2000). Inzwischen ist das natürlich längst vergessen, sodass der in Hessen mit Schimpf und Schande zurückgetretene Politiker dem Volk als Ministerpräsident von Hessen hätte angedreht werden können.

Doch Kochs Dementi folgte auf dem Fuß: »Ich habe sehr früh gesagt, dass mein Platz in Wiesbaden ist«, zitierten ihn die Medien am 5. Oktober. »Auf die Frage, ob er sich einem Ruf der Kanzlerin in ihr neues Kabinett verweigern würde, erklärte Koch: ›Ich habe meine Position klar beschrieben.‹«, berichtete *RP Online* am 5. Oktober 2009. So richtig glauben mochte das keiner: »Sehr früh« – könnte das etwa auch heißen: »zu früh«? Und warum sagte er auf die Frage nicht einfach »ja«, er werde sich einem solchen Ruf verweigern? Denn Tatsache ist: Bei den Koalitionsverhandlungen zwischen Union und FDP in Berlin markierte Koch hinter den Kulissen den starken Mann. Da war die Nummer zwei plötzlich die Nummer eins: »Hessens Ministerpräsident Roland Koch stellte sich im Parteipräsidium offen gegen Kanzlerin und Parteichefin Angela Merkel und verlangte harte Einsparungen von der neuen Bundesregierung«, berichtete die *Financial Times Deutschland* am 12. Oktober 2009: »Deutschland habe jahrzehntelang über seine Verhältnisse gelebt, sagte er und kritisierte damit indirekt die Finanzpolitik der großen Koalition unter Merkels Führung.«
Bis Redaktionsschluss dieses Kapitels blieb die Frage nach einem Bundesminister oder Bundeskanzler Koch weiter offen. So wirft der Schwarze Riese aus Wiesbaden einstweilen wohl nur seinen langen Schatten nach Berlin. Aber schon in einem halben oder einem Jahr könnten Kochs Dementis abgelaufen sein.

Lafontaine: Wanted – dead or alive

Nach dem SPD-Desaster ging es natürlich darum, einen Schuldigen zu suchen. Und ganz klar – schuld waren die anderen: »Der scheidende SPD-Parteichef Franz Müntefering sieht vor dem Hintergrund weiter sinkender Umfragewerte in Oskar Lafontaine den Hauptschuldigen für die vernichtende Wahlniederlage«, hieß es am 14. Oktober 2009 in der *netzeitung*. »›Er hat die Partei verlassen, dann verraten und anschließend ganz gezielt gegen uns

organisiert‹, sagte Müntefering der Wochenzeitung *Die Zeit*. Der jetzige Vorsitzende der Linkspartei habe die linke Mitte in Deutschland ›aus niederen persönlichen Motiven‹ beschädigt.«
Lafontaine: Wanted – dead or alive! Spaß beiseite: Dass deutsche Politiker zunehmend wie George W. Bush argumentieren, ist längst nichts Neues mehr. Unverdrossen möblieren sie die Wirklichkeit um und stellen das gesamte Inventar auf den Kopf. Danach laden sie die Medien ein und lassen sich als geniale Innenarchitekten der Wirklichkeit feiern. Und so druckten sämtliche Medien Münteferings Anklagen ab, ohne sich wenigstens vernehmlich am Kopf zu kratzen. Bis auf – Ehre, wem Ehre gebührt – die Website der *Süddeutschen Zeitung*. Die kommentierte »Müntes« kreative Umdeutung der Realität doch mit einer gehörigen Portion Sarkasmus.
Wer hat nun also wen verraten? Und wie war das mit dem Bösewicht Oskar, der eines Tages die Schlüssel zu den Herzen der linken Wähler klaute und Hals über Kopf mit ihnen durchbrannte?

Ein beispielloser Schritt

Münteferings dreiste Umdeutung der Realität beweist, dass die Details natürlich längst vergessen sind – sonst könnte er so etwas überhaupt nicht wagen. Aber er hat doch recht! Am 11. März 1999 vollzog der damalige Bundesvorsitzende der SPD, Lafontaine, einen beispiellosen Schritt in der Geschichte der Sozialdemokraten. Er legte nicht nur den Parteivorsitz nieder, sondern auch sein Amt als Finanzminister und sogar sein Bundestagsmandat. Sechs Jahre später, am 30. Mai 2005, trat Oskar Lafontaine sogar noch aus der SPD aus. Und wenn man sich die nebenstehende Grafik ansieht, stellt man fest, dass das SPD-Wahldesaster des 27. September 2009 tatsächlich eine Spätfolge des 11. März 1999 war.
Denn mit Lafontaines Abgang begann tatsächlich endgültig der Niedergang der SPD. Seit 1949 hatte die Partei im Bund genau zwei Hochphasen erlebt: die eine bei der Bundestagswahl 1972

SPD-Bundestagswahlergebnisse (1949-2009)

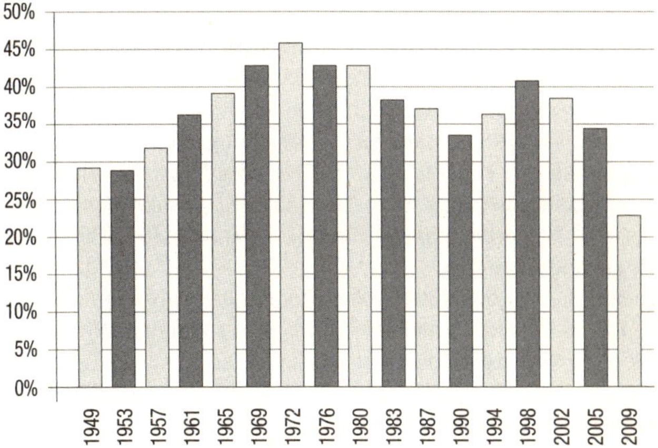

mit Bundeskanzler Willy Brandt, bei der die SPD 45,8 Prozent der Stimmen errang, die andere bei der Bundestagswahl 1998 mit dem Team Lafontaine/Schröder, bei der die SPD 40,9 Prozent der Stimmen erhielt. An beiden Hochphasen waren also als ausgewiesene Parteilinke geltende Persönlichkeiten wie Brandt und Lafontaine beteiligt. Im Umkehrschluss bedeutet dies, dass ein Ausschluss des linken Flügels der SPD ins Desaster führen musste. Und so kam es denn auch. Nach den Bundestagswahlen von 1998 (und dem Ausscheiden Lafontaines) bauten die Sozialdemokraten auf Bundesebene kontinuierlich ab. Das Wahlergebnis vom 27. September 2009 markierte nur den vorläufigen Tiefpunkt.

Aber was war nun wirklich Ursache und was Wirkung? Und wer war tatsächlich »schuld« am Niedergang der SPD?

Die Auslöser des Abgangs

Viel ist über den eigentlichen Auslöser von »Lafos« Abgang gerätselt worden, und sicher gab es mehrere Auslöser. Lafontaine selbst gab zunächst das »schlechte Mannschaftsspiel« innerhalb der Regierung als Rücktrittsgrund an. Das klang ein bisschen allgemein; vollzieht man deshalb wirklich einen totalen Bruch mit Regierung und Partei und legt das Amt des Finanzministers, des SPD-Vorsitzenden und sogar das Bundestagsmandat nieder? Was hat das Bundestagsmandat mit dem »Mannschaftsspiel« in der Regierung zu tun?

In Wirklichkeit roch das Verfahren stark nach »Notbremse«. Es sah so aus, als wollte sich Lafontaine an der künftigen SPD-Politik nicht die Finger schmutzig machen. War es zum Beispiel nur Zufall, dass der Saarländer, der schon immer ein entschiedener NATO-Kritiker gewesen war, nur dreizehn Tage vor dem Eintritt der Bundesrepublik Deutschland in den Kosovo-Krieg zurücktrat? Nach Lafontaines Abschied, am 24. März 1999, begann eine NATO-Koalition unter Billigung der SPD-geführten Bundesregierung einen als »humanitäre Aktion« verbrämten völkerrechtswidrigen Angriffskrieg gegen Jugoslawien. Zwar war der Weg für die deutsche Teilnahme an diesem Krieg im Bundestag schon Monate zuvor geebnet worden – auch von Lafontaine, allerdings war der SPD-Vorsitzende eher am Aufbau einer Drohkulisse gegen den serbischen Präsidenten Milosevic interessiert als daran, einen Automatismus zum Krieg abzusegnen.

So versuchte Lafontaine in letzter Minute, der Kriegsmaschine Bremsklötze in den Weg zu legen. Zum Beispiel verlangte er vier Wochen vor Kriegsbeginn bei der Kabinettssitzung am 22. Februar 1999 »zusätzliche Details und eine weitere Debatte« (*Der Spiegel*, 12.4.1999): »Ich will genau wissen, was ich beschließe.« Lafontaine habe sich auch daran gestört, dass Schröder die »Zustimmung zum Luftkrieg von seinen Ministern fernmündlich einholen wollte«. »Kriegseintritt per Telefon – das ist doch unmöglich«, soll Lafontaine gesagt haben (siehe auch Oskar Lafontaine: *Das Herz schlägt links*, Düsseldorf 2000, S. 242). Tatsächlich stimmte Schröder zu, und ein Datum für eine Kabinettssitzung zu diesem Thema wurde ebenfalls festgelegt.

Die Aufprallphase der SPD

Dass diese Kabinettssitzung der Showdown zwischen den NATO-Bellizisten Schröder und Fischer auf der einen und Lafontaine auf der anderen Seite bedeuten würde, war jedoch klar. Eigentlich würde sie sogar die Kraftprobe zwischen den USA und der NATO, deren Befehlsempfänger Schröder und Fischer seinerzeit waren, und Lafontaine bedeuten – ein Kampf, den Lafontaine natürlich nicht gewinnen konnte. Die Kriegsmaschine würde einfach über ihn hinwegrollen. Laut Lafontaine kam es nie zu dieser Kabinettssitzung. Der Konflikt war damit aber nicht abgesagt. Denn die deutsche Beteiligung am Krieg gegen Jugoslawien war von den Amerikanern nun mal auf die Tagesordnung gesetzt worden. Irgendwann um die Zeit seines Rücktritts herum musste Lafontaine in der Regierung also Farbe bekennen: Würde er den Kosovo-Krieg einfach abnicken und durchgehen lassen, wie Schröder und Fischer, oder würde er zum Beispiel auf einem formalen Kabinettsbeschluss mit vorausgehender Diskussion bestehen – die dann natürlich zu einem Nein seinerseits und zum Rücktritt hätte führen können bzw. müssen. Tatsächlich lieferte Lafontaine vier Wochen nach seinem Rücktritt »Gründe für seinen plötzlichen Abschied aus der Politik nach«, so *Der Spiegel* vom 12. April 1999: »Bei seiner Entscheidung hätten auch Differenzen über die deutsche Beteiligung am Kosovo-Krieg eine Rolle gespielt.« Und auch Lafontaine schreibt in seinem Buch *Das Herz schlägt links*, man werde es ihm abnehmen, dass er den Kriegseintritt »zum Anlass eines Rücktritts genommen hätte« (a. a. O., S. 243 f.).

Kein Zweifel: Der Mann hatte also wirklich die Notbremse gezogen. Aber auch alles, was danach auf dem Gebiet der Wirtschafts- und Sozialpolitik geschah, rechtfertigte im Nachhinein Lafontaines Entschluss. Am 8. Juni 1999 machte Bundeskanzler Schröder mit dem britischen Labour-Vorsitzenden Tony Blair in einem Strategiepapier gemeinsame neoliberale Sache, in dem beide eine wirtschaftsfreundlichere Politik forderten. Kritiker sahen in dem Papier später einen Scheidebrief der SPD an die Arbeiterschaft und die sozial Schwachen sowie eine Vorstufe zu Schröders berüchtigter »Agenda 2010«. Den zweiten Scheidebrief, die am 14. März 2003 verkündete »Agenda 2010« selbst, hatte Schröder Berichten zufolge in weiten Teilen von dem »Wirtschaftspolitischen Forderungskatalog für die ersten hundert Tage der Regierung« der Bertelsmann-Stiftung abgekupfert. »Der Stiftung gelang es, der Agenda 2010 des Reformkanzlers ihren Stempel aufzudrücken«, schrieben Hersch Fischler und Frank Böckelmann in ihrem Buch über Bertelsmann (*Bertelsmann. Hinter der Fassade des Medienimperiums*, Frankfurt am Main 2004). »Das Schlimmste, was geschehen könnte, wäre, dass wir künftig von Unternehmen wie Bertelsmann regiert werden« (siehe heise.de, 9.11.2004). Die SPD macht's möglich.

Es kam, wie es kommen musste: Die Mehrheit der rot-grünen Bundesregierung erodierte in atemberaubender Geschwindigkeit. Nach verlorenen Landtagswahlen 2005 verkündete Bundeskanzler Schröder Neuwahlen für den Herbst. Am 30. November 2005 sagte Schröders Nachfolgerin Angela Merkel in ihrer Regierungserklärung: »Ich möchte Kanzler Schröder ganz persönlich danken, dass er mit der Agenda 2010 mutig und entschlossen eine Tür aufgestoßen hat, unsere Sozialsysteme an die neue Zeit anzupassen.«

Mit anderen Worten: Lafontaine hatte den sich bereits als unvermeidlich abzeichnenden Rücktritt nur vorgezogen und das

Heft des Handelns selbst in die Hand genommen. Statt sich von den bellizistischen und neoliberalen Wendehälsen der SPD und der Grünen überfahren zu lassen, handelte er und überfuhr bzw. überrumpelte die anderen. Tat er das rein intuitiv oder aus einer genialen strategischen Überlegung heraus? Wer weiß? Aber heute, zehn Jahre später, liegen nicht er, sondern seine Gegner am Boden. Heute stellt sich die damalige Lage umgekehrt dar und konträr zu der auch noch heute von Medien und politischen Gegnern geschilderten Situation: Nicht Lafontaine war seinerzeit schwach, nicht Lafontaine lief damals davon, vielmehr ließ der SPD-Vorsitzende und Brandt-«Enkel« Lafontaine die SPD gerade noch rechtzeitig fallen wie eine heiße Kartoffel. Und was die SPD seitdem durchmacht, ist die Aufprallphase. Und das Bild der SPD beim Aufprall zeigt, dass die Kartoffel nicht nur heiß, sondern auch noch gekocht war. Bis heute ist Lafontaines und der Linken ablehnende Haltung gegenüber der NATO auch der Hauptgrund, warum die NATO-Parteien SPD, Grüne und FDP nicht mit der Linken koalieren wollen oder besser gesagt: können. Oder noch besser gesagt: dürfen.

Hausbesetzung bei Willy Brandt

In Wirklichkeit war es also so, dass an diesem Wahlabend des 27. September 2009 das Willy-Brandt-Haus von einer neoliberal-bellizistischen Rumpf-SPD besetzt gehalten wurde, während ihr Vorsitzender ins Exil gegangen war und die wirkliche westdeutsche Sozialdemokratie zusammen mit der ehemaligen SED/PDS im Karl-Liebknecht-Haus einen weiteren ihrer schon bisher vielen Triumphe feierte – unter dem Namen »Die Linke«.

Karl Liebknecht? Der Kommunist? Ja und nein: Dass Karl Liebknecht genau wie Willy Brandt oder besser gesagt: wie Oskar Lafontaine, der Mitbegründer und jetzige Spitzenkandidat der Linken, auch einmal Sozialdemokrat gewesen war, daran erinnerte sich natürlich längst niemand mehr. Denn genau wie Oskar

Lafontaine war auch Liebknecht ein SPD-Dissident und hatte gegen seine nach rechts rückende Partei revoltiert. Genau wie Lafontaine wehrte sich auch Liebknecht gegen die Kriegspolitik seiner Partei, die am 4. August 1914 jenen Kriegskrediten zustimmte, die den Krieg erst ermöglichten. Blieb Liebknecht jener Abstimmung noch fern, um nicht gegen seine Partei stimmen zu müssen, stimmte er am 2. Dezember 1914 als einziger Abgeordneter gegen eine Verlängerung der Kriegskredite. 1916 wandte er sich gegen die »Burgfriedenspolitik« seiner Partei, die mit dem Kaiser und den anderen Parteien des Wilhelminischen Kaiserreichs eine Art politischen Waffenstillstand abgeschlossen hatte. 1916 wurde Liebknecht wegen seiner Ablehnung dieser Politik aus der SPD-Fraktion ausgeschlossen und verhaftet. Nach dem Kriegsende und seiner Amnestierung 1918 radikalisierte sich Liebknecht (weit stärker als später Lafontaine), gründete den Spartakusbund neu und trat während der Novemberrevolution von 1918 für eine sozialistische Räterepublik ein. Genau wie Lafontaine war auch Liebknecht Mitbegründer einer neuen Partei, der Kommunistischen Partei Deutschlands (KPD). Und genau wie später bei Lafontaine und den Linken war diesem »Linksruck« zunächst ein Rechtsruck der SPD vorausgegangen (siehe *Kritisches Jahrbuch 2009*, S. 50 ff.). Und genau wie später Lafontaine wurde Liebknecht ebenfalls Opfer eines Mordanschlags (am 15. Januar 1919), den er allerdings nicht überlebte. Der Auftraggeber der Morde (an Liebknecht und seiner politischen Mitstreiterin Rosa Luxemburg), der Freikorpsoffizier Waldemar Pabst, behauptete später, im Einverständnis mit Reichswehrminister Gustav Noske und Reichspräsident Friedrich Ebert (beide SPD) gehandelt zu haben: »Dass ich die Aktion ohne Zustimmung Noskes gar nicht durchführen konnte – mit Ebert im Hintergrund – und auch meine Offiziere schützen musste, ist klar«, hieß es in einem Brief von Pabst aus dem Jahr 1969: »Aber nur ganz wenige Menschen haben begriffen, warum ich nie vernommen oder unter Anklage gestellt worden bin. Ich habe als Kavalier das Verhalten der damaligen SPD damit quittiert, dass ich 50 Jahre lang das Maul gehalten habe über unsere Zusammenarbeit« (siehe Klaus Gietinger: *Der Konterrevolutionär. Waldemar Pabst – eine deutsche Karriere,* Hamburg 2009, S. 394).

Wer hat uns verraten? Sozialdemokraten!

Die Wahrheit ist: Während Lafontaine gegeißelt und des »Verrats« an der SPD bezichtigt wurde, saßen die Verräter der sozialdemokratischen Ideale ganz woanders. Lafontaine traf der Hass all jener Strategen, die gehofft hatten, auch die linken und »moralischen Kräfte« in der SPD in ihren kommenden Verrat an den Idealen der »Sozis« einbinden und diesen so noch besser legitimieren zu können. Rückblickend betrachtet, erscheint Lafontaines Abgang dagegen als die einzig mögliche Konsequenz in einer Partei, die bereit war, ihr politisches Tafelsilber für den bloßen Machterhalt zu verhökern.

Hat Oskar Lafontaine also die SPD verraten? Nichts könnte falscher sein. Die wirkliche Frage und die Antwort darauf müssen lauten: »Wer hat uns verraten? Sozialdemokraten!« Der Kabarettist Marc-Uwe Kling machte aus dieser vergessenen Parole ein kleines Lied:

Es gibt da so'n Spruch von den alten Kommunisten,
Mit dem die 19/18 ihre falschen Freunde dissten.
Natürlich ha'm wir heute 'ne andere politische Lage,
und trotzdem passt der Spruch irgendwie in unsere Tage.

Wer hat uns verraten? Sozialdemokraten!
Wer hat uns verraten? Wer hat uns verkauft?

Ich glaub, ich mach ein Lied daraus
mit 'nem Arbeiterkinderchor,

60

die singen den Refrain dann ihren arbeitslosen Eltern vor.
Es singen schon die Angestellten,
die Studenten und die Bauern.
Bald singen's sogar die, die noch um Ludwig Erhard trauern.

Wer hat uns verraten? Sozialdemokraten!
Wer hat uns verraten? Wer hat uns verkauft?

Karl Liebknecht hatte diesen Spruch auf seinem Schreibtisch stehen,
und er hängt als Poster heut bei Oskar Lafontaine.
Dann baute Schröder Schiffbruch und die Ratten, die flohen sofort.
Doch sie kamen wieder zurück
und brachten die Schwarze Pest an Bord.

Wer hat uns verraten? Sozialdemokraten!
Wer hat uns verraten? Wer hat uns verkauft?

So sang Kurnaz in Guantanamo
und manchBombenopfer im Kosovo:
Das waren die Sozialdemokraten – die ha'm uns verraten.

Der Sozialstaat und der Sozialismus, die sind beide tot.
Übrig sind nur hohle Phrasen und literweise Rot.
Und wer steht an ihren Gräbern
und hält lächelnd noch die Spaten?
Sag nix! Lass mich raten: Sozialdemokraten!

Und das ganze, schöne Geld –
wer hat's an die Reichen verbraten?
Das war'n doch, sag mal, waren das nicht:
Sozialdemokraten?

Und unsere ganzen persönlichen Daten,
wer hat sie ans BKA verraten,
und wer hat keinen einzigen fähigen Kanzlerkandidaten?

Wer hat uns verraten? Wer hat so viel Geld?
Wer? Wer? Wer? Wer? Wer hat uns verraten?

An die Jobcenter, die Bürokraten,
für Statistiken, für Wachstumsraten,
an die Weltbank, an die Illuminaten:
Wer hat uns verraten – wer hat uns verkauft?

Oktober 2009

Thema des Monats:
14. 10.: Das beste Display der Welt

2. 10. Im zweiten Anlauf stimmt Irland für den Vertrag von Lissabon ***9. 10. Friedensnobelpreis für Barack Obama*** **10. 10.** Der polnische Präsident Lech Kaczyński unterzeichnet den Vertrag von Lissabon ***11. 10. Neue Ungereimtheiten zum ersten Todestag Jörg Haiders*** ***14. 10. Buchmesse: Das beste Display der Welt***/Dow Jones überschreitet wieder die 10 000-Punkte-Marke ***18. 10. Verheerender Terroranschlag in Iran*** **19. 10.** Aus für den Versandhändler Quelle **28. 10.** Angela Merkel wird zur Bundeskanzlerin gewählt

9. Oktober Friedensnobelpreis für Obama bedeutet Krieg

An diesem Tag schüttele ich wieder mal heftig den Kopf: Wie kann so ein Irrtum nur passieren? Da erfahre ich aus den Nachrichten, dass US-Präsident Barack Obama der Friedensnobelpreis verliehen worden sei. Wie kann eine so gewaltige Ente nur entstehen? Gibt es denn keine Redaktionen mehr? Schreibt wirklich nur noch einer vom anderen ab? Und so warte ich erst einmal auf das mir unvermeidlich erscheinende Dementi, schließlich sind Menschenrechtsverletzungen wie in dem Gefangenenlager Guantanamo und Kriege wie in Irak und in Afghanistan längst auch Obamas Verbrechen. Denn zuständig für diese Kriege ist niemand anderer als der »Commander in Chief« der US-Streitkräfte. Und das ist nun einmal niemand anderer als der US-Präsident. Was wiederum rein formal nur heißen kann, dass die Kriege in Afghanistan und in Irak weitergehen, weil Obama es so will.
Aber das Dementi kommt einfach nicht. Die Sache ist wirklich wahr. Immerhin schüttele ich nicht alleine den Kopf: »In den US-Medien wurden umgehend kritische Stimmen laut«, schreibt die Website der »Tagesschau« am 9. Oktober 2009: »Der Kommentator des *Wall Street Journal* sprach von einer bizarren Entscheidung.« Ironisch fragt dessen Kommentator, »ob Obama den Preis dafür bekommen habe, dass er einen Frieden mit der ehemaligen parteiinternen Rivalin Hillary Clinton geschlossen habe«. Eine gute Frage. Und weiter heißt es: »Irritiert zeigten sich auch die Washington-Korrespondenten des US-Senders CNN und verwiesen auf die aktuellen Kriege mit US-Beteiligung in Irak und in Afghanistan.« Alles in allem fasste tagesschau.de die Reaktionen wie folgt zusammen: »In seiner Heimat gab es verblüffte und kritische Stimmen, in Europa Anerkennung und in Israel Begeisterung.«
Meine Leser werden sich erinnern, dass ich schon früher kritisch

mit Obama umgegangen bin. »Obama bedeutet Krise und Krieg«, hatte ich geschrieben. Und nun? Lag ich also daneben? Hoffentlich. Aber wahrscheinlich nicht. Der Friedensnobelpreis für Obama ist eindeutig eine künstliche und aufgesetzte Maßnahme. Aber wozu? Was hat man mit Obama vor? Die Wahrheit ist: Die Inszenierung Obamas als Friedensapostel verheißt nichts Gutes. Es ist eine strategische Operation. Sie erinnert an die Appeasement-Politik der Briten vor dem Zweiten Weltkrieg. Je mehr man selbst als Friedenstaube erscheint, umso leichter kann man in einen Krieg eintreten. Umso leichter kann man der Welt weismachen, dass einem der Krieg »aufgezwungen« wurde.

Obama hat die alten Konflikte in Irak und in Afghanistan nicht nur von seinem Vorgänger »übernommen«, sondern er baut die dortige Truppenpräsenz auch aus. Niemand hatte es eiliger, die Truppen in Afghanistan aufzustocken, als Obama. Nur wenige Wochen nach seinem Amtsantritt, im März 2009, kündigte er die Entsendung von weiteren 21 000 US-Soldaten nach Afghanistan an. Ende August forderte der Oberbefehlshaber der ISAF-Truppen in Afghanistan, General Stanley McChrystal, weitere 40 000 Soldaten an – ein Bitte, der Obama wohl entsprechen wird. Nur wenige Tage nach der Verleihung des Friedensnobelpreises am 9. Oktober 2009 teilte Obama die Entsendung weiterer 13 000 Soldaten mit.

Obwohl die gesamte Truppenstärke durchaus undurchsichtig ist, dürfte die Mannschaftsstärke der internationalen Verbände allmählich die Hunderttausender-Grenze überschreiten. Dabei ist natürlich die Frage, was man, um Himmels willen, mit einer solchen Streitmacht – pardon: »Hilfsmacht für die internationale Sicherheit« (ISAF; *International Security Assistance Force*) – will. Und warum baut Obama sie immer weiter aus? Dumme Frage: Natürlich um die Sicherheit im Land zu gewährleisten und den Terrorismus zu bekämpfen. Weil dieser Terrorismus einfach nicht kleinzukriegen ist, müssen immer mehr Soldaten nach Afghanistan. »In Afghanistan steht viel auf dem Spiel«, schrieb ISAF-Kommandeur McChrystal in seinem Lagebericht vom 30. August 2009 an US-Verteidigungsminister Gates: »Der umfassende strategische, politische und militärische Plan der NATO und Präsident Obamas Strategie, al-Qaida zu stören, zu zerstören und schließlich zu besiegen und von einer Rückkehr nach Afghanistan abzuhalten zeigen den Weg auf, den wir gehen müssen.«

Neben den Taliban ist also »al-Qaida« der gruselige Feind in Afghanistan. Von welchen Größenordnungen sprechen wir da? Nun, in einer Erklärung vor dem US-Kongress schätzte Obamas Nationaler Sicherheitsberater James Jones deren Präsenz in Afghanistan auf weniger als einhundert (!) Kämpfer. »Sie verfügen weder über Basen, noch sind sie in der Lage, uns oder unsere Alliierten anzugreifen.« Was bedeute, so der Geo-Analytiker Frederick William Engdahl, »dass al-Qaida in Afghanistan praktisch nicht mehr existiert« (»Afghanistan: Verlogener Krieg der USA«, info.kopp-verlag.de, 2.11.2009).

Natürlich gibt es da noch die berüchtigten Taliban, aber verlässliche Zahlen zu deren Präsenz existieren nicht. Zwar kommt es immer wieder zu Bombenanschlägen, aber erstens benötigt man dafür kaum viel Personal, und zweitens ist deren Urheberschaft durchaus unsicher. Denn wer kann schon unter zwei Dutzend zerfetzten Leichen sagen, wer hier der »Selbstmordattentäter« war? Und wer könnte die Echtheit eines Bekenneranrufes oder -briefes im Internet beurteilen?

Dessen ungeachtet wollen die USA dennoch in Afghanistan eine große einheimische Armee aufbauen: »Die Afghanische Nationalarmee (ANA) muss ihr Wachstum auf die jetzt angestrebte Größe von 134 000 Mann bis zum Herbst 2011 beschleunigen – mit der institutionellen Flexibilität, das Wachstum bis zu einer neuen Zielgröße von 240 000 fortzusetzen«, schrieb ISAF-Chef McChrystal in seinem Forderungspapier an Verteidigungsminister Gates.

10

Aber das ist noch nicht alles. Gemeinsam mit der Afghanischen Nationalpolizei sollen die Afghanischen Sicherheitskräfte (ANSF; *Afghan National Security Forces*) bis zu einer Gesamtstärke von 400 000 Mann aufgestockt werden. Zusammen mit den über 100 000 ausländischen Soldaten käme man so auf eine stattliche Armee mit einer Mannschaftsstärke von über einer halben Million Mann.

Allerdings ist eine konventionelle Streitmacht, wie sie in Afghanistan derzeit aufgestellt wird, für einen »Krieg gegen den Terror« denkbar ungeeignet. »Die heutigen Gefahren«, meinte zum Beispiel der ehemalige Wehrmachtsoffizier, Verteidigungsminister und Bundeskanzler Helmut Schmidt in einem *Bild*-Interview am 6. November 2009, »liegen im Terrorismus. Dagegen helfen Soldaten nur wenig.« Wie wahr: Eine konventionelle Armee kann nur schlecht gegen Terroristen und Untergrundkämpfer vorgehen. Reguläre Soldaten und Terroristen bewegen sich auf verschiedenen Ebenen. Für die Bekämpfung von Terroristen benötigt man eher eine Kombination aus Polizeikräften und Spezialkommandos. Will man beispielsweise allen Ernstes eine Stadt, in der sich Terroristen bewegen, bombardieren oder mit Panzern platt machen? Oder welche Rolle spielen gewaltige Luftwaffenstützpunkte wie Bagram bei der Terroristenbekämpfung? Eine konventionelle Armee mit Panzerfahrzeugen und Bombern ist schlicht nicht das richtige »Werkzeug« im Kampf gegen Terroristen. Das beste Beispiel für diesen Irrsinn dürfte der von der Bundeswehr angeforderte Luftangriff auf zwei Tanklastzüge sein, bei dem vermutlich auch zahlreiche Zivilisten ums Leben kamen.

Während von der Bekämpfung der terroristischen Gefahr geredet wird, baut man in Wirklichkeit also eine konventionelle Armee auf. Aber wozu?

Erstens: Die Soldaten in Afghanistan bewachen die größte Drogenplantage des Planeten: »Zwei Faktoren geben den Ausschlag für die Präsenz amerikanischer Truppen in Afghanistan«, schreibt der bereits erwähnte Geo-Analytiker und Buchautor (u. a. *Mit der Ölwaffe zur Weltmacht. Der Weg zur neuen Weltordnung,* Wiesbaden 1992) Engdahl. »Zum einen die Sicherung des Opium-Nachschubs für den weltweiten Heroinmarkt. (...) Ohne die Kontrolle über den afghanischen Drogenmarkt droht die bankrotte und korrupte Finanzmafia von der Wall Street illiquide zu werden.« Nach fast null Prozent im Jahr 2001 stellt Afghanistan heute fast 100 Prozent der Welt-Opiumproduktion (siehe auch *Kritischer Jahresrückblick 2007*, S. 271 ff.).

Zweitens: Obama will Krieg. Es fällt auf, dass im Zusammenhang mit dem Afghanistan-Einsatz niemals das Wort »Iran« fällt. Und das ist merkwürdig, denn Iran ist erstens der unmittelbare Nachbar Afghanistans und zweitens ein wesentlich größeres Schwergewicht als al-Qaida und Taliban zusammen. Ja, wirft man einen Blick auf die militärischen Kräfteverhältnisse, kann man kaum zu einem anderen Schluss kommen als dem, dass die USA in Wirklichkeit keine Überlegenheit gegenüber al-Qaida oder den Taliban anstreben, sondern gegenüber Iran – dass die Armee in Afghanistan sich also eigentlich gegen Iran richtet, dessen Streitkräfte schätzungsweise 545 000 Mann umfassen, zuzüglich 350 000 Mann Reserve. Der Nachbar auf der anderen Seite Irans ist Irak. Dort sind derzeit etwa 119 000 US-Soldaten stationiert. Betrachtet man die gesamte Region, stellt man zudem fest, dass die USA Iran komplett eingekreist haben. Mit jedem Nachbarn Irans unterhalten die USA militärische und/oder wirtschaftliche Bündnisse bzw. Kooperationen. Dabei wirken Afghanistan und Irak wie die beiden Glieder einer Zange. Und das heißt, dass Iran von Anfang an ein Hauptziel der Operationen in Afghanistan und im Irak gewesen ist. Die angeblich von »Taliban« und »al-Qaida« verübten Bombenanschläge werden gebraucht, um die Präsenz der »Schutzmacht« so lange zu rechtfertigen, bis die Streitkräfte für den Krieg mit Iran Kampfstärke erreicht haben.

Sind die militärischen Potenziale erst einmal aufgebaut und in

Stellung gebracht, benötigt man nur noch einen kleinen Funken, zum Beispiel einen »feigen Terroranschlag« wie die Attentate vom 11. September 2001, um alles zu entzünden. Und dann kann ein – vermeintlicher – Friedensapostel wie Obama einen Krieg viel leichter legitimieren als ein Politiker wie George W. Bush. Tatsächlich stehen wir hier vor zwei völlig unterschiedlichen Legitimationsmethoden:

- Methode Bush: Ein mäßig bis unbeliebter Präsident wird angeblich angegriffen, bekommt vorübergehend die Legitimation für zwei Feldzüge, verliert sie aber aufgrund der eigenen offensichtlichen Kriegslüsternheit sehr schnell wieder. Am Ende steht er als Schurke da.
- Methode Obama: Ein Friedenspräsident mit einem Heiligenschein wird feige angegriffen. Ja, schlimmer noch: Seine Friedfertigkeit wird durch einen feigen Angriff bitter enttäuscht und verraten. Werden die Menschen da nicht wie ein Mann hinter Obama stehen? Mit ziemlicher Sicherheit.

Die Wahrheit ist: Niemand hat eine bessere Legitimation für einen Krieg als ein Friedensnobelpreisträger.

11. Oktober Haider: Wo ist der Wodka geblieben?

Lambichl, Bundesstraße, südlich von Klagenfurt. Dort, wo vor genau einem Jahr nachts um Viertel nach eins plötzlich der VW Phaeton des Landeshauptmanns Jörg Haider zerschmettert mitten auf der Straße stand, hat sich heute eine große Menschenmenge vor einem neuen Gedenkstein für den Verstorbenen versammelt. Bei sonnigem Oktoberwetter werden Reden gehalten, Kerzen angezündet und Erinnerungen ausgetauscht. Viele Kärntner beschleicht beim Anblick der Gedenkstätte auch ein Jahr danach noch ein unwirkliches Gefühl; zu schnell und unerwartet wurde ihr Landeshauptmann aus dem Leben gerissen. Und fanden die Medien wenigstens direkt nach Haiders Tod auch anerkennende Worte für dessen Lebensleistung, so wird ein Jahr nach dessen Ableben erneut Häme und Verachtung über dem Toten ausgegossen – und über den Kärntnern, die ihn noch immer verehren. Während niemand etwas Anrüchiges an dem Gedenken für namhafte österreichische Verstorbene wie den früheren Bundeskanzler Bruno Kreisky oder den populären Wiener Bürgermeister Helmut Zilk fand, wird den Kärntnern ihr Gedenken an Haider madig gemacht. Von Heiligenkult ist da die Rede, von Reliquienschau, ja sogar von einer »Haider-Orgie«. Das alles reißt den ohnehin schon tiefen Graben zwischen Kärnten und dem restlichen Österreich noch weiter auf, und unwillkürlich stellt man sich die Frage, ob Österreich wirklich auf die Gefolgschaft Kärntens verzichten kann und will. Denn nicht nur der Verstorbene wird geschmäht, sondern auch die Trauernden. Und die sind in Kärnten die Mehrheit.

Ein Stachel im Fleisch der offiziellen Version

Nebenbei bemühen sich die herrschenden Medien nach Kräften, die mehr als je zuvor in der offiziellen Version des »Unfalls« klaffenden Löcher zuzuschütten. Eine der schwersten Ungereimtheiten ist die inzwischen aufgedeckte Tatsache des fehlenden Alkohols im Magen des angeblich »betrunkenen Rasers« Haider. Nach anonymen Zeugenaussagen soll der Landeshauptmann ja bekanntlich in der Nacht zum 11. Oktober 2008 in einem Klagenfurter »Schwulenlokal« zusammen mit einem unbekannten »jungen Mann« zuerst eine Flasche Wodka geleert und dann alleine mit 1,8 Promille Alkohol im Blut bei Tempo 140 in Lambichl in den Tod gerast sein. In meinem Buch *Jörg Haider. Unfall, Mord oder Attentat?* (Rottenburg 2009) werden Angehörige Haiders allerdings wie folgt zitiert: »Während in Blut und Urin höhere Alkoholkonzentrationen gemessen worden seien, seien im Magen nur verschwindend geringe Mengen vorhanden gewesen. So gering, dass sie kaum auf einen oralen Konsum von Alkohol zurückgeführt werden können« (S. 177).

Betrunken, aber kein Alkohol im Magen? Rechtzeitig zum ersten Todestag soll dieser Stachel ein für alle Mal aus dem Fleisch der offiziellen Version herausgezogen werden. Rechtzeitig zum ersten Jahrestag reicht irgendjemand die angeblich streng geheimen Obduktionsprotokolle an politisch genehme Medien zur Veröffentlichung weiter, in diesem Fall an das österreichische »Nachrichtenmagazin« *News*.

Und siehe da: »Haider hatte exakt 7,59 Promille Alkohol im Magen«, triumphierte *News* schon am 24. September 2009. Damit schien alles geklärt zu sein: 7,59 Promille, das ist doch unglaublich! Noch viel unglaublicher war die Schlagzeile, welche die Boulevardzeitung *Österreich* daraus machte: »Haider: Er starb mit 7,59 Promille.« Ganz so, als sei dies ein Blut- und nicht ein Magenwert. Und ganz so, als habe sich Haider an diesem Abend nicht nur betrunken, sondern an einem regelrechten Komasaufen teilgenommen. Zu dumm, dass ein Mensch bereits bei etwa der Hälfte einer solchen »BAK« (Blutalkoholkonzentration) tatsächlich ins Koma fallen würde. Dass es sich bei den 7,59 Promille nur um einen Magenwert handelt, erfährt der Leser bei *Österreich* erst im Kleingedruckten.

Wo ist der Wodka geblieben?

Trotzdem: Auch 7,59 Promille im Magen klingen für einen Laien überzeugend. Dann war der Landeshauptmann also doch schwer betrunken, und mit der offiziellen Version hat alles seine Richtigkeit! Einen Moment noch: Während 7,59 Promille im Blut eine tödliche Konzentration sind, bedeuten sie im Magen in Wirklichkeit fast nichts, vor allem nicht, wenn der Betreffende (laut anonymen Zeugenaussagen) eine Viertelstunde vor seinem Tod eine halbe bis ganze Flasche Wodka geleert und schwankend das

Lokal verlassen haben soll. In diesem Fall nämlich sollte ein guter Teil des (mindestens vierzigprozentigen) Wodkas noch im Magen schwappen, denn »nach dem unmittelbaren Konsum ist der Alkohol noch immer im Magen und im Dünndarm vorhanden«, so ein Papier der Labtech Services AG, eines Drogentest-Spezialisten. Was die Konzentration des Alkohols im Magen betrifft, bleibt außerdem festzuhalten, dass sie sich bei einem kurz nach dem Genuss verstorbenen Betrunkenen gewöhnlich im Prozent- und nicht im Promillebereich bewegt:

»Im Falle einer maßgeblichen Alkoholisierung und noch nicht abgeschlossener Resorption liegen die Alkoholkonzentrationen im Gefäßsystem im Promille-, im Magen im Prozentbereich«, heißt es im *Handbuch gerichtliche Medizin* der renommierten deutschen Rechtsmediziner Burkhard Madea und Bernd Brinkmann (Bd. 2, S. 470 f.). Während im Blut nur eine vergleichsweise geringe Alkoholkonzentration zu finden ist, sollte das alkoholische Getränk im Magen fast noch »eins zu eins« vorhanden sein. Jedenfalls dann, wenn der Betreffende – wie bei Haider angeblich geschehen – etwa eine Viertelstunde nach dem Genuss von rund vierzigprozentigem Wodka schlagartig verstirbt.

Und 40 Volumenprozent, das heißt übersetzt in Promille 400, in Worten: vierhundert. In Gewichtspromille etwa 320. Zwar geht ein Teil des Alkohols bereits in Mund und Speiseröhre in Gewebe und Gefäße über, und ein weiterer kleiner Teil »sickert« durch die Magenwände, außerdem wird der Alkohol durch Magensäfte verdünnt (bei einem nahrungsnüchternen Menschen 50 bis 100 Milliliter), aber trotzdem sollte man den im Magen vorhandenen Rest, wie von Brinkmann und Madea dargelegt, immer noch in Prozent und nicht in Promille messen können. Das heißt, selbst wenn die ursprünglich 400 Promille des Wodkas arg »gerupft« werden, sollte man im Magen eines Menschen, der eine Viertelstunde vor seinem Tod eine geschätzte halbe Flasche »Feuerwasser« hinunterstürzte, noch etwa 100 bis 200 Volumenpromille

Alkohol finden – oder besser gesagt: 10 bis 20 Prozent. Zumal dann, wenn der Betreffende den ganzen Abend über nichts gegessen hat.

7,59 Promille sind fast nichts

7,59 Promille sind demgegenüber tatsächlich fast nichts. Der Genuss von hochprozentigen Getränken kurz vor dem Tod lässt sich dadurch nicht belegen, sondern widerlegen. 7,59 Promille im Magen bestätigen, wenn überhaupt, eher die Aussagen der seriösen Zeugen dieses Abends, die Haider jeweils an einer Weißweinschorle nippen sahen. Schaut man sich alle Aussagen der namentlich bekannten Zeugen, vom *Le Cabaret* in Velden bis zu dem angeblichen »Schwulenlokal« *Stadtkrämer,* an, so hat Haider den ganzen Abend über Wasser oder Weißweinschorle getrunken. Eine Weißweinschorle (0,2 l) hat einen Alkoholgehalt von etwa fünf Volumenprozent, also 50 Volumenpromille. Käme die Weißweinschorle also vollständig im Magen an und würde sie dort auch nicht verdünnt, betrüge die Alkoholkonzentration im Magen 50 Volumenpromille (oder etwa 40 Gewichtspromille). Wie gesagt, geht aber bereits in Mund und Speiseröhre Alkohol verloren. Ein kleiner Teil diffundiert durch die Magenwand, bei einer milden Weißweinschorle ist nach einer Viertelstunde ohnehin schon die Hälfte im Darm, und natürlich wird die Schorle auch noch durch Magensäfte verdünnt. Dabei wird der Ausgangsalkoholwert der Weißweinschorle von 50 bzw. 40 Promille stark vermindert, vielleicht sogar auf jene nur 7,59 Promille, die angeblich im Magen von Haider ermittelt wurden.

Das heißt, 7,59 Promille Alkohol im Magen ließen sich bei einem fünfzehn Minuten nach dem Konsum verstorbenen nahrungsnüchternen Menschen vielleicht gerade einmal mit einer oder zwei über längere Zeit getrunkenen Weißweinschorlen in Einklang bringen, nicht aber mit einer halben Flasche Wodka, denn der Ausgangsalkoholwert des Wodkas beträgt rund das Zehnfache einer Weiß-

weinschorle, nämlich etwa 400 Volumenpromille! Selbst wenn davon der allergrößte Teil verlorenginge und der Wodka auch noch verdünnt würde, käme man bei einem Tod fünfzehn Minuten nach dem Konsum nicht auf nur schlappe 7,59 Promille Alkohol im Magen des Verstorbenen – ob Volumen- oder Gewichtspromille, ist dabei zu vernachlässigen. Vielmehr wäre mindestens der zehnfache Wert zu erwarten, nämlich an die 80 Promille.
Nach dem bis jetzt bekannten Obduktionsergebnis kann man also nach wie vor nicht von einem Konsum hochprozentiger Getränke ausgehen. Die 7,59 Promille Alkohol im Mageninhalt werfen auch weitere Fragen hinsichtlich der Glaubwürdigkeit der anonymen Zeugen auf, die Haider vor dem Lokal *Stadtkrämer* bereits schwer angeschlagen ins Auto haben steigen sehen wollen. Denn 7,59 Promille Alkohol im Magen begründen keinen akuten Rausch, da sie bedeuten, dass nur 7,59 Tausendstel des Mageninhalts aus Alkohol bestehen. Wäre dieser Mageninhalt selber ein alkoholisches Getränk, das nun vom Darm aufgenommen wird, betrüge sein Alkoholgehalt 0,759 Prozent. Damit könnte man nicht einmal ein Kind betrunken machen. Und damit wurde auch der erste Todestag des Landeshauptmannes sozusagen zum endgültigen Sterbedatum der offiziellen Version. Ohne dass irgendein Medium dies zur Kenntnis genommen hätte, versteht sich. Die Medien umtanzten weiter die 7,59 Promille wie das berühmte Goldene Kalb – das in diesem Fall nur aus Katzengold bestand.

14. Oktober Buchmesse: Das beste Display der Welt

Frankfurt am Main. In diesem Jahr wartet die Buchmesse mit einer wirklichen Sensation auf. Überall an den Ständen können Besucher das beste Display der Welt bewundern. Es ist wirklich eine technische Sensation: Es kann ohne jedes weitere Hilfsmittel gelesen werden, ist absolut »absturzsicher« und kann seine Daten niemals verlieren. Bei guter Behandlung hält es gut und gerne hundert Jahre, auch bei einem Sturz aus dem zehnten Stock bleibt es noch problemlos lesbar. Es kann praktisch bei jedem Licht und aus jedem Winkel gelesen werden, Notizen und Unterstreichungen, die man an dem Haupttext anbringt, werden ebenso haltbar wie dieser selbst. Kurz, außer mit dem Inhalt kann man damit keinen weiteren Ärger haben – und zwar garantiert. Es ist so genial gebaut, dass jeder es intuitiv bedienen kann – völlig ohne Bedienungsanleitung! Und daher benötigt man selbstredend auch keine Hotline und keinen »Support« mehr. Umweltschutz? Sowieso: Das Display benötigt keinen Strom, und wenn man es wegwerfen will, muss man es nicht einmal zum Elektronikschrott bringen. Es besteht nämlich hauptsächlich aus Zellulose, sodass man es tatsächlich einfach zum Altpapier geben kann. Ist das nicht genial? Und obwohl es ganz offensichtlich den letzten Schrei der Technik darstellt, kostet es in der Regel nur ein paar Euro.

Sie meinen, ich scherze? Keineswegs. Tatsächlich haben wir es genau mit jenem Ei des Kolumbus zu tun, an dem die Display- und Computerkonzerne nunmehr seit Jahrzehnten forschen. Erfunden wurde es aber nicht von Elektronik-Tausendsassas vom Schlage eines Steve Jobs oder Bill Gates, sondern von einem gewissen Johannes Gutenberg, und zwar vor etwa 550 Jahren. Selbst die Elektronikindustrie hätte also eigentlich etwas davon mitbekommen müssen. Doch statt dieses technische Wunder endlich zur Kenntnis zu nehmen, beharrt sie stur darauf, das Rad noch einmal zu erfinden. Auf komplizierten und teuren Umwegen will sie genau dort ankommen, wo Gutenberg und andere schon im 15. Jahrhundert waren, und uns das Ganze dann als technische Großtat verkaufen: Die Rede ist natürlich vom elektronischen Buch.

»Die E-Books kommen!«, jubelte die Website der *Bild*-Zeitung am 15. Oktober 2009: »Ein zentrales Thema der Frankfurter Buchmesse sind elektronische Bücher und die entsprechenden Lesegeräte, die E-Reader. Zahlreiche Unternehmen präsentieren ihre neuen Modelle.«

Das Problem ist nur, dass die Elektronikindustrie das Rennen bereits hoffnungslos verloren hat. Denn die Vorteile des Buches sind die Nachteile des elektronischen Buches: Es benötigt Energie; es kann kaputtgehen; es kann nur bestimmte Textformate anzeigen; es kann seine Texte verlieren; es ist überhaupt anfällig für Fehlfunktionen; es hält höchstens ein paar Jahre, dann sind alle darin gespeicherten Texte verschwunden; es besteht aus Kunststoff und Elektronik, die aufwendig entsorgt werden müssen; und obendrein kostet es einen Haufen Geld.

Und es öffnet der Kontrolle Tür und Tor. Denn was genau passiert eigentlich im E-Book? Nehmen wir das Beispiel eines Hotels, dessen Zimmertüren sich nicht mehr mit Hilfe von Schlüsseln, sondern von Magnetkarten öffnen lassen. Was ist bei diesem Wechsel vom Schlüssel zur Magnetkarte eigentlich passiert? Ganz einfach: Der Gast hat nur noch scheinbar die Verfügungsgewalt über sein Zimmer. In Wirklichkeit liegt die physische Kontrolle häufig bei der Rezeption, die das Zimmerschloss freischalten oder blockieren kann. In Wirklichkeit wurde der Gast als Herr über sein Zimmer entmachtet. Was auch immer passiert: Das Hotel sitzt am längeren Hebel.

Und genau das soll nun mit dem Buch passieren: Was wir künftig lesen können und wie lange es im Speicher unseres »Buches« verbleibt, darüber entscheiden wir nur noch formal – eben so, wie man auch ein Hotelzimmer anmietet. Rein technisch entscheiden darüber aber die »Content-Provider«, welche die Inhalte zur Verfügung stellen, sie aber auch jederzeit nach Belieben wieder löschen können, oder die ein Verfallsdatum in einen Text einbauen können, sodass er nach einiger Zeit nicht mehr lesbar ist. Oder auch die Hersteller des elektronischen Buches, die dessen Inhalte über seine Schaltkreise natürlich ebenso kontrollieren können. Die Kontrolle über das Buch soll von Autoren, Verlagen und vor allem auch Lesern übergehen auf die Rechner anonymer Content-Provider. Da elektronische Bücher, wie das »Kindle« des Internetbuchhändlers amazon, eine Mobilfunkverbindung besitzen, können Inhalte auf Knopfdruck gesperrt und gelöscht werden. So löschte amazon in den USA am 17. Juli 2009 per Funk mehrere legal gekaufte Bücher von den »Kindles« seiner Kunden, und zwar ausgerechnet die Orwell-Werke *1984* und *Animal Farm*. Angeblich, weil amazon nicht die Rechte an den Büchern besaß. Eine deutlichere Warnung vor den Gefahren des E-Book ist wirklich kaum denkbar. Durchgeführt worden sei die Löschung über die »Synchronisierungsfunktion« des E-Book. »Synchronisierungsfunktion«? Ein böses Wort. Was wird da eigentlich »synchronisiert«? Nur der Inhalt des Buches mit den Rechnern der »Provider«? Oder nicht eher das Denken der Menschen mit dem Denken des Großen Bruders?

18. Oktober Operation Ajax II: Terroranschlag in Iran

Sarbaz, Iran, in der Nähe der pakistanischen Grenze. Bei strahlendem Sonnenschein herrscht am Morgen dichtes Gedränge am Eingang der städtischen Veranstaltungshalle. Auf dem Programm steht ein Treffen sunnitischer und schiitischer Stammesführer mit hochrangigen Kommandeuren der iranischen Revolutionsgarden. Aus den Revolutionsgarden rekrutiert sich ein großer Teil der staatlichen Führungsschicht Irans. Auch Präsident Ahmadinedschad diente einst in der auf über 125 000 Mann geschätzten Truppe. Die Mehrzahl seiner Minister sind oder waren bei den Revolutionsgarden. Mehrere ihrer Kommandeure sind an diesem Morgen zugegen, darunter der Vizekommandeur der Landstreitkräfte der Revolutionsgarden, General Nur Ali Schuschtari, und der Kommandeur der Revolutionsgarden in Sistan-Belutschistan, General Mohammed Sadeh. Das Treffen soll der Stärkung der »Einheit zwischen Schiiten und Sunniten« dienen. Doch es kommt anders. Plötzlich gibt es eine gewaltige Explosion. Laut der iranischen Nachrichtenagentur Irna zündete ein Selbstmordattentäter mehrere an seinem Körper versteckte Sprengsätze. Menschliche Körperteile, Schuhe und Brillen fliegen durch die Gegend, Blutströme ergießen sich über den Boden, verzweifelte Schreie erfüllen die Luft. Andere Menschen starren nur stumm ins Leere. Aus Mangel an Notarztwagen werden die Verletzten, die nur noch wie blutige Bündel aussehen, hastig in Zivilfahrzeuge geschoben. Wenige Meter weiter liegt etwas, das an eine blutdurchtränkte Kleidersammlung erinnert – doch es sind Leichen. Die Reihe wird immer länger: 5, 10, 20, schließlich liegen etwa 30 Tote in einer Reihe. Nach wenigen Stunden sind sie abtransportiert, nur noch herumliegende Schuhe und große Blutlachen künden von dem Desaster. Einige Tage später wird Iran die Zahl der Toten und Verletzten auf etwa sechzig beziffern.

»Besser« hätte man einen Selbstmordbomber wohl nicht platzieren können. Zweifellos war dieser »chirurgische Eingriff« exakt geplant.

Der Anschlag traf Iran genau an der sensiblen Schnittstelle zwischen dem Machtapparat der Revolutionsgarden auf der einen und der sunnitischen und schiitischen Bevölkerungsgruppe auf der anderen Seite. »Ein Anschlag auf die Pasdaran ist immer auch ein Anschlag auf das Regime des Landes«, stellte die Deutsche Welle fest. Mit der Frage, wer für diese perfekte Operation verantwortlich ist, hält sich die iranische Regierung denn auch nicht lange auf. Verantwortlich für das Attentat seien pakistanische, britische und amerikanische Geheimdienste.

Nun könnte man das als Verschwörungstheorie und Propaganda abtun. Denn immerhin hatten sich die sogenannten Dschundullah-Rebellen eines gewissen Abdolmalik Rigi zu dem Attentat bekannt. Doch was sind solche »Bekenntnisse« schon wert: Erstens steht die Authentizität von Bekennerschreiben, Internetdokumenten und Bekenneranrufen in Frage. Zweitens gab es da noch Leute wie den amerikanischen Ex-General Thomas McInerney, der schon am 12. April 2006 in der Talkshow »The O'Reilly Factor«

des Senders Fox News aus dem Nähkästchen plauderte und als Vergeltung für angeblich von Iran gesteuerte Attentate in Irak verdeckte Terroranschläge in Iran forderte.

Für jeden Sprengkörper, der explodiert »und Amerikaner tötet, sollten in Iran zwei explodieren. Keine Fragen werden gestellt. Die Leute müssen nicht wissen, wie es gemacht wurde. Es ist eine verdeckte Operation. Sie werden zum unglücklichsten Land der Welt werden.« Nun mag der General zwar pensioniert sein; »pensioniert« heißt aber noch lange nicht untätig. Zum einen gehört er zum führenden Propagandapersonal von Fox News und erschien seit 2002 über 120-mal auf dem Sender, zum anderen sitzt McInerney im Aufsichtsrat von Rüstungsfirmen, deren Geschäft möglicherweise umso besser floriert, je mehr Kriege die USA führen. Und zum Dritten pflegt McInerney laut dem medienkritischen US-Nachrichtenportal »Media Matters« noch immer enge Kontakte zum Pentagon. So habe ihm das Verteidigungsministerium zum Beispiel bei der Abfassung eines Artikels für das *Wall Street Journal* geholfen.

In derselben Fox-Sendung empfahl McInerney, »heute einen Angriff zu entwerfen, der Iran sehr schnell niederwirft«. Begleitet werden sollte der Angriff von »einer verdeckten Kampagne, mit der wir dem iranischen Volk helfen werden, sein Land zurückzugewinnen«.

Aber gab es denn überhaupt Verbindungen zwischen der iranischen Rebellengruppe Dschundullah und den westlichen Diensten? Als Experte in dieser Frage bietet sich der ehemalige CIA-Agent Robert Baer an, der seit einiger Zeit mit Büchern über seinen früheren Arbeitgeber hausieren geht. Wobei man bei dieser »Firma« in Wirklichkeit natürlich nur schwer kündigen kann. Die meisten »ehemaligen Geheimdienstler« sind denn auch die besten Mitarbeiter ihrer angeblichen Ex-Firma, und zwar deshalb, weil man ihnen als angeblichen »Aussteigern« und »Enthüllern« besonders gerne glaubt. Eine Leimrute, auf die viele kriechen.

Baer wurden bereitwillig Spalten in dem Mainstream-Magazin *Time* eingeräumt, um die Rolle der westlichen Dienste bei dem Anschlag in Iran ins rechte Licht zu rücken. »Teheran machte sofort Außenstehende – die USA, Großbritannien und Pakistan – für das Selbstmordattentat verantwortlich«, schrieb er dort, »weil es nicht zugeben kann, dass es seine eigenen hausgemachten Taliban besitzt. Was auch immer Iran über Dschundullah sagt, die Gruppe aus Belutschistan, welche die Verantwortung für das Attentat übernahm: Es handelt sich um eine einheimische Bewegung.« Doch nach dem Motto »Wer sich verteidigt, klagt sich an« ging die Verteidigungsrede für seinen ehemaligen Arbeitgeber prompt nach hinten los.

Zwar, so Baer,

- »hatte der pakistanische Geheimdienst in der Tat Kontakt mit Dschundullah« und
- »hatten die amerikanischen Dienste ebenfalls Kontakt zu Dschundullah«,

aber

- es gebe keine stichhaltigen Beweise, dass der pakistanische Geheimdienst Dschundullah von der Pike auf geschaffen habe,
- es gebe keine Beweise, dass Pakistan den Anschlag in Auftrag gegeben habe,
- die amerikanischen Dienste hätten sich bei der Gruppe nur auf »Informationsgewinnung« beschränkt,
- die amerikanischen Dienste hätten nur »sporadischen Kontakt« gehabt.

Doch so viele »Aber« kann der Mann gar nicht anbringen, um den verheerenden Eindruck auszuräumen, dass die ausländischen

Dienste bei Dschundullah eben doch die Fäden zogen. Je mehr der Mann die Dienste in Schutz nimmt, umso schlimmer wird es. So sei ihm erzählt worden, dass die Bush-Administration Dschundullah zeitweise tatsächlich als Werkzeug für verdeckte Operationen in Iran in Erwägung gezogen habe, *aber* die Idee sei schnell fallengelassen worden, *weil* Dschundullah als unkontrollierbar erschienen sei. »Es gab keine Möglichkeit sicherzustellen, dass Dschundullah die Bomben, für die wir bezahlt haben, nicht gegen uns verwenden würde.«

Bombenanschläge waren demnach also wirklich geplant, und bezahlen wollte man sie auch, nur habe man gefürchtet, selber in das Visier der Terroristen zu geraten. Sowenig man über solche Dunkelmänner weiß – eines kann doch als gesichert gelten: Terroristen zerbomben nur selten die Futterquellen, von denen sie mit Waffen, Geld, Drogen und Bedeutung versorgt werden. Sehr überzeugend wirkt Baers Unschuldsbeweis für die CIA daher nicht.

Schließlich wird leicht vergessen, dass die USA schon einmal einen Putsch in Iran herbeibombten, und zwar gegen den demokratisch gewählten Premierminister Mohammed Mossadegh im Jahr 1953. Der Kommandant dieser »Operation Ajax« war ein gewisser Kermit Roosevelt, der Enkel des US-Präsidenten und Friedensnobelpreisträgers Theodore Roosevelt. Die Operationen gegen die iranische Regierung beinhalteten Demonstrationen, Propaganda, Bestechungen und Terroranschläge unter falscher Flagge, die Mossadegh und seiner Regierung in die Schuhe geschoben wurden. Attentate auf religiöse Führer gehörten ebenso dazu wie auf Moscheen oder Menschenmengen. Auch damals nahm man die verschiedenen religiösen Gruppen Irans ins Visier, weil sich hier am leichtesten Zwietracht säen lässt. Nach tagelangen Kämpfen vor seinem Haus ergab sich Mossadegh und verbrachte den Rest seines Lebens im Gefängnis und unter Hausarrest. Der ihm nachfolgende Schah Reza Pahlavi gründete mit Hilfe der CIA den berüchtigten Folter-Geheimdienst SAVAK. Die Schreckensherrschaft des US-freundlichen Schahs währte bis 1979 und endete, als die USA ihm die Unterstützung entzogen. Das heißt, seit mehr als 55 Jahren gibt es in Iran überhaupt keinen Systemwechsel ohne die Mitwirkung der USA. Die Regierung von Mahmud Ahmadinedschad und das »Ajatollah-Regime« wären da nur das jüngste Beispiel.

November 2009

Thema des Monats:
10. 11.: Selbstmord von Nationaltorhüter Enke

3. 11. Angela Merkel spricht vor dem US-Kongress / General Motors kippt die Übernahme von Opel durch Magna **5. 11.** Die UNO-Vollversammlung nimmt den sogenannten »Goldstone-Bericht« an, der Menschenrechtsverletzungen durch Israel und Palästina während des Gaza-Kriegs 2008 / 2009 kritisiert **9. 11.** 20. Jahrestag des Falls der Berliner Mauer ***10. 11. In Eilvese bei Hannover begeht der deutsche Fußball-Nationaltorhüter Robert Enke Selbstmord***

10. November Der größte Sieg des Robert Enke

Es begann mit einer Schlagzeile auf *Spiegel Online*: »Nationaltorhüter Robert Enke ist tot. In Kürze mehr ...« Oder so ähnlich. Und schon lud ich alle paar Minuten die Website neu, um zu erfahren, was da eigentlich passiert war. Dazwischen klickte ich auf *Süddeutsche Online*, *Google News* und wie sie alle heißen. Bald stellte sich heraus: Der 32-jährige Enke hatte am Abend des 10. November Selbstmord begangen, indem er sich in Eilvese bei Hannover vor einen Zug stellte. Wie alle anderen zog auch mich das Ereignis in seinen Bann und löste die unterschiedlichsten Emotionen aus: Immer wieder sah ich den kahlköpfigen Enke mit dem markanten Schädel und Gesicht vor dieser Lok stehen. Ich erfuhr, dass er seinen Wagen nur wenige Meter weiter abgestellt hatte, dass sich täglich drei Menschen auf diese Weise umbringen, dass stehende Selbstmörder bei einer gewöhnlichen Lok unter den Zug geraten, bei einem windschlüpfigen ICE aber darüber hinweg fliegen.

Was mich aber am meisten beschäftigte: In kürzester Zeit beherrschte der zuvor eher glücklose Nationaltorhüter Robert Enke, dessen Bekanntheitsgrad unter der nicht fußballbegeisterten Bevölkerung eher gering gewesen sein dürfte, das Denken einer ganzen Nation. War er zuvor auf nationaler Ebene nur eine Randfigur gewesen, wuchs er nun zu riesiger Größe und füllte mit seiner postmortum aufgeblähten Gestalt tagelang die Köpfe von achtzig Millionen Deutschen aus.

Am 15. November bekam Robert Enke dann im AWD-Stadion in Hannover vor 40 000 Gästen die größte Trauerfeier in der Bundesrepublik seit dem Tod von Konrad Adenauer und Franz Josef Strauß. In den Tagen danach spielte die deutsche Fußball-Nationalmannschaft mit einem Trauerflor, als sei ein bedeutender Staatsmann verstorben. Kein Zweifel: Dies war der größte Sieg des Robert Enke, wie er ihn zu Lebzeiten nie hatte erringen können. Ja, durch seinen Selbstmord hatte Enke seinen lebendigen Kollegen die Schau gestohlen und sich zum Nationalhelden gemausert – ein äußerst gefährlicher Vorgang, weil dieser »Erfolg« Nachahmer auf den Plan rufen könnte.

Niemand kann bis heute den Selbstmord des Torhüters Robert Enke so richtig verstehen. Das liegt an einem falschen Ansatz. Zwar war sofort von Depressionen bei dem 32-Jährigen die Rede, aber die meisten Menschen begreifen das Krankheitsbild Depression nur als tiefe Traurigkeit und sehen den Kranken erstens als schwach und zweitens als Opfer in einer tödlichen Defensive. Nichts könnte falscher sein. In Wirklichkeit geht es bei Depressionen um Wut und um Kontrolle.

Laut Medienberichten und Enkes Psychotherapeuten Valentin Markser begannen die Depressionen im Jahr 2003. Folgendes war vorgefallen: Im Jahr 2002 kam Enke »zum großen FC Barcelona« und schien damit auf dem Höhepunkt seiner Karriere angekommen zu sein. »Doch ausgerechnet im ersten Pflichtspiel beim 2:3 im Pokal gegen Drittligist Novelda patzt der Deutsche. Der Neue ist der Sündenbock! Kapitän Frank de Boer und weitere Mitspieler geben ihm die Schuld an der Niederlage. Enke verliert seinen Stammplatz. (...) Erstmals erlebt er Ablehnung und öffentliche Kritik« (Bild.de, 11.11.2009).

Dass so etwas traurig machen kann, ist klar. Die Sündenbockrolle, Ablehnung und Kritik können aber auch wütend machen – sehr wütend. »Als Enke dann ein Jahr später rausfliegt und nicht mal mehr ins Trainingslager mitreisen darf, beginnen die Depressionen ...«

Aber beginnt da nicht auch eine tödliche Wut? Wo ist die Wut von Robert Enke?

Nach dem Rauswurf bei Barcelona fühlt sich der Torwart als Outcast und flüchtet zu einem anderen Outcast, dem geschassten Trainer Christoph Daum, nach Istanbul. Doch dort, so *Bild On-*

line, geht die Leidenszeit weiter. »Nach einer schwachen Leistung beim 0:3 im Pokal gegen Lokalrivalen Istanbulspor« wird Enke gar von den eigenen Fans mit Flaschen und Feuerzeugen beworfen. Eine schlimmere Demütigung ist eigentlich kaum denkbar. Könnte man da nicht ausrasten? Aber wo bleibt die Wut von Robert Enke?

Überall wurde Enke als immer freundlich und ausgeglichen beschrieben – irgendwelche Ausbrüche sind nicht überliefert: »Robert ist sehr, sehr ausgeglichen«, sagte DFB-Torwarttrainer Andreas Köpke laut *Bild Online* vom 18. November 2007. »Ihn kann nichts mehr erschüttern. Er hat sportlich und auch privat einiges erlebt, dadurch ist er unglaublich nervenstark.«

»Robert Enke war vordergründig ein Gentleman, ein hochsympathischer Zeitgenosse, seine Interviews wirkten klug und nachdenklich«, hieß es in einem Blog. »Er vermittelte den Eindruck, nicht nur intelligent, sondern auch – trotz oder wegen seiner Schicksalsschläge – stark und ausgeglichen zu sein.« – »Er wirkte aus dem TV und aus gelesenen Interviews immer so ruhig und ausgeglichen«, steht an anderer Stelle zu lesen. Und so geht es weiter: Enke, der Privatmann, war laut *Bild Online*, »nie launisch, nie laut«, zitiert das Blatt den Künstler und Enke-Freund Jacques Gassmann. »Er verkaufte den Enkes 2004 das Bauernhaus in Empede, wohnte dort ein halbes Jahr mit ihnen zusammen«, weiß das Blatt zu berichten, und laut Gassmann gab es »nie Zoff in der Bude. Robert ist nie explodiert.« Irgendwie kommt einem diese Ruhe langsam unheimlich vor. Ich vermute, dass der Mann letztlich nicht Opfer seiner Depression, sondern seiner kontrollierten, gebändigten Wut wurde. Er hatte ausschließlich und immer gut zu sein: Er war gut zu seiner kranken Tochter, gut zu seiner Adoptivtochter, gut zu seiner Frau, gut zu seinen Tieren, wahrscheinlich auch gut zu seinen Kollegen. Und die Demütigungen, der schmähliche Rauswurf in Barcelona, die Flaschen in Istanbul – alles vergeben und vergessen? Während »Bananenzielscheibe«

Oliver Kahn seine Wut auf dem Spielfeld herausschrie und den Fußballplatz zu seinem Therapieraum machte, schluckte Enke offenbar alles. Dann aber kommt es innerlich zum sogenannten »Melt Down« – zur emotionalen Kernschmelze. Auch durch Tabletten verschwinden Wut und Depressionen nicht; sie werden nur angespart, um sich irgendwann umso schlimmer zu entladen. Dass Depression und Wut irgendwie zusammenhängen, ist zwar bekannt: »Wenn Männer rot sehen: Verborgene Depressionen entladen sich bei Männern oft in Aggressionen«, heißt es beispielsweise auf der populären Website netdoktor.de. Richtig ist allerdings das genaue Gegenteil: Verborgene Wut mündet letztlich in Depressionen und führt womöglich zu einer gewaltigen und äußerst ungesunden Entladung. »Depression ist eingefrorene Wut«, heißt es da schon richtiger auf einer kaum beachteten Website für Kunsttherapie. Wobei das dem Betroffenen nicht unbedingt klar sein muss. Die Unterdrückung der Wut kann so in Fleisch und Blut übergegangen sein, dass sie nur noch als Depression wahrgenommen werden kann.

Was uns zu der Frage führt: Ist die »Volkskrankheit Depression«, die in den Tagen nach Enkes Tod die Schlagzeilen beherrschte, am Ende etwa eine »Volkskrankheit Wut«? Wundern würde es einen nicht. Denn wo ist denn die Wut der Deutschen? Während beispielsweise in Frankreich und Griechenland angesichts sozialer Probleme die Fetzen fliegen, herrscht hierzulande gespenstische Ruhe. Während in Frankreich und Griechenland die Menschen nicht nur Selbstmord begehen, sondern auch mal auf die Barrikaden steigen, sitzen in Deutschland jeden Morgen Millionen Enkes in den U-Bahnen und starren vor sich hin. Räuber, Diebe, Politiker; Ersparnisse weg, Job in Gefahr, Ärger in der Schule, Studiengebühren für das ältere Kind. Autofahren? Immer teurer. Manchmal laufen sie auch zum Therapeuten oder nehmen Tabletten – das tägliche Brot des namenlosen Wüterichs. Sind wir nicht alle kleine Enkes?

»Sie sind nicht allein, Sie Wutbolzen!«, heißt es im »Health Cen-

ter« von netdoktor.de. Schön wär's. In Wirklichkeit steht da nur: »Sie sind nicht allein!« In der Tat: »In Deutschland haben 15 Prozent der Frauen und 8 Prozent der Männer Depressionen. Hierzulande leben damit also etwa vier Millionen Menschen«, heißt es auf depressionen-depression.net. »Bereits vor einigen Jahren hatte die Weltgesundheitsorganisation den – meist beruflich bedingten – Stress zu einer der größten Gefahren des 21. Jahrhunderts erklärt und prophezeit, dass Depression schon 2020 zu einer der vier häufigsten Krankheiten weltweit zählen werde«, konnte man am 14. Oktober 2009 auf *Welt Online* nachlesen.
Um die Wut »wegzudrücken«, ist neben Tabletten (die laut Christoph Daum auch Enke genommen haben soll) auch eine enorme Kontrolle erforderlich. Könnte es also nicht sein, dass Robert Enke und viele von uns in Wirklichkeit Kontrollfreaks sind? Dominanz und Kontrolle waren schließlich Enkes tägliches Brot. Ein Torhüter muss alles kontrollieren, was sich in seinem Strafraum abspielt. Er muss den Gegner dominieren und jeden gegnerischen Ball, der ihm zu nahe kommt, unter Kontrolle bringen können.
Und Enke übte diese Kontrolle selbst in seinem Sterben aus, indem er zwei völlig wehrlose Lokführer dazu zwang, ihn umzubringen – was keinesfalls als Anklage zu verstehen ist, sondern nur ein Vorschlag für eine bessere Diagnose sein soll:

Erstens war dieser Selbstmord aggressiv (oder man könnte auch sagen: wütend) gegenüber seiner Umwelt, die dem Ereignis wehrlos ausgeliefert war. Zehntausende Menschen wurden mitten ins Herz getroffen, Enkes unmittelbare Umwelt wurde emotional verwüstet. Denn merke: Jeder Selbstmord ist auch ein Attentat.

Zweitens war Enke nicht schwach, sondern stark – leider zu stark, indem er den Mut aufbrachte, sein Leben zu beenden. Und zwar, indem er nicht davor zurückschreckt, sich einer mit 160 km/h daherrasenden Lok entgegenzustellen.

Drittens behielt Enke die Dominanz und Kontrolle. Auf diesem Gleis war nicht er das wehrlose Opfer und die Lok das überlegene Gegenüber. Vielmehr hatte Enke hier das Sagen: »Ich kontrolliere hier die Situation. Ihr macht, was ich geplant habe.«
Die betroffenen Lokführer bekommen übrigens häufig selber Wut beziehungsweise Depressionen, denn sie werden von einem anderen Menschen gezwungen, ihn umzubringen. Nach dem Sichtkontakt mit einem in unmittelbarer Nähe auf dem Gleis befindlichen Objekt ist es unmöglich, einen 160 km/h schnellen Zug rechtzeitig zu stoppen: Schon »ein mit 140 km/h fahrender Zug legt pro Sekunde 39 Meter zurück. (...) Ein Zug, der mit Tempo 140 unterwegs ist, braucht bis zu einem Kilometer, um zum Stillstand zu kommen« (Schweizerische Bundesbahnen).
Vorausgesetzt, man springt nicht zur Seite (auch dafür ist Kontrolle nötig), ist der stehende Selbstmord auf dem Gleis so sicher wie ein Sprung aus dem zehnten Stockwerk.
Die Lokführer konnten der Dominanz und Kontrolle des Robert Enke an diesem Abend des 10. November nicht entrinnen. Und die Welt danach ebenso wenig: Posthum dominierte Enke sogar seinen alten Club Barcelona und zwang den spanischen Meister vor dem Pokalspiel gegen Cultural Leonesa zu einer Schweigeminute. Und nicht nur das: Barcelona widmete ihm, dem früher geschmähten »Versager«, sogar seinen hohen 5:0-Sieg in diesem Spiel. Ein später Triumph für Robert Enke – und ein teurer außerdem. Aber ein Triumph war es letztlich trotzdem – ein Triumph der Wut.

Das Volk ist nicht dumm ...

Die gute Nachricht zuerst: Das Volk ist intelligenter, als die Politiker (glauben). Dazu führte ich am Samstag, den 17. Oktober 2009, im Tiefgeschoss am Münchener Marienplatz eine repräsentative Umfrage durch. Die Stichprobe bestand aus genau einem Münchener, in Zahlen: 1. Das mag als sehr wenig erscheinen, aber dafür war die Wahrscheinlichkeit, bei dieser Stichprobe auf eine ganz bestimmte Meinung zu treffen, sehr gering, es sei denn, diese Meinung wäre unter der Bevölkerung sehr weit verbreitet – so weit, dass man nur irgendeinen Herrn XY zu fragen bräuchte, und schon sprudelte sie aus ihm heraus. Ich blieb also vor einigen Zeitungsverkäufern stehen, die ihren üblichen Propagandabauchladen vor sich auf dem Boden des Tiefgeschosses ausgebreitet hatten. Davor wimmelte es von Passanten, die Zeitungen kauften oder stehen blieben, um die Schlagzeilen zu lesen: »Mr. Frieden und sein Krieg« stand da groß auf der Titelseite der *Zeit* über einem Artikel, der von Friedensnobelpreisträger Barack Obama handelte. Da sagte ich unvermittelt und ohne den Mann neben mir vorher angesehen oder irgendwie taxiert zu haben: »Mr. Frieden – ist doch lächerlich!« Der kleine, weißhaarige Mann guckte mich zwei Sekunden lang verdutzt an. Dann sprudelte es aus ihm heraus. Genau! Lächerlich sei das, der ganze Rummel um Obama. Was denn mit Afghanistan und Irak sei? Und mit Guantanamo? Er sei doch jetzt US-Präsident, und statt die Truppenstärke in Afghanistan zu verringern, würde sie von ihm erhöht.

Die Deutschen, schloss ich daraus, sind also gar nicht so dumm, wie von der Koalition aus »Tagesschau«, *Spiegel*, Dieter Bohlen und Mario Barth angenommen. In Wirklichkeit öffnet sich eine Schere zwischen den Menschen und ihren Medien – und der Politik.

Eine Schere zwischen Menschen, Politik und Medien

Irgendwo müssen sie ja auch sein:

- die 1,3 Millionen Menschen, die bei der Bundestagswahl 2009 nicht mehr CDU gewählt haben,
- die zehn Millionen Wähler, die der SPD seit 1998 davongelaufen sind, und
- die Abermillionen, die in den letzten Jahren dem Parteiensystem als Ganzem davongelaufen sind.

Und tatsächlich trifft man sie überall: Auf der Düsseldorfer Kö genauso wie am Hamburger Jungfernstieg, auf dem Kurfürstendamm genauso wie auf der Frankfurter Zeil. Und natürlich am Münchener Marienplatz. Die Wahrheit ist: Leute wie den kleinen, weißhaarigen Herrn trifft man überall, und sie werden immer mehr. Und nicht nur das: Bald werden sie auch die Mehrheit sein. Und die Frage lautet dann: Wie werden unsere Politiker darauf reagieren?

Der Wähler ist also nicht dumm; zum Beispiel hat er den Rechtsruck und den Verrat der SPD an ihren alten Werten nicht geschluckt, sondern mit Wahlenthaltung oder Überlaufen quittiert. Der Niedergang der SPD sorgt für eine Reinigung des politischen Systems. Eine Partei, welche die politische Landschaft ständig mit Hilfe von Etikettenschwindel (»sozial«, »demokratisch«) verzerrt, wird entsorgt, und das ist gut so.

Überhaupt gab es 2009 neben vielen schlechten auch gute Nachrichten. Denn nicht nur die etablierten politischen Parteien bekamen die Quittung für jahrzehntelange Lügen und Irreführungen, auch die Medien bekamen ihr Fett weg. Fast dreißig Jahre lang musste man es ertragen, dass jeden Tag über vier Millionen Menschen die *Bild*-Zeitung kauften. Aber schon im vierten Quartal

2002 fiel die durchschnittlich verkaufte Auflage erstmals auf unter vier Millionen täglich. Im Jahr 2009 wurde ein neuer Tiefstand erreicht; Springers Boulevardblatt steuert inzwischen »auf die Drei-Millionen-Marke« zu, meldete die *Berliner Zeitung*. »In den vergangenen zehn Jahren hat *Bild* insgesamt 1,6 Millionen Käufer verloren.«

Wirtschaft: Das Ende der großen Namen

»Die Hauptaufgabe für 2009 wird lauten, sich und seine Familie gegen die sich verschärfende Krise zu schützen«, hatte ich in meinem letzten Jahresrückblick geschrieben. Und tatsächlich wurde diese Prognose für Zehntausende von Beschäftigten zur bitteren Wahrheit. »Die Zahl der Insolvenzen ist in diesem Jahr rasant angestiegen. Neben jungen Firmen erwischt es jetzt häufiger auch Unternehmen mit langer Historie«, hieß es auf der Website der *Süddeutschen Zeitung* schon am 25. Februar 2009. Im Laufe des Jahres gingen dann scheinbar sichere Dampfer unter und mussten Insolvenz anmelden:

Firma	betroffene Beschäftigte
Arcandor	40 000
Woolworth Dt.	11 000
Quelle	10 500
Edscha	5800
Qimonda	3800
Karmann	3470
Hertie	3200
Schiesser	3200
Wadan-Werften	2500
Escada	2200
Rosenthal	1700
Trevira	1380

Firma	betroffene Beschäftigte
Märklin	650
Pohland	350
Wolf-Garten	200
Schimmel	144
Summe	90094

Quelle: handelsblatt, *20.10.2009*

Allein bei diesen Traditionsunternehmen gingen 2009 also 90000 Arbeitplätze verloren oder gerieten in Gefahr. Das gesamte Jahr 2009 über mussten zudem die etwa 25000 Mitarbeiter des Autoherstellers Opel ein beispielloses Gezerre um ihre Arbeitsplätze ertragen, das schließlich ausging wie das berühmte Hornberger Schießen: Nach quälenden Übernahmeverhandlungen im Zuge der Insolvenz des Mutterkonzerns General Motors bleibt das Beiboot der Titanic nun doch an sein Mutterschiff gekettet. Eine Übernahme durch ein russisch-kanadisches Konsortium scheiterte. »Die Zahl der Insolvenzen ist 2009 im Vergleich zum Vorjahr drastisch gestiegen«, hieß es bei *Focus Online* (17.11.2009). »In diesem Jahr werde die Zahl der Firmeninsolvenzen gegenüber 2008 um 15 Prozent auf 33800 steigen, prognostizierte der Kreditversicherer Euler Hermes am Dienstag in Hamburg. Bei den finanziellen Ausfällen gibt es einen neuen Rekord.«

»Die schwächelnde Konjunktur hat dramatische Auswirkungen auf den Arbeitsmarkt«, berichtete *Sozialleistungen.info* am 24. April 2009. »Ein Sprecher des Bundeswirtschaftsministeriums bestätigte Berechnungen aus dem Frühjahrsgutachten 2009, wonach die Rezession monatlich 50000 Arbeitsplätze kostet. ›Dies bedeutet jeden Monat zwei Mal Opel‹, erklärte Wirtschaftsstaatssekretär Walther Otremba. Rund 1600 Jobs werden somit pro Tag vernichtet.« Aufs Jahr gesehen wären das also knapp 600000. Oder auch mehr. Denn allein gegenüber dem letzten Quartal 2008 gingen im ersten Viertel 2009 sogar 900 000 Arbeitsplätze verloren.

Die Schere zwischen Realität und Virtualität

Aber das kann doch nicht sein! Die Wirtschaft erholt sich doch; die Börsen brummen! Nachdem die Aktienkurse 2008 einen Negativrekord nach dem anderen aufgestellt hatten und der Deutsche Aktienindex DAX von etwa 8000 Punkten in einer einzigen Talfahrt bis Anfang 2009 auf etwa 3600 Punkte abgestürzt war, ging es danach nur noch bergauf. Eine Erklärung: Anfang 2009 waren die deutschen Großunternehmen so billig wie viele Jahre nicht. Die Käufer rieben sich erst die Augen, dann die Hände und griffen zu. 2009 wurden die Verluste daher teilweise wieder wettgemacht. Der DAX stieg erneut auf knapp 6000 Punkte. Momentan (Ende November 2009) scheint der DAX sich auf diesem Stand an eine Decke zu stoßen, sodass es nun wieder abwärtsgehen könnte.

Denn die fundamentalen Aussichten sind schlecht: »Die Aussichten für das kommende Jahr sind düster«, zitierte *Focus Online* den Kreditversicherer Euler Hermes. »Negativspiralen« drohen auch bei den Insolvenzen. Denn von einer Insolvenz ist ja nicht nur das jeweilige Unternehmen betroffen; vielmehr bedeutet sie auch einen schweren Schlag für die Unternehmen, die auf ihren Forderungen sitzenbleiben. So warnte Euler Hermes denn auch vor einem »gefährlichen Insolvenzstrudel«, in den selbst gesunde Unternehmen geraten könnten. »Allein in der Autobranche werde sich die Zahl der Insolvenzen mehr als verdreifachen«, prognostizierte Euler Hermes laut *Spiegel Online* vom 17. November 2009. »Auch für 2010 bleiben die Aussichten düster. Euler Hermes rechnet mit einem weiteren Anstieg der Firmenpleiten um 9,2 Prozent auf 36 900.«

Im Jahr 2009 öffnet sich also eine Schere zwischen fundamentalen Daten (Insolvenzen, Arbeitsplätze) und virtuellen Daten (Aktienkurse), die auf Spekulationen und Phantasie beruhen. Auch das kurz vor der Bundestagswahl plötzlich ins Plus drehende Wirtschaftswachstum habe sich im dritten Quartal weiter verstärkt, meldeten die Medien Ende November 2009: »Im dritten Quartal stieg die Wirtschaftsleistung um 0,7 Prozent. Deutschland hat die schwerste Rezession seit Bestehen der Bundesrepublik überwunden«, hieß es etwa bei *Spiegel Online* (24.11.2009). Wie man das angesichts der bedrohlichen Negativspiralen bei den Insolvenzen und Arbeitsplätzen behaupten kann, ist allerdings schleierhaft. Denn diese Werte sind fundamental, im Vergleich zu den windigen Wachstumsstatistiken, die nur vorläufig sind und noch Jahre später »korrigiert« werden können.

Klimaforschung: Täuschen, Tricksen, Tarnen

In dieser Situation ist die insolvenzbedrohte deutsche Wirtschaft gezwungen, in den nächsten zehn Jahren 310 Milliarden Euro zu verbrennen – und zwar für den »Klimaschutz«. Das berichtete das manager magazin in seiner Ausgabe vom November 2009 im Hinblick auf die mangelnden »Erfolgsaussichten« des UN-Klimagipfels im Dezember 2009 in Kopenhagen. Aber nicht etwa, um dieses wirtschaftliche Kamikazeprogramm zu kritisieren. »Der Einstieg in die Rettung der Welt ist zwar verschoben. Doch was geschehen muss, ist längst klar: Die Anreicherung klimaschädlicher Gase in der Atmosphäre muss massiv zurückgefahren werden«, dankte das führende deutsche Wirtschaftsblatt geistig ab. Denn damit wird natürlich auch die Wirtschaft »massiv zurückgefahren«. Denn weder Unternehmen noch Energieerzeuger und letztlich Verbraucher werden diese Drittelbillion in dieser Situation so leicht wegstecken.

Nun wären die angemahnten Klimamaßnahmen vielleicht sogar einzusehen, wenn die sogenannte »menschengemachte Klimakatastrophe« nicht solch ein ausgemachter Schwindel wäre. Am 20. November 2009 luden angeblich unbekannte Hacker vom Server der Climate Research Unit der University of East Anglia in Norwich 61 Megabyte Daten und E-Mails herunter. Die Climate Research Unit ist ein Knotenpunkt der internationalen Klimaforschung. Und siehe da: In den E-Mails der Klimaforscher ging es ums Täuschen, Tricksen und Tarnen.
»Dear Ray, Mike and Malcolm«, schrieb da der renommierte Klimaforscher Professor Phil Jones am 16. November 1999. Er habe gerade »Mikes Trick« angewendet, Temperaturdaten zu addieren, »um die Abnahme zu verstecken«. »Hi all«, schreibt ein anderer am 12. Oktober 2009, »ich beschäftige mich in einem eigenen Artikel mit der Frage, wo die globale Erwärmung denn nun eigentlich stattfindet. Wir fragen uns das hier in Boulder [Colorado], wo wir in den letzten Tagen die tiefsten Temperaturen seit Beginn der Aufzeichnungen hatten. Wir hatten zehn Zentimeter Neuschnee. (...) Fakt ist, dass wir die fehlende Erwärmung im Moment nicht erklären können, und das ist grotesk. (...) Unsere Beobachtungsmethode ist inadäquat.«
Und so ging es immer weiter: 1079 E-Mails und 72 Dokumente wurden öffentlich auf einen Server gestellt, und viele dieser Texte riechen nach Manipulation und Fälschung.
Kritische Geister haben das schon immer geargwöhnt. Zu abenteuerlich ist die These von der von Menschen gemachten »Klimakatastrophe«. Und zu nützlich für Politiker, die einen globalen Klimastaat aufbauen wollen, in dem jedes freie Leben abgewürgt wird. Und natürlich auch die Wirtschaft. Denn 310 Milliarden in den nächsten zehn Jahren für eine ohnehin krankende Wirtschaft sind eigentlich ein bisschen viel.

Gold: Die Fieberkurve steigt

Während Kurven, die steigen sollen, beispielsweise die der sogenannten »Erdmitteltemperatur«, nicht steigen, erreichen andere, die eigentlich fallen sollen, immer neue Höchststände. Die Rede ist vom Goldkurs. Dieser darf eigentlich auf keinen Fall weiter steigen. Denn wenn die Leute Rohstoffe kaufen, investieren sie weniger in virtuelle Werte. Und wenn der Goldkurs steigt, ist das zweitens ein weithin sichtbares Krisensignal. Im Herbst 2009 wurde die Tausend-Dollar-Marke dennoch längerfristig überschritten. Der erste Angriff auf diese Marke im März 2008 war noch mit allen Mitteln der Propaganda abgewehrt worden. Der Gold-Hype sei »für Kleinanleger riskant«, trommelte *Süddeutsche Online* im März 2008 beim Stand von etwa 1000 Dollar je Unze. Wer darauf hörte, war 2009 angeschmiert. Im Herbst 2009 jagte die Unze Gold von Dollar- zu Dollarrekord; am 25. November 2009 stand sie bei 1180 US-Dollar. Und mit 785 Euro hatte sie ebenfalls fast schon wieder den Stand von März 2008 erreicht.

Die letzten Notbremsen hatten versagt. So beschloss der Internationale Währungsfonds zehn Tage nach dem Überspringen der Tausend-Dollar-Marke am 18. September 2009, vierhundert Tonnen Gold auf den Markt zu werfen. Nur um anschließend mit anzusehen, wie die Hälfte davon sofort von Indien aufgekauft wurde – was dem Kurs nochmals auf die Sprünge half. Denn das bedeutete, dass nach Klein- und institutionellen Anlegern nun ganze Staaten massiv in Gold investieren. Und das könnte einen Goldboom auf einer ganz neuen Ebene bedeuten. Denn andere Staaten mit verfallenden Dollarreserven stehen schon Schlange – man denke nur an China.

In der Gefahr wächst das Rettende auch – auf nichts traf diese alte Weisheit im Jahr 2009 so sehr zu wie auf den Goldkurs.

Nachwort

Es ist besser, der Wahrheit ins Auge zu sehen: Die schönen Aktiengewinne und Wachstumszahlen könnten nur ein flüchtiges Parfüm sein, mit dem der hässliche Gestank des Untergangs überspielt wird. Trotzdem besteht auch Grund zum Optimismus, weil nämlich immer mehr Menschen genau das merken. Die Zeichen stehen zwar weiterhin auf Erosion und Verfall von Wirtschaft, Politik und Gesellschaft, und Hunderttausende wurden bereits von der Krise gebeutelt, aber Hunderttausenden gehen auch allmählich die Augen auf über Politik und Gesellschaft. Spätestens wenn ein Kapitän sehenden Auges auf einen Eisberg zusteuert, beginnen die Passagiere sich langsam Gedanken über den Kapitän zu machen. Und je mehr Gedanken sie sich machen, desto besser. Dabei gibt es zwei Handlungsalternativen:

- den Kapitän als Versager zu entlarven, ihn zu feuern und den Kurs des Schiffes zu ändern und/oder
- sich und den Seinen einen Platz im Rettungsboot zu suchen.

Beides könnte womöglich schon im Jahr 2010 auf uns zukommen. Dabei wünsche ich uns allen recht viel Erfolg.

München, 25. November 2009

Gerhard Wisnewski

P. S.: Und nicht vergessen: Die Matrix ist Realität.

Bildnachweis

picture-alliance / dpa S. 13
picture-alliance / dpa S. 36
picture-alliance / dpa S. 55
picture alliance / empics S. 77
Dorneanu S. 105
picture-alliance / dpa S. 131
picture-alliance / dpa S. 172
Eclipse map/figure/table/predictions courtesy of Fred Espenak, NASA/Goddard Space Flight Center S. 193
Computerkartographie Carrle S. 204, 205 nach Tagesschau
Computerkartographie Carrle S. 230
Gerhard Wisnewski S. 232
Computerkartographie Carrle S. 233
Computerkartographie Carrle S. 234
Computerkartographie Carrle S. 249 nach Wikipedia / Frakturfreund
Markus Röleke S. 258
picture-alliance / dpa S. 278

Register

C

D

E

F

G

H

I

J

K

L

M

N

O

P

Q

R

S

T

U

V

W

Z

Oliver
Balle